# Wie die Weltrevolution einmal aus Versehen im Schwarzwald begann

Adrian Geiges

★

# WIE DIE WELTREVOLUTION EINMAL AUS VERSEHEN IM SCHWARZWALD BEGANN

Mein Leben zwischen
Mao, Che und
anderen Models

Dieses Buch beruht auf eigenen Erlebnissen. Um die Privatsphäre von anderen zu schützen, habe ich Namen und Details geändert. Manchmal fasse ich mehrere real existierende Personen zu einer zusammen. Dies ist keine Autobiografie mit Anspruch auf Vollständigkeit. Berufliche Stationen und private Beziehungen, die für diese Geschichte nicht oder nicht unbedingt relevant sind, habe ich weggelassen.

1 2 3 4 08 07


Umschlaggestaltung: Christiane Hahn
Frei Collage unter Verwendung eines Bildmotivs von © getty images
Lektorat: Palma Müller-Scherf
Satz: Fuldaer Verlagsanstalt, Fulda
Druck und Bindung: Clausen & Bosse, Leck

ISBN 978-3-8218-5661-2



Verlagsverzeichnis schickt gern:
Eichborn Verlag, Kaiserstraße 66, 60329 Frankfurt am Main
www.eichborn.de

# Inhaltsverzeichnis

*Allmählich wurde mir offenbar, dass die Linie, die Gut und Böse trennt, nicht zwischen Staaten, nicht zwischen Klassen und nicht zwischen Parteien verläuft, sondern quer durch jedes Menschenherz. Diese Linie ist beweglich, sie schwankt im Laufe der Jahre.*

Alexander Solschenizyn, Der Archipel Gulag

*Seide, die man in blaue Farbe taucht, wird blau. Taucht man sie in gelbe Farbe, wird sie gelb. Das gilt nicht nur für Seide, sondern auch für eine Person und für ein Land.*

Mozi, chinesischer Philosoph (486–376 v. Chr.)

# Unsere kleine Weltrevolution im Schwarzwald

In meinem Heimatort Staufen im Breisgau galt ich als Bürgerschreck. Der Vater meines besten Schulfreunds patrouillierte mit dem Fahrrad vor unserem Reihenhaus. Er wollte verhindern, dass sein Sohn mich traf. Ich hasste diesen Alten, fand das ungerecht, schließlich war ich kein Halbstarker, sondern ein ganz Schwacher. Ich klaute nicht, schrieb gute Noten, trug für damalige Verhältnisse kurzes Haar und rauchte nicht einmal Marihuana. Auch sexuell war ich sehr zurückhaltend. Genau genommen hatte ich noch mit keinem Mädchen geschlafen, nur Monika, die Tochter des Weinhändlers Wiesler, hinter einem Wohnwagen geküsst, wofür mich meine Mutter mit dem Teppichklopfer verprügelt hatte.

Dass ich mich vom schüchternen Außenseiter in einen stadtbekannten Rebellen verwandelte, begann, wie vieles im Leben, mit einem Buch – einem kleinen, roten, das sich in die Gesäßtasche der Jeans stecken ließ. Es hieß »*Worte des Vorsitzenden Mao Zedong*« und wurde im Westen als »*Mao-Bibel*« bezeichnet. Ich fand es im Bücherregal meines Vaters Leif Geiges, eines freischaffenden Fotografen. Vor 1933 hatte er dem Kommunistischen Jugendverband Deutschlands angehört. Danach hielt er sich von Politik fern, verachtete aber die Nazis und wurde als Deserteur kurz vor Kriegsende in Abwesenheit zum Tod verurteilt. Deshalb und wegen seines weichen Gemüts war er linken Ideen und auch der *»Mao-Bibel«* gegenüber tolerant.

Als Zwölfjähriger las ich sie im Pausenhof, während andere kickten oder Mitschülerinnen anmachten. Ich hatte schon damals gehört, im fernen China würden Millionen Jugendliche mit diesem Buch in der Hand durch die Straßen ziehen, sich in einer Kulturrevolution erheben. Nichts wusste ich von dem damit verbundenen Morden und Foltern. Ich stellte mir Mao als einen Robin Hood der Neuzeit vor, der von den Reichen nahm und den Armen gab. Mir gefiel die blumige Sprache in Maos kleinem, rotem, Buch, etwa *»Die politische Macht kommt aus den Gewehrläufen«*. Unbekannt war mir damals, dass »Gewehr« auf Chinesisch *qiang* heißt, was umgangssprachlich auch für Penis verwandt wird. Mao ließ sich junge Tänzerinnen vom Land als Bettgespielinnen zuführen. Manchmal trieb er es mit drei oder vier von ihnen gleichzeitig. In der Großen Halle des Volkes feierte er Sex-Orgien mit Konkubinen, für ihn war dort ein Gemach speziell zu diesem Zweck eingerichtet, genannt »Konferenzraum 118«. Er umgab sich mit Geliebten, einer Dolmetscherin, einer Krankenschwester, einer Zugbegleiterin und vielen anderen. Eine von ihnen, Zhang Yufeng, vertrat ihn am Ende sogar auf den Sitzungen des Politbüros. Ihre einzige Qualifikation: Im Alter von 18 Jahren arbeitete sie als Stewardess in Maos Sonderzug und wurde eine seiner Mätressen.

Wenn ich mit der *»Mao-Bibel«* in der Aula unseres Faust-Gymnasiums auf dem Boden kauerte, beschimpften mich Mitschüler als »rote Sau«. Die, die mir freundlich gesonnen waren, nannten mich »rote Ratte«. Die Zahl der »roten Ratten« wuchs in den nächsten Jahren an unserer Schule. Und ich wurde ihr Anführer. Wir streikten für kleine Schulklassen und erstritten ein Jugendzentrum am Ort. Wir verteilten Flugblätter gegen Atomraketen und demonstrierten auf dem Bauplatz des geplanten Kernkraftwerks Wyhl.

Meine Mutter Verena Geiges, geborene Zweifel, war eine ehemalige Stewardess und hatte meinen Vater im Flugzeug kennen gelernt. Die Schweizerin nach Staatsangehörigkeit und aus Überzeugung hielt nichts von meinem Engagement. »Du rennsch dir der Kopf ein«, schrie sie, während sie wutentbrannt und lautstark die Holztreppe in unserem dreistöckigen Haus auf- und ab rannte. Meine Schwester Ulla, später lange Jahre erfolgreiche Balletttänzerin und heute Choreografin, nahm schon damals jeden Tag Tanzunterricht. »Bei uns in der Familie schpinne' sie alle«, sagte meine Mutter den Nachbarn. »Bei der Tochter isch es das Ballett, beim Sohn isch es der Kommunismus.«

Die Volksrepublik China sah ich damals zunehmend kritisch, sie war mir nicht mehr revolutionär genug. Mao unterhielt freundschaftliche Beziehungen zu Franz Josef Strauß, dem US-Präsidenten Nixon und dem chilenischen Diktator Pinochet. »Konsequent links« schienen mir hingegen die Sowjetunion und die DDR zu sein, denn sie wurden in den »bürgerlichen Zeitungen« immer angegriffen. Davon überzeugten mich vor allem die alten Genossen aus der Deutschen Kommunistischen Partei (DKP), von denen einige in der Nazizeit im KZ gesessen hatten.

Sechs Jahre nach meiner ersten Begegnung mit Mao, wenige Monate vor dem Abi, rief mich mein Freund und Genosse Kalle Maschmann an, er müsse »dringend« mit mir reden, »heute noch«. Am Telefon war es nicht zu besprechen, es musste ein Geheimnis sein. Denn wir waren überzeugt, der Verfassungsschutz hörte unsere Gespräche ab und die CIA ebenso. Lehrer und sogar Lokomotivführer erhielten Berufsverbot wegen ihres linken Engagements. Vorsicht war angebracht.

Plante Kalle eine neue Aktion? Vielleicht gingen wir heute plakatieren für Rock gegen Rechts, das Konzert gegen Nazis und Ausländerfeinde? Oder Losungen sprühen gegen die Neutronenbombe? Das machten wir ständig. Aber Kalle hatte nervös geklungen und gleichzeitig ein bisschen feierlich.

Worum ging es? Mir blieb mehr Zeit, darüber nachzudenken, als mir lieb war. Wieder hielt niemand, als ich mich an diesem Apriltag gegenüber dem Fußballfeld an die Straße stellte, um von Staufen ins 20 Kilometer entfernte Freiburg zu trampen. Es war bestimmt kälter als zehn Grad. Ich fror. Plötzlich fing es auch noch an zu regnen. Das hatte ich nicht erwartet, ich trug keinen Anorak, nur eine Strickjacke, offen, da sie zugeknöpft bescheuert aussah. Jedem vorbeibrausenden Autofahrer schleuderte ich meine geballte Faust hinterher und dachte: Diese Spießer haben bestimmt in der *Bild*-Zeitung gelesen über einen, der von einem Tramper beraubt wurde, und halten jetzt jeden, der per Anhalter reist, für einen Verbrecher.

Es war schon zehn vor drei nachmittags, und um drei sollte ich bei Kalle sein. Zuspätkommen war mir peinlich, besonders bei ihm, denn er war Kreisvorsitzender der Sozialistischen Deutschen Arbeiterjugend (SDAJ), der ich angehörte. Es war die Jugendorganisation der DKP, auch wenn wir das aus taktischen Gründen nicht zugaben.

Endlich hielt jemand, eine Frau im Kabriolett. Sie schien um die 30, schicker Kurzhaarschnitt, leuchtend rote Lippen, Minikleid, wahrscheinlich etwas Besonderes, aber da kannte ich mich damals nicht aus. Ich trug eine blaue Kordhose in Hochwasser-Länge, abgelatschte Schuhe und unter der offenen Strickjacke einen verwaschenen Nicki. Bei meinen 1,80 Metern war ich so dünn, dass mir Statistenrollen als Häftling in KZ-Filmen angeboten wurden. Sommersprossen bedeckten mein Gesicht, meine Haare fetteten und fielen über die Ohren. Mit meinem Brillen-Kassengestell glich ich wahrscheinlich nicht James Dean. Aber die Dame schien auf Gymnasiasten-Sex zu stehen. Sie legte mir die Hand auf den Oberschenkel. Ich rückte von ihr weg, dachte mir: Kapitalisten-Tussi, von ihrem Alten unbefriedigt. Sie wollte mich abends abholen, wann und wo auch immer, und zurück nach Staufen bringen. Ich lehnte ab. Mir fehlte die Zeit und mir fehlte die Lust. Ich hatte Wichtigeres zu tun. Ich war unterwegs zu Kalle, meinem Kreisvorsitzenden und Freund, wenn auch einem sehr ungleichen.

Kalle war im Unterschied zu mir kein »Intellelli«, wie er abwertend Intellektuelle nannte. Er arbeitete als Werkzeugmacher im

Großbetrieb. Seinen Bart hatte er von Lenin abgeguckt, dazu trug er schulterlanges Haar und meist rote Hosen, passend zu unserer Weltanschauung. Und noch etwas war anders: Ich beobachtete das Knutschen auf Schülerpartys immer einsam aus einer dunklen Ecke. Kalle hingegen zog viele Frauen durchs Bett – natürlich nur Genossinnen. Nach dem Sex fragte er sie: »Na, wie war's, mit dem Kreisvorsitzenden zu schlafen?« Aber davon wusste ich damals noch nichts. Und Kalles Freundin Margot auch nicht.

Kalle wohnte bei seinen Eltern, um Geld zu sparen. Trotz der Kälte gingen wir mit Regenschirmen in den Garten des Einfamilienhauses. Hier konnten wir uns abhörsicher unterhalten. »Ich möcht' heut' e' Kadergspräch mit dir führe'«, sagte Kalle. Wir sprachen, wie die meisten in der Gegend, ein Kauderwelsch, das schon kein alemannischer Dialekt mehr war, aber eindeutig noch kein Hochdeutsch. »Adrian, was denksch du über dei' Perschpektiv?«

Ich zuckte zusammen. Kalle wollte mit mir über meine berufliche und politische Zukunft sprechen! Konnte ich jetzt von meinem großen Traum reden? Ich hatte es bisher nie gewagt.

Ich zögerte einen Moment. Dann legte ich los. »Ich bin jetzt drei Jahr' in de' SDAJ und mehr als zwei Jahr' in de' Partei«, sagte ich. Mit Partei meinte ich die Deutsche Kommunistische Partei, der ich an meinem 16. Geburtstag beigetreten war. »W-w-wie du weisch, g-g-g'hör ich zu de Aktive.« Ich stotterte, wie immer, wenn ich unsicher war. Vielleicht hatte das Stottern angefangen, weil mich als Niete im Sportunterricht keiner in der Fußball- oder Basketballmannschaft haben wollte. Ich wurde immer als Letzter gewählt, das war so erniedrigend. In der SDAJ war es anders, Kalle und die anderen akzeptierten mich. Aber jetzt wollte ich etwas sagen, von dem ich glaubte, dass ich es eigentlich nicht sagen durfte. »Na-natürlich habe mr viele gute Leut'. Und wer was macht, des muss de Partei entscheide'. Aber, offe' gschtande, ich wü-wü-würd gern mehr mache'. Wie die Ha-ha-hauptamtliche'.« Damit meinte ich die, die mich mehr beeindruckten als alle anderen, die hauptamtlichen Funktionäre. Sie engagierten sich Tag und Nacht, gingen keinem Beruf mehr nach, hatten das bürgerliche Leben hinter sich gelassen. Sie waren die Elite der Partei, die Elite der SDAJ. Sie verstanden sich als Berufsrevolutionäre.

Ich schämte mich für mein Stottern, gerade in diesem wichtigen Gespräch. Aber ich konnte es nicht unterdrücken, denn ich wusste: Es war dreist, sich selbst für eine Funktion als Hauptamtlicher vorzuschlagen. Die toten Kämpfer drehen sich im Grab um! Das war keine Lehrstelle im Fernmeldeamt oder ein Studienplatz für Physik, worum man sich bewarb. Das war kein Beruf, sondern eine Berufung. Und berufen konnte einen nur die Partei, wer auch immer das war, der dort entschied. Fest stand: Nur die Besten wurden dafür ausgewählt. Aber mit Kalle war ich gut befreundet, warum nicht mit ihm darüber reden? Zumal Kalle gesagt hatte, er wolle ein Kadergespräch mit mir führen.

»Problem isch: Du kommsch aus e'm bürgerliche' Elternhaus«, entgegnete Kalle. »Aber du hasch dich in den letschten Jahren gut entwickelt, beteiligsch dich an alle' Aktione' von de' SDAJ und von de' Partei. Auf dei' Initiativ' habe mr de' Minischterpräsident und Altnazi Filbinger mit Eier beworfe', er isch dann z'rück'trete. Du hasch zwanzik neue Mitglieder für 'd SDAJ gworbe und hasch erfolgreich de' Schulschtreik organisiert. Mr vertraue' dir. D'rum frag ich dich heut': Bisch du bereit, den Weg eines Berufsrevolutionärs zu gehe'? Du sollsch dir die Entscheidung gründlich überlege'. Denn des isch 'ne Aufgab', die mit viel Arbeit und viel Entbehrunge' verbunde' isch. Und 's gibt kei' Zurück. E'n Berufsrevolutionär kämpft, bis er schtirbt.«

Das klang pathetisch, aber es erfüllte mich mit Stolz, dass Kalle so mit mir redete. Ich merkte, wie mein Puls höher schlug. Kalle war nicht verärgert darüber, dass ich mich selbst vorgeschlagen hatte. Im Gegenteil, die Partei, vertreten durch Kalle, plante die gleiche revolutionäre Zukunft für mich wie ich selbst. Natürlich gab es kein Zurück! Natürlich würde ein bürgerlicher Betrieb keinen Revolutionär einstellen. Aber ich wollte nicht in einen bürgerlichen Betrieb, nie! Sich abrackern für Geld? Wir kämpfen für Größeres, für die Revolution. Ein Spießer, wer sich da um Krankenversicherung oder Rente schert! Mal abgesehen davon – wenn wir alt sind, hat der Sozialismus sowieso gesiegt.

»Kalle, du kennsch mich. Ich weiß, worauf ich mich einlass'. Was du mir vorschlägsch, begeischtert mich. Ich bin bereit«, sagte ich mit meiner schrillen Stimme, am Telefon wurde ich gelegentlich für eine Frau gehalten.

»Adrian, was ich dir jetzt sag', muss absolut unter uns bleibe'. Niemand darf des wisse', nit deine Klassekamerade', nit deine Eltern, nit e'mal die andre Genosse'.« Kalle legte eine kurze Pause ein, um seine Worte zu bekräftigen. »Ich weiß, du hasch unsere Klassiker mehr g'lese' als ich selbscht, kennsch des ganze marxischtischleninischtische Grundlagewisse'. Trotzdem brauchsch du weitere ideologische Feschtigung. Als erschte Schritt in deine Zukunft als Berufsrevolutionär habe mr deshalb beschlosse': Mr delegiere dich e' Jahr zur weitere' Qualifizierung.«

Fragend schaute ich Kalle an. Ich beherrschte das Parteichinesisch. Aber was verbarg sich hinter »Qualifizierung, ein Jahr lang«, und warum sollte das so geheim sein? Ich dachte kurz nach und kam auf die am wenigsten dumm klingende Rückfrage: »Wo soll ich mich qualifiziere'?«

»Im sozialischtische' Ausland. Die genaue Umschtänd' sin', wie g'sagt, streng geheim. Aber du wirsch rechtzeitig Direktive' kriege'.«

Ein Jahr im Sozialismus leben! In geheimer Mission! Ich versuchte, meine Begeisterung zu verbergen, um nicht naiv zu wirken. Schließlich war Kalle fünf Jahre älter als ich und kannte all das in- und auswendig. Kalles Eltern waren Kommunisten, hatten als Antifaschisten schon im Widerstand gegen Hitler gekämpft. Kalles Vater arbeitete als Org-Sekretär des DKP-Bezirks Baden-Württemberg, das hieß, er war zuständig für Personal- und Organisationspolitik, also selbst ein Berufsrevolutionär. Kalles Mutter war Kreiskassiererin der Partei, ehrenamtlich, aber immerhin. Natürlich musste der Besuch einer Kaderschule geheim bleiben, ich verstand das. Als Westdeutscher in einem sozialistischen Land zum Revolutionär ausgebildet zu werden – das war, wie wenn heute ein Amerikaner bei islamischen Terroristen das Bomben lernt.

Kalle lockerte seine »Freiheit oder Tod«-Miene etwas und sagte: »Was das Tollschte isch: Mr werde' g'meinsam fahre'. Ich bin au' delegiert.« Lachend fügte er hinzu: »Ich werd' auf dich aufpasse'.«

Ich jubelte. So sehr mich das revolutionäre Abenteuer reizte – gemeinsam mit jemandem, den ich kannte, fiel es natürlich leichter. Außerdem freute ich mich für meinen Freund Kalle. Auch der wird in den Geheimbund der Berufsrevolutionäre aufsteigen. Ich malte mir aus: Während meine Klassenkameraden aus der 13. Klasse ihre bürgerliche Zukunft einrichten, Studienplätze finden oder Zivildienst leisten, widme ich mich der Revolution, lebe ein Jahr im Ausland, sogar in einem sozialistischen. Ich wusste nicht, was ich Eltern und Freunden erzählen sollte. Aber irgendeine »Legende«, wie Kalle sagte, würde ich mir schon ausdenken. Vielleicht konnte ich einen USA-Aufenthalt vortäuschen.

Nun war ich nicht mehr nur einfacher SDAJodler, wie wir uns zum Spaß nannten, sondern ein Auserwählter, ein Kader. Sechs Wochen später fuhr ich gemeinsam mit Kalle im Zug nach Dortmund zum Vorbereitungstreffen für das geheime Training im sozialistischen Ausland – in der DDR, wie ich mittlerweile wusste.

Zum ersten Mal betrat ich die heiligen Hallen des Bundesvorstands der SDAJ – ein unscheinbarer Betonklotz mit Stahltür und Überwachungskamera, eine Festung der Unbeugsamen inmitten der feindlichen Bundesrepublik. »Wir müssen uns gegen die Neonazis verteidigen und gegen den Verfassungsschutz«, sagte ich mir.

In einem fensterlosen Kellerraum sahen Kalle und ich die drei anderen auserwählten zukünftigen Mitstudenten. Ein schnieker, zwei Meter großer Genosse vom Bundesvorstand »nordete« uns »ein«, wie wir das damals nannten. Er verwandte den ersten Teil seiner Rede darauf, andere Kommunisten anzugreifen, die italienischen und französischen, »die sich mit ihren eurokommunistischen

Positionen in gefährliche Nähe zur Sozialdemokratie begeben«. Ich fragte: »Sollte' mr Kommunischte' nit zusammenstehe' gege' rechts?« Der Redner lächelte nachsichtig: »Wir sind für das breite Bündnis aller linken und demokratischen Kräfte. Aber wir halten nichts von Verrätern. Das werdet ihr auf Schule noch genauer lernen.« – »Auf Schule« – ein neuer Ausdruck für das, was uns bevorstand. Bei allen Zweifeln, die bei mir aufkamen, überwog doch der Stolz, zu diesem verschworenen Kreis zu gehören.

Dann kam der Genosse vom Bundesvorstand zum, wie er sagte, »zentralen Punkt« dieses Vorbereitungsgesprächs. Dem »Moralbeschluss«. Er hob seine Stimme: »Ihr seid delegiert worden, mit einem klaren Kampfauftrag. Die Theorie und Praxis des revolutionären Kampfes zu studieren – und sie anschließend hier in der Bundesrepublik anzuwenden. Euer Kampfplatz ist hier, nicht woanders.« Er sprach kaum einen Satz ohne das Wort »Kampf«. »Auf Schule werdet ihr mit Kämpfern aus der ganzen Welt zusammentreffen, aus ganz Europa, aus Chile, aus Vietnam, aus Palästina, Afghanistan – und natürlich FDJlern aus der DDR. Was uns dabei wichtig ist: Techtelmechtel werden nicht geduldet.«

Keiner verstand den Zusammenhang zwischen dem letzten Satz und dem Rest des Vortrags, nicht einmal der erfahrene Kalle. Der Redner vom Bundesvorstand versuchte das zu erläutern, drückte sich etwas kompliziert aus. »Wir müssen da auch die Erfahrungen des antifaschistischen Widerstands berücksichtigen. Genossen vergaßen über Liebeleien ihren Kampfauftrag, verschuldeten so leichtsinnig den Tod von Hunderten in den Konzentrationslagern.«

Im Prinzip lief der Moralbeschluss auf folgendes hinaus: Wer Liebesbeziehungen eingeht, läuft Gefahr, der Beziehung wegen später in einem anderen Land leben zu wollen. Wir aber sollen nach dem einjährigen Training in der Bundesrepublik kämpfen. Deshalb sind Liebesbeziehungen verboten – und zwar strikt.

Ich akzeptierte das, sah kein Problem darin, ein Jahr wie ein Mönch zu leben, wenn es der revolutionären Sache diente.

# Verbotene Liebe an der DDR-Kaderschule

Der erste Gratulant zu meinem 19. Geburtstag war ein Offizier der Grenztruppen der DDR. Am 3. September morgens ungefähr um drei Uhr weckte er Kalle und mich in dem Sechs-Personen-Zugabteil, in dem wir beide schliefen auf der Fahrt von Freiburg nach Westberlin. »Wie ich sehe, haben Sie heute Geburtstag, meine Glückwünsche«, sagte er. Obwohl wir nur Transit fuhren von der kapitalistischen Bundesrepublik ins kapitalistische Westberlin, studierte er den Pass mit einer Gründlichkeit, die davon zeugte, wie sich Preußentum und Leninismus verbanden. Ich war beeindruckt von seiner Aufmerksamkeit und Freundlichkeit, dabei wusste dieser Genosse gar nicht, dass auch wir Genossen waren, auf dieser Strecke konnte man uns nicht von all den anderen unterscheiden, die privat nach Westberlin reisten.

Zum Frühstück tranken wir im Restaurant des Westberliner Bahnhofs Zoo unseren letzten Kaffee und aßen unser letztes Leberwurstbrötchen auf kapitalistischem Boden. Mit der S-Bahn fuhren wir weiter zum Bahnhof Friedrichstraße, der Grenze zur DDR. Ich war nervös, denn wir besaßen kein Visum, wie es damals für Westdeutsche erforderlich war. Kalle beruhigte mich: »Keine Sorge, die Genossen Grenzschützer sind instruiert.« Ich hatte ein neues Wort gelernt, das für uns das Sesam-öffne-dich für die Mauer sein sollte, wenn auch in die weniger gefragte Richtung von West nach Ost: »Avisieren«. Avisiert war, wer auf geheimen Kanälen angekündigt wurde und dann ohne Visum im Pass in die DDR einreisen durfte. Wir sollten an der Grenze sagen, »ich bin avisiert«, dann würde man uns durchwinken.

Ich erinnerte mich an meine Klassenfahrt nach Prag, mit Visum. Die unfreundlichen Ostgrenzer hatten uns bis aufs Taschentuch gefilzt, die Pässe zehn Minuten lang studiert. Unfreundlichkeit und ein missmutiges Gesicht schienen ihnen vorgeschrieben zu sein. Ich verstand das. Der Sozialismus musste gegen Feinde geschützt werden – und in meiner Schulklasse gab es viele feindliche Elemente. Alle tauschten die D-Mark schwarz, außer mir natürlich.

Mit diesen Erinnerungen im Kopf blickte ich über den Bahnhof Friedrichstraße. Mürrische, bewaffnete Grenzsoldaten der DDR, Hunde, die unter den Zügen nach möglichen Flüchtlingen suchten. Ich hielt das damals für notwendig, damit die reiche BRD nicht die wirtschaftlich schwächere DDR ausbluten, dort alle Ärzte und Ingenieure abwerben konnte. Meine Entschuldigung für schreckliche Dinge wie Mauer und Schießbefehl fand ich in Bertolt Brechts Gedicht »An die Nachgeborenen«:

*Auch der Hass gegen die Niedrigkeit*
*Verzerrt die Züge.*
*Auch der Zorn über das Unrecht*
*Macht die Stimme heiser. Ach, wir*
*Die wir den Boden bereiten wollten für Freundlichkeit*
*Konnten selber nicht freundlich sein.*

Trotzdem machte mir all dies Angst, als ich im Bahnhof Friedrichstraße an der engen Schleuse wartete, die von West nach Ost führte. Vor mir bei der Passkontrolle stand ein Amerikaner, der offensichtlich nur Englisch sprach, und ich konnte hören, wie der in seinem Kabuff versteckte Grenzschützer der DDR ihn auf Deutsch beschimpfte. Wie würde der Offizier auf mich reagieren?

Jetzt war ich an der Reihe, Kalle ließ mich vor, und ich wollte ihm gegenüber nicht zugeben, dass ich mich fürchtete. Mein Herz schlug heftig. Ich zeigte meinen Pass, in dem kein Visum war – und sprach, nervös und deshalb stotternd, die Zauberformel: »Ich bin a-a-avisiert.« Der Grenzer schaute kurz auf den Namen im Pass und vertauschte schlagartig sein grimmiges Gesicht mit einem freundlichen, fast thailändischen Lächeln. »Genosse, herzlich willkommen in der Deutschen Demokratischen Republik.« In einer Kladde hatte er ein Einlegevisum bereitliegen – ein separates Blatt statt eines Stempels in den Pass, damit die feindlichen Grenzschützer der BRD nach meiner Rückreise später nicht ersehen konnten: Ich hatte ein Jahr in der DDR gelebt. Augenzwinkernd reichte mir der freundliche Genosse meine Papiere und verabschiedete mich mit »Maximale Kampferfolge!«, einer Grußformel, die ich noch nie gehört hatte. Auch Kalle wurde auf ähnliche Weise willkommen geheißen im ersten, aber, wie wir überzeugt waren, nicht letzten Arbeiter- und Bauernstaat auf deutschem Boden.

Uns erwartete ein neues Leben, als wir im Bahnhof Friedrichstraße, jetzt auf östlicher Seite, die Treppen hinabstiegen. Es stank nach dem Desinfektionsmittel Wofasept. Dieser Geruch sollte die nächsten zehn Monate unsere Nasen füllen. Ich schnüffelte an meinem Anorak und sagte zu Kalle: »Auch meine Klamotte stinke' danach.« Der Zug, mit dem wir angereist waren, hatte zur DDR-Reichsbahn gehört. Wir lachten.

Hier fehlte der Glanz des Westens – und ich bedauerte es nicht, ich verachtete die Konsumgesellschaft. Nicht nur die Argumente der Kommunisten hatten mich vom Kommunismus überzeugt. Auch die Argumente der Antikommunisten hatten mich zu ihm getrieben. In der DDR kann man keine Bananen kaufen, in der DDR wartet man zehn Jahre auf ein Auto – das schien mir damals banal, verglichen mit den »großen Fragen«. Antifaschisten besitzen die Macht und nicht Alt-Nazis; keiner ist arbeitslos. Das Ost-Ambiente überraschte mich nicht. Ich hatte die DDR vorher schon einmal für eine Woche besucht. »Delegation« nannte sich das, organisiert von der Freien Deutschen Jugend (FDJ) für uns westdeutsche Genossen von der SDAJ.

An einem Kiosk am Bahnhof hingen das *Neue Deutschland*, die FDJ-Zeitung *Junge Welt* und die *Neue Berliner Illustrierte.* »Zum Glück gibt's hier kei *Bild*-Zeitung«, sagte ich. Kalle stimmte mir zu. Wir waren zu spät geboren, um 1968 gegen *Bild* zu demonstrieren und zu rufen: »Enteignet Springer.« Aber wir hatten Günter Wallraffs *Der Aufmacher* gelesen, den Bericht des Schriftstellers, der sich unter falschem Namen als Reporter bei *Bild* eingeschlichen hatte und deren Lügen enthüllte. Und wir kannten Heinrich Bölls *Die verlorene Ehre der Katharina Blum* über eine Frau, die von einem Blatt wie *Bild* unschuldig als Terroristin abgestempelt wurde. Freiheit sahen wir nicht als einen Wert an sich, auch Zeitungen zu verbieten empfanden wir als Fortschritt.

Auf der Straße folgten wir der Instruktion, die wir nicht aufgeschrieben, sondern uns eingeprägt hatten, damit die feindlichen Grenzschützer der BRD nichts finden konnten. Aus dem Bahnhof die Friedrichstraße rechts entlang gehen, dann Unter den Linden rechts abbiegen, bis zum Zentralrat der Freien Deutschen Jugend. Wir fanden den fünfgeschossigen Stahlskelettbau Unter den Linden 36 bis 38, von dort konnten wir zum Brandenburger Tor blicken. Die Organisation von zwei Millionen Jugendlichen versteckte sich hinter der schmalen Tür eines Bürogebäudes, mit einem Empfangsraum, so klein wie das Wartezimmer eines Zahnarztes. Ein fetter Volkspolizist in grün-grauer Uniform grüßte freundlich und versprach uns »anzumelden«, er murmelte etwas in ein Telefon.

Kurz darauf kamen drei Schwarze. Ich dachte: Afrikanische Genossen, vielleicht zukünftige Mitstudenten. Der fette Volkspolizist verzog schlagartig seine Miene. »Zeigen Sie mir Ihre Reisedokumente«, blaffte er sie an. Als sie ihn nicht sofort verstanden – er hätte auch internationaler »Pässe« sagen können – schrie er: »Wer sind Sie? Was wollen Sie? Dokumente, schnell, schnell!« Ich bot an, ins Englische zu übersetzen. »Sie halten sich raus hier«, griff der Vopo jetzt auch mich an.

Kalle und ich schauten uns an. Ohne es auszusprechen, dachten wir das Gleiche: Rassismus, hier in der DDR? Das passte nicht in unser Weltbild. Rassismus war für uns eines der Übel des Kapitalismus. Als der Polizist den afrikanischen Gästen schließlich erlaubte, sich zu setzen, und dann den Raum verließ, sagte ich: »Dass die so eine' hier beim Zentralrat arbeite' lasse.«

Kalle meinte: »Der isch wohl heut' schlecht g'launt.«

Mich ärgerte diese simple Erklärung, ich hatte eine bessere: »Dadrüber hat d'r Lenin scho gschriebe. Die Wirtschaftsordnung kamme schnell verändere', aber des Bewusstsein zu verändere', des dauert Jahrzehnte. Drum brauche' mr ja die führende Rolle von de' Partei.« Damit war die heile sozialistische Welt für uns wiederhergestellt – vorerst.

Andreas, Peter und Ulrike trafen ein, SDAJler aus Hamburg, Osnabrück und Düsseldorf, die wir vom Dortmunder Vorbereitungstreffen kannten. Alle waren wie ich um die 20 Jahre alt. Der kräftige Mann mit Meckischnitt und dicker Brille, der uns abholte, hätte hingegen unser Vater sein können. Er stellte sich als Fritz und als unser zukünftiger Klassenlehrer vor. Natürlich hatte er für uns nichts gemein mit den Paukern, die wir sonst kannten. Er war ein Genosse wie wir, in einfachem Pullover und Jeans, einer, den wir duzten und der sich bei uns nach den jüngsten Friedensaktionen erkundigte. Er führte uns in die Kantine des Hauses, wo Elke auf uns wartete, die erklärte, sie kümmere sich im Zentralrat der DDR-Jugendorganisation um die »Beziehungen zur BRD«. Unter anderen Umständen hätte man Elke als »ältere Dame« bezeichnen können, leger, aber schick gekleidet, sie wirkte wie eine Schriftstellerin oder aber eine Revolutionärin, was sie in unserem Verständnis auch war. Es stieß mir auf, dass ein Jugendverband wie die FDJ von so alten Funktionären geleitet wurde. Doch die Wärme, die Elke ausstrahlte, hob das wieder auf.

In der Kantine des Zentralrats tranken wir Kaffee-Mix – weil Kaffee in der DDR knapp war, wurde er mit Malzkaffee gestreckt. Das störte mich nicht, das schienen kleine Probleme des Alltags zu sein, unbedeutend angesichts der Fragen des Überlebens der Menschheit, bedroht etwa durch die amerikanische Neutronenbombe. »Wir nennen diesen Kaffee ›Erichs Krönung‹«, witzelte Lehrer Fritz, auch die Funktionärin vom Zentralrat lachte. Nur der angesprochene Staatsratsvorsitzende Erich Honecker schaute von seinem überlebensgroßen Porträtbild ernsthaft auf die Kaffee-Mix-Runde. Die sehen das mit Humor, dachte ich, und das nahm mich positiv ein für diese FDJler. Was mich störte: Im Zentralrat der FDJ spachtelten die normalen Mitarbeiter in einer Kantine, Egon Krenz, der damalige FDJ-Vorsitzende, und die anderen Spitzenfunktionäre speisten in einer anderen. Auch wenn ich die beiden Kantinen nicht vergleichen konnte, fand ich das falsch, aus Prinzip. Entwickelte sich in der DDR eine neue Klassengesellschaft, wie Maoisten und andere linke DDR-Kritiker behaupteten?

Klassenlehrer Fritz kündigte an, er werde uns fünf »junge Genossen aus der BRD« im Fach »Dialektischer und historischer Materialismus« unterrichten, also in marxistisch-leninistischer Philosophie. Andere Lehrer würden uns anderes revolutionäres Wissen beibringen. »Und vor allem sollt ihr hier den realen Sozialismus kennenlernen«, sagte Fritz. »Bisher, bei Delegationen, habt ihr die Schokoladenseite der DDR gesehen. Jetzt werdet ihr erfahren, wie es hier wirklich ist.«

Dieser Satz überraschte mich. Hatte uns die FDJ bei meiner Delegationsreise etwas vorgespielt? Stimmte, was mir Klassenkameraden nach der Rückkehr gesagt hatten: Die ziehen doch nur eine Show für euch ab. Was ich damals wütend bestritten hatte! Auf der anderen Seite fühlte ich mich ins Vertrauen gezogen. Natürlich, der Kampf um den Sozialismus ist ein komplizierter Prozess, mit vielen Problemen. Die wollen wir nicht alle unseren Gegnern verraten. Aber wir, die Kader, dürfen alles wissen!

Lehrer Fritz schwärmte von der Sowjetunion, der »SU«, wie er sich ausdrückte. »Die sind weiter als wir, das wird oft unterschätzt, auch von den Genossen hier.« Um seine Aussage zu unterstützen, sagte er etwas Seltsames: »Wenn es in der Sowjetunion den KGB nicht gäbe, dann würde das Leben trotzdem normal weitergehen. Hätten wir keine Staatssicherheit, dann würden uns die Leute an den Laternenpfählen aufhängen.«

Das hieß: Die meisten DDR-Bürger hassten die Kommunisten?! Wenn das stimmen sollte, dann wäre die Macht der Partei nicht demokratisch, wunderte ich mich. Auf der anderen Seite: Mehrheiten haben nicht immer recht. Viele Deutsche haben die Nazis unterstützt, und die Sowjetarmee hat sie befreit. Klar stießen die Kommunisten da auf Widerstand, brauner Dreck hatte die Köpfe verstopft. Aber waren die nicht ausgespült, 34 Jahre nach dem Zweiten Weltkrieg? Ich traute mich nicht, diese Fragen laut zu stellen. Nicht, weil ich darin eine Gefahr für mich gesehen hätte. Am ersten Tag meines Lebens im realen Sozialismus wollte ich nicht als ideologisch ungebildeter Junge aus »bürgerlichem Elternhaus« auffallen.

»Wir müssen uns noch Namen ausdenken für euch«, sagte der Lehrer. Namen? Hatten wir nicht alle schon nach der Geburt einen Namen bekommen? »Ihr braucht Decknamen. Ihr haltet euch hier illegal auf. In der BRD darf niemand davon wissen. Ihr werdet aber auf der Schule viele Leute kennenlernen, auch Genossen aus dem kapitalistischen Ausland, Dänemark, Finnland, und so weiter. Selbst bei den FDJlern, die dort studieren, kann man nicht ausschließen, dass mal einer rübermacht.« »Rübermachen«, so sollte ich lernen, war der DDR-Ausdruck für »in die Bundesrepublik abhauen«. »Deshalb gelten hier ein paar strikte Verbote: Ihr dürft niemandem euren wirklichen Namen verraten. Ihr dürft niemandem sagen, aus welcher Stadt ihr kommt. Und noch wichtiger: Ihr dürft niemals mit anderen Heimadresse oder Telefonnummer austauschen, selbst wenn sich freundschaftliche Kontakte anbahnen – wobei die sowieso unerwünscht sind.« Ich erinnerte mich an den »Moralbeschluss«, der uns beim Bundesvorstand der SDAJ gepredigt worden war.

Wir entschieden uns für Tiernamen. Kalle wollte »Hund« heißen. »Ich steh' treu zur Partei wie e'n Hund, außerdem besitz' ich e'n Cockerspaniel.« Der Genosse aus Hamburg nannte ihn gleich »Rothund«, aber es blieb beim offiziellen Namen »Hund«. Ich entschied mich für »Ratte«. Schon am Gymnasium war ich so bezeichnet worden, ich wollte den kapitalistischen Klassenfeind überlisten wie eine Ratte, außerdem war ich als Allesfresser bekannt. Andreas wählte »Löwe«, Peter »Krokodil« und Ulrike wollte »Schlange« heißen. Sie legte Wert darauf, einen »weiblichen Tiernamen« zu tragen. Lehrer Fritz stöhnte, »bei euch in der SDAJ wird der feministische Einfluss immer schlimmer«, aber »Schlange« ging durch.

In einem olivgrünen Kleinbus, Zweitakter Marke Barkas B 1000, verließen wir Berlin und knatterten Richtung Norden – mit unbekanntem Ziel. Lehrer Fritz sagte: »Wir fahren zu einem der geheimsten Orte der DDR« – was viel versprach, da die DDR insgesamt schon als geheimnisvolles Land galt. Auf dem Weg erzählte Fritz über das »Objekt«, wie er sich ausdrückte, in dem wir das nächste Jahr unseres Lebens verbringen sollten: »Es war einst das Liebesnest von Hitlers Propaganda-Minister Goebbels. 1936 schenkte Berlin dem Joseph Goebbels zum 39. Geburtstag ein idyllisches Stück Land mit See, Bäumen und Wiesen und baute ihm ein Landhaus. Der Kriegsverbrecher vergnügte sich dort mit Schauspielerinnen und anderen Gespielinnen. 1945 besetzten sowjetische und polnische Soldaten das Gebäude, gegen erheblichen Widerstand von Schergen der Waffen-SS, die sich dort verschanzt hatten. In einem Lazarett pflegten die Freunde dort verwundete Soldaten.« Als »Freunde« bezeichnete man in der DDR Sowjetbürger, vor allem sowjetische Soldaten. »1946 übergaben die Freunde das Objekt der Freien Deutschen Jugend, seither bilden wir dort Verbandsfunktionäre aus. 1950 verlieh Wilhelm Pieck der Schule seinen Namen. Deshalb heißt sie Jugendhochschule Wilhelm Pieck.« Das klang kultig in meinen Ohren. Wilhelm Pieck, das erste Staatsoberhaupt der DDR, starb 1960. Er hatte schon zu Lebzeiten seinen Namen an eine Schule »verliehen«? Immerhin, so erfuhren wir jetzt, wie der Ort hieß, an dem wir ab heute zu Revolutionären ausgebildet wurden.

Nach einem Überholverbots-Schild überholte uns eine schwarze Tschaika-Limousine, eskortiert von einem Polizeiwagen mit Blaulicht. »Ein Mitglied des Politbüros«, sagte Lehrer Fritz. Mich ärgerte dieses Privileg, zumal es auf der wenig befahrenen Straße keine Staus gab, aber ich schwieg. Bei Wandlitz passierten wir den Zufahrtsweg zu der Siedlung, in der sich Erich Honecker und die anderen Spitzenfunktionäre der DDR eingezäunt hatten.

Kurz darauf bogen wir rechts ab in einen Waldweg. Ein Schild in Deutsch, Englisch und Französisch erklärte das Gebiet zur militärischen Sperrzone, Zugang verboten für Patrouillen der alliierten Streitkräfte (die ansonsten die DDR inspizieren durften). Der Mischwald verdichtete sich. Nach einigen Minuten fiel uns auf: Ein Maschendrahtzaun trennte mitten im Wald ein Gelände ab. Der Barkas stoppte. Hinter Kiefern und Birken versteckte sich ein Wachhäuschen. Ein Volkspolizist trat heraus. Wie ein Grenzsoldat lugte er in den Kleinbus, erkannte Lehrer Fritz und winkte uns durch. Wir fuhren ein auf dem Gelände der Jugendhochschule Wilhelm Pieck, der höchsten Bildungsstätte der Freien Deutschen Jugend!

Nach einigen Metern erhob sich aus dem Wald eine Schlossanlage im Stil der Stalinzeit, in dem pompösen Barock, den ich von Bildern aus der Sowjetunion kannte. Aus dem Goebbels'schen Landhaus war die FDJ bald herausgewachsen, erfuhren wir. So entstand in den 50er Jahren diese Schlossanlage aus sechs gigantischen Bauten, die einen gepflegten Park von der Größe eines Fußballstadions einrahmten.

Lehrer Fritz brachte uns, »die männlichen Genossen aus der BRD«, zum »Haus 1«, einem ocker angestrichenen Wohnheim. Schlange verabschiedete sich, sie musste ins »Haus 2«, das Frauenwohnheim. Fritz sagte: »Ich weiß, für euch aus dem Westen ist das komisch. Aber bei uns werden die Geschlechter strikt getrennt.«

In unserem Zimmer, vollgestellt mit sechs Betten, füllten zwei asiatische Herren den Kleiderschrank mit Anzügen sowjetischer Konfektion. Sie nickten uns zu, sagten aber kein Wort. Daran sollte sich in den nächsten Monaten nichts ändern. Versuche, mit ihnen zu sprechen, scheiterten daran, dass sie weder Deutsch noch Englisch konnten. Wie wir später von Lehrer Fritz erfuhren, handelte es sich um Genossen aus der Mongolei. Auch dort schien der Begriff »Jugendfunktionär« weit gefasst zu werden, sie waren mindestens 40. Wie bei allen ausländischen Klassen wurde auch bei ihnen der Unterricht von einem Dolmetscher in ihre Muttersprache übersetzt. An der Jugendhochschule wurde betont, auch wir Genossen aus der Bundesrepublik seien Ausländer – einen Dolmetscher bekamen wir allerdings nicht zugeteilt. Im Wohnheimzimmer befand sich weder Spülbecken noch Toilette, die ganze Etage teilte sich einen Waschraum. Ich dachte, »man kann sich an alles gewöhnen«, was sich bestätigen sollte.

Wir erkundeten die Umgebung. Die Jugendhochschule lag am Wasser, dem Bogensee. Dort entdeckten wir das Liebesnest von Goebbels, das jetzt als Kindergarten genutzt wurde für den Nachwuchs der Jugendhochschul-Mitarbeiter. Eine Kindergärtnerin zeigte uns, wie sich die Fenster des hellen Kaminzimmers versenken lassen, eine Spezialkonstruktion, die für den Naziführer angefertigt worden war. So hatte Goebbels in den Bogensee springen können, der sich direkt unter seinem Fenster befand. Mittlerweile war der Wasserspiegel des Sees etwas gesunken. Wir spazierten um ihn herum, was etwa eine halbe Stunde in Anspruch nahm, die Stiefel tief im Laub.

Am Abend stiegen wir die Treppen, breit wie eine vierspurige Autobahn, hoch zum pompösesten Gebäude der Schlossanlage, dem Lektionsgebäude. Für diesen Tempel des Wissens war extra ein Hügel aufgeschüttet worden. Auf der Spitze des Gebäudes thronte eine übermenschengroße Helden-Statue, ein Arbeiter und eine Bäuerin schwenkten gemeinsam eine Fahne. Die Statue ließ keinen Zweifel zu: Es konnte sich nur um die rote Fahne handeln. Hunderte andere gingen den gleichen Weg, in blauen Hemden mit gelbem FDJ-Abzeichen, in bunten Tüchern aus Afrika, in zerrissenen Jeans aus Dänemark. Ich fühlte mich als Teil einer großen internationalen Bewegung.

Im Großen Lektionssaal mit 525 Plätzen dröhnte Musik aus Lautsprechern: »Drushba – Freundschaft«, das Lied der Freundschaft zwischen der DDR und der Sowjetunion. Wir schlenderten nicht zu unseren Plätzen, wir marschierten, so kam es mir vor. Natürlich nicht im Schritt der Bundeswehr oder der US Army, sondern im Schritt revolutionärer Befreiungstruppen.

»Der 31. DDR-Lehrgang und der 22. Internationale Lehrgang der Jugendhochschule Wilhelm Pieck sind eröffnet«, deklamierte ein Redner. Alle erhoben sich und klatschten ohne Ende. Jetzt verstand ich, was in Redebänden von Lenin und Stalin gemeint war, wenn von »nicht enden wollendem Beifall« geschrieben wurde. Im Großen Lektionssaal folgte ein Redner dem nächsten, und der Applaus, dargebracht in Standing Ovations, wollte nicht enden. Das Klatschen lockerte Hirn, Arm- und Beinmuskulatur, denn die Reden selbst langweilten mich. Sie folgten alle dem gleichen Schema: Internationale Lage, der Frieden ist bedroht, Sowjetunion und DDR trotzen den Kriegstreibern. DDR, Einheit von Wirtschafts- und Sozialpolitik, bis zum Jahr 1990 wird die Wohnungsfrage als soziales Problem gelöst. SED und FDJ, gestählt vom Banner des Marxismus-Leninismus, meistern die neuen Aufgaben.

Die 150 internationalen Studenten hörten mit per Kopfhörer, eingesteckt in Buchsen an den Stühlen. Die Jugendhochschule Wilhelm Pieck besaß die modernste Simultan-Dolmetsch-Anlage der DDR, weshalb sie in ihrer Geschichte ein einziges Mal für die Außenwelt geöffnet wurde. Als Bundeskanzler Helmut Schmidt 1981 die DDR besuchte, hielt er hier seine Pressekonferenz ab.

Nach einigen Stunden Reden tanzten unsere Mitstudenten aus Äthiopien auf der Bühne ein kriegerisches Gleichnis über den revolutionären Befreiungskampf in Afrika. Studentinnen aus Vietnam bewegten sich graziös zu einem Lied über Ho Chi Minh. Im Saal saßen auch Mitstudenten von der PLO aus Palästina und vom

ANC aus Südafrika, Verfolgte des Militärregimes aus Chile und bärtige Männer aus Afghanistan, Genossen aus anderen kapitalistischen Ländern wie Norwegen und sogar Japan ... Ich war stolz dazuzugehören.

Das Bild im Saal prägten die 300 Studenten aus der DDR selbst, in blauen FDJ-Hemden. Die älteren Lehrer trugen auch FDJ-Hemden, darüber oft einen hellen Anzug mit SED-Parteiabzeichen am Revers.

Eine Singegruppe der FDJ begleitete sich selbst mit Gitarren und Trommel. Am besten gefiel mir dieses langsam gesungene Lied:

*Nicht dass der Wind sie bewegt,*
*Macht uns're Fahne so schön.*
*Nicht dass sie flattert und schwebt,*
*Macht, dass wir hinter ihr geh'n.*
*Nicht dass sie leuchtet und strahlt,*
*Macht uns're Herzen bewegt.*
*Schön macht die rote, die Arbeiterfahne,*
*Wenn sie der Richtige, Richtige trägt.*
*Dann gehen mit ihr alle uns're Genossen,*
*zur Revolution, gegen Krieg und Profit.*
*Dann geh'n hinter ihr ungezählte Millionen,*
*zur Arbeit, zum Kampf und zum Fest nach dem Sieg.*

Jawohl, gegen Krieg und Profit! Wir sind Millionen, nicht nur vereinzelte Theoretiker wie die unabhängigen Linken, zu uns gehören die Sowjetunion und die DDR, Jassir Arafat und Nelson Mandela, die Vietnamesen und die Kubaner. Und einige der Besten von ihnen singen und klatschen hier im Saal, und ich gehöre dazu! Bei all dem kommt es auf den Menschen an, der oder die Richtige muss die Fahne tragen.

Mehr noch als das Lied gefiel mir die FDJlerin, die es sang. Ihre weiche Stimme ergriff mich. Ihr hübsches Gesicht ließ sie selbst wie die Fahnenträgerin erscheinen, die die rote Fahne schön macht. Ihr goldblondes Haar fiel in Locken bis auf die Schultern, harmonierte mit ihrem blauen FDJ-Hemd.

Ein Stück westlicher Pädagogik im Osten, der Klassenraum klein wie eine Wäschekammer, mit brauner Velourstapete und grauem Linoleum auf dem Fußboden. Wir fünf SDAJler setzten uns im Viereck statt frontal wie in den FDJ-Klassen üblich. Ein Stück Osten bei uns westlichen Studenten. In der ersten Stunde wurde nichts unterrichtet – es war eine Versammlung. Lehrer Fritz hörte zu, Hund alias Kalle führte das Wort. Er war bereits vorab vom Bundesvorstand der SDAJ zum Delegationsleiter ernannt worden. »Wie alle Delegatione' werde auch mr drum kämpfe', den Name vomme revolutionäre' Vorbild trage' zu dürfe'. In d'r SDAJ-Delegation an dieser Schul' isch es Tradition, dass mr um der Ehrenname' Ernscht Thälmann kämpfe'.«

Was war denn das? Kalle redete manchmal geschwollenes Zeugs, aber dies hier war eine Spur schärfer. Er las einen mit Schreibmaschine getippten Text ab, von DDR-Papier dünn und schmiegsam wie ein Qualitätskondom – der Lehrer musste ihm den Text vorgeschrieben haben.

Diese Geschichten über Ernst Thälmann, den Kalle jetzt Teddy nannte, konnten nur aus einem Kinderbuch stammen. Teddy habe nach hartem Arbeitstag als Vorsitzender der Kommunistischen Partei Deutschlands nachts noch in der Kneipe getrunken, um sich die Sorgen der Arbeiter anzuhören. Dem Nachbarn habe Teddy beim Holzfällen geholfen. Morgens vor dem Frühstück habe er Bücher von Lenin gelesen … »Mr müsse' uns die revolutionäre' Eigeschafte' un Verhaltensweise' vom Teddy aneigne'. Dazu brauche' mr höchschte Ergebnisse bei der Aneignung vom marxischtisch-leninischtische' Grundlagewisse', hohe gesellschaftspolitische Aktivität und e' niveauvolles geischtig-kulturelles und sportliches Lebe'. Nur so könne' mr dr Name vom Ernscht Thälmann erringe'.«

»De' Ernscht Thälmann isch doch e' Revolutionär und kei' Heilige'«, wehrte ich mich gegen den Kult. Auch Löwe alias Andreas meinte, »das ist Grufti-mäßig«.

Hund rastete aus: »Die Faschischte habe de' Teddy erschosse'. Und ihr ermordet ihn heut' e' zweites Mal, im Geischt! Ihr seid Thälmann-Mörder!«

»Du verharmlosesch selber de' Faschismus, wenn du e' kritische Meinung unter Genosse mit Faschismus gleichsetzisch«, schoss ich zurück.

Lehrer Fritz drückte mit seinen Händen Luft nach unten, um zu mäßigen: »Genossen, wir sollten den Meinungsstreit sachlich und vorwärtsweisend führen. Ratte hat Recht: Wir als Marxisten-Leninisten verabscheuen den religiösen Kult. Wir müssen uns das Thälmann'sche Erbe wissenschaftlich aneignen. Hund hat recht: Es ist eine gute Tradition des SDAJ-Seminars, um den Ehrennahmen Ernst Thälmann zu kämpfen. Alle Seminare kämpfen hier um einen Ehrennamen. Die Vietnamesen zum Beispiel um den Namen Ho Chi Minh, FDJ-Seminare um den Namen von Wilhelm Pieck oder von gefallenen Antifaschisten aus ihrer Heimatstadt. Mein Vorschlag: Damit diese Arbeit auf das erforderliche theoretische Niveau gelangt, ernennen wir Ratte zum Propagandisten eures Seminars, machen ihn verantwortlich für die Umsetzung.« Kalle nickte heftig. Zum ersten Mal fiel mir dieses Nicken auf. Zum ersten Mal verstand ich: Kalle hieß hier zu Recht Hund, er folgte dem Lehrer treu wie ein Hund. Über die Aufgabe, die mir angetragen worden war, dachte ich: In der revolutionären Schule geht es zu wie in der normalen Schule, wer den Mund aufmacht, dem wird die Arbeit zugeschoben. Aber von der Sache her war der Vorschlag fein, ich konnte jetzt den Thälmann-Kult in meinem Sinne formen, weniger verherrlichend und mehr wissenschaftlich.

Es folgte die erste Stunde im Fach »Wissenschaftlicher Kommunismus«. Bürgerlich und vereinfacht ausgedrückt war dies die Politik-Lehre des Marxismus-Leninismus, im Unterschied zur Philosophie (dialektischer und historischer Materialismus) und zur Wirtschafts-Lehre (politische Ökonomie des Kapitalismus und des

Sozialismus). An der Jugendhochschule Wilhelm Pieck war es aber nicht angesagt, die Dinge bürgerlich oder gar vereinfacht auszudrücken. Es wurde großen Wert darauf gelegt: Der Marxismus ist nicht einfach eine Idee, wie man die Welt sehen kann; er ist eine Wissenschaft, die die Gesellschaft erklärt; und er ist die einzige wissenschaftliche Erklärung der Gesellschaft.

Den wissenschaftlichen Kommunismus unterrichtete Werner, der mit seinem verschmitzten Lächeln wie ein großer Lausejunge wirkte. Mit etwa 30 war er jünger als die meisten anderen Lehrer an der Jugendhochschule. Zum Einstieg sagte er: »Ich habe eine Drushba-Trasse mitgebracht.« Aus seiner abgenutzten Wildledertasche packte er einen länglichen Karton und aus dem länglichen Karton eine Flasche Rostocker Klarer. Schnapsgläser versteckten sich hinter den Gesammelten Werken von Marx und Engels. »Lasst uns auf die Freundschaft anstoßen!« »Drushba-Trasse«, so nannte sich das Projekt einer 2750 Kilometer langen Erdgasleitung in der Sowjetunion, an der auch Jugendliche aus der DDR mitarbeiteten. Im Gegenzug sollte die rohstoffarme DDR Erdgas bekommen. Junge Tiefbauer und Lkw-Maschinisten aus der DDR reizte nicht nur das Geld, sondern auch das Abenteuer im Ausland. Was der Rostocker Klare mit der Drushba-Trasse zu tun hatte, konnte auch der gut geschulte Lehrer für wissenschaftlichen Kommunismus nicht erklären. Das war vielleicht eher etwas für die Philosophie-Stunde.

Nach dem Freundschaftstrunk wandte sich der Unterricht seiner wissenschaftlichen Bestimmung zu. Lehrer Werner referierte die Dimitroffsche Faschismus-Definition, »aus aktuellem Anlass, die Neonazis erheben in der BRD ihr Haupt«. Auf Karteikarten notierten wir das Zitat des bulgarischen Kommunisten-Führers Dimitroff: »Der Faschismus an der Macht ist … die offene, terroristische Diktatur der reaktionärsten, am meisten chauvinistischen, am meisten imperialistischen Elemente des Finanzkapitals.« Ich war mit diesen Ideen vertraut, wusste über das enge Verhältnis der Nazis zu Großunternehmern wie Thyssen und Flick, über Hitlers

Rede vor dem Düsseldorfer Industrieclub 1932, die den Nazis Wahlkampf-Spenden und schließlich die Macht brachte.

Als Hausaufgabe mussten wir einen Abschnitt in Lenins Werk »Der Imperialismus als höchstes Stadium des Kapitalismus« lesen, wichtige Stellen unterstreichen und »konspektieren«, also schriftlich zusammenfassen. Hund und Genossen kannten diesen Begriff nicht. Aber ich, der marxistische Theoretiker vom Pausenhof des Faust-Gymnasiums Staufen, fühlte mich zu Hause in dieser Welt.

Hund moserte, wie die meisten Studenten, über das Essen in der Kantine, die sich »Kulturhaus« nannte. Ich dagegen verzehrte dort ohne Ekel kalte Salzkartoffeln und ebenso kaltes Jägerschnitzel, das war eine fingerdicke panierte Scheibe Bierschinken. Ratten sind eben Allesfresser.

Bei einem meiner ersten Mittagessen im »Kulturhaus« stellte jemand mir gegenüber sein Tablett ab und fragte, ob der Platz frei sei. Ich konzentrierte mich auf mein kaltes Jägerschnitzel, doch als ich hochblickte, sah ich, es war die hübsche blonde FDJlerin, die das Lied von der roten Arbeiterfahne gesungen hatte, die schön wird, wenn sie der Richtige trägt. Heute trug sie allerdings keine rote Fahne, sondern einen kurzen Rock zum FDJ-Hemd und kniehohe Stiefel, was sehr sexy wirkte.

Schon früher war mir aufgefallen: Musikalische Menschen, dank ihres guten Gehörs, singen auch in Sprachen akzentfrei, die nicht ihre Muttersprache sind. Dies bestätigte sich auch hier. Die FDJlerin hatte in Hochdeutsch gesungen. Aber ihre Muttersprache, so stellte sich jetzt heraus, war Sächsisch. Ich stellte mich als Ratte vor, sie sich als Sandy. Damals lernte ich in der DDR viele Mandys, Candys, Maiks und Riccos kennen. Offenbar beflügelten die Einschränkungen der Reisefreiheit den Wunsch der Eltern, ihren Kindern Namen zu geben, die möglichst international klangen.

Ich fragte Sandy, wie sie das »Eröffnungs-Meeting« vor einigen Tagen gefunden hatte – so nannten die DDRler die Veranstaltung. Wie immer seien leere Phrasen gedroschen worden, klagte sie. Sie finde den Sozialismus gut, ihr behage aber oft nicht, wie er in der DDR umgesetzt werde. Sozialismus ließe sich nur mit kritischen Menschen aufbauen, sie aber züchteten Jasager heran. Sie sprach mir aus der Seele, und ich sagte ihr das, in meinem eigenen Dialekt: »Mr in de' SDAJ sind da offener, weil mr uns täglich mit 'em Klasse'feind rumschlage' müsse. Mr könnte' uns so leere Formle gar nid erlaube' wie do bei dem Meeting.« Sandy sprach von einigen kritischen, aber prosozialistischen Romanen und Gedichtbänden, die in der DDR erschienen seien. Im Buchladen seien die allerdings meist ausverkauft. Sie könne mir etwas ausleihen. Bevor wir uns über Persönliches unterhalten konnten, wurde sie von einem etwa 30-jährigen Jugendfunktionär zu einer »Aussprache« weggeholt.

Am Nachmittag forderte Hund mich auf, mit ihm unser Schlafzimmer zu verlassen, das gleichzeitig unser Hausaufgaben- und Studienraum war. Er sagte: »Mr habe' da e' Problem.« Seine Augen erstarrten vor Sorge. »Du bisch g'sehn worde' mit 'ner FDJlerin.« Ich zuckte zusammen: »Ich weiß vom Moralbeschluss. Aber isch Mittagesse' mit 'ner Frau jetzt auch schon verbote'?«

»Des isch nit des. Aber e' Lehrer hat mich d'rauf aufmerksam g'macht: Spontane Kontakte zu DDR-Leut sin' nit erwünscht. S' geht um unsre Sicherheit, des isch zu g'fährlich für uns Illegale. Mr werde genug Gelegeheit habe' zu offizielle' Kontakte'. Denn uns isch, wie alle internationale' Delegatione', d' Klass vomme DDR-Bezirk als Pate'seminar zugeteilt worde. Unser Pate'seminar isch Karl-Marx-Stadt.«

»Mir stinkt's«, platzte es aus mir heraus. »Vo wege' Sicherheit. Ich weis nit, wer da vor wem g'schützt werde' soll. Vielleicht habe paar Leut' Angscht, dass mir erfahre, wie's hier wirklich isch.«

Kalle ballte beide Fäuste. »Ich weiß nit, was in der letschte' Tag' in dich g'fahre isch. Du redesch wie e' Antikommunischt.«

»Des isch 'ne Frechheit, des lass' ich mir nit biete'. Du weisch, dass ich kei' Antikommunischt bin. Oder isch me e' Antikommunischt, wemme sei' Meinung sagt?«

»E' Antikommunischt isch me, wenn me unterstellt, die Genosse hier wolle' uns was Falsches vorspiele'. Ich hab' volles Vertraue in uns're Genosse von de' FDJ-Leitung.«

Die Einladung kam schriftlich: Ein paar Tage später erhielten wir ein hektografiertes Blatt, das uns »herzlich willkommen« hieß zum »1. Freundschaftstreffen des SDAJ-Seminars mit seinem FDJ-Patenseminar, dem Seminar des Bezirks Karl-Marx-Stadt«. Alle Teilnehmer sollten »Lieder aus ihrer Heimat singen« und »Köstlichkeiten ihrer nationalen Küche« kochen. Ich jauchzte. Kochen konnte ich gerade mal Kaffee, sofern Kaffeemaschine vorhanden, und die Unterschiede zwischen nationaler Küche der BRD einerseits und der DDR andererseits waren mir auch nicht geläufig.

Als wir den Klubraum des Kulturhauses betraten, überraschte mich: Auch Sandy saß beim Freundschaftstreffen, auch sie kam aus Karl-Marx-Stadt! Innerlich lachte ich über Hund, der mich wegen des Gesprächs mit ihr kritisiert und verlangt hatte, mich auf die organisierten Kontakte zu den FDJlern aus Karl-Marx-Stadt zu begrenzen. Noch mehr freute es mich aber, diese kritische und attraktive Frau wiederzusehen. Ich setzte mich ihr gegenüber. Doch an ein lockeres Gespräch war erst einmal nicht zu denken. Wie ich befürchtet hatte, begann das Freundschaftstreffen mit einem Vortrag des FDJ-Sekretärs, der das Seminar aus Karl-Marx-Stadt leitete. Der Hund des Patenseminars las etwas von einem Zettel ab, wie üblich bei Reden in der DDR. Er folgte dem bekannten Schema: Internationale Lage, der Frieden ist bedroht, Sowjetunion und DDR trotzen den Kriegstreibern. DDR, Einheit von Wirtschafts- und Sozialpolitik, bis zum Jahr 1990 wird die Wohnungsfrage als soziales Problem gelöst. SED und FDJ, gestählt vom Banner des Marxismus-Leninismus, meistern die neuen Aufgaben. Er stanzte die üblichen Formeln, »in Auswertung der Beschlüsse der 14. Tagung des Zentralkomitees der SED«, »wertvolle Hinweise«, »wir können einschätzen«, »es erfüllt uns mit großer Freude«, »das große Vertrauen, das unsere Partei stets in die Jugend setzt« oder »wir orientieren auf«.

»Gwaddsch ämah nich so rum!«, sagte die schöne Sandy plötzlich, was wohl heißen sollte, der FDJ-Sekretär solle nicht so viel herumquatschen. »Dä arme Wärrschdchn von dorr SDAJ wolln uns erschd emah beschnubborrn.« Allein schon diese sprachlichen Unterschiede rechtfertigten die Zwei-Staaten-Theorie, die die DDR vertrat. Zwar waren nicht alle DDR-Bürger Sachsen, aber fast alle Sachsen DDR-Bürger. Ich verstand: Sandy wollte uns armen Würstchen von der SDAJ erst einmal ermöglichen, die DDR-Genossen zu beschnuppern. Das steigerte meine Sympathie für sie. Ich mochte freche Frauen, und sie war frech genug, dem FDJ-Sekretär ins Wort zu fallen. Vor allem aber erreichte sie, dass der Langweiler seinen Vortrag abbrach, den er auf Hochdeutsch mit sächsischem Akzent gehalten hatte.

Nachdem Sandy erfolgreich den offiziellen Teil des Abends beendet hatte, konnte ich ihr persönliche Fragen stellen. Sandy erzählte, sie sei 22 und habe bisher bei Jugendtourist gearbeitet, dem Reisebüro der FDJ. Sie reise selbst gern, vor allem in die »SU«, die Sowjetunion, und finde Reisen den besten Weg zur sozialistischen Weiterbildung, besser als öde Vorträge. Aber das sei ihre »persönliche Meinung«, eine in der DDR verbreitete Formulierung, um sich abzugrenzen von den Meinungen, die man sonst auch vertrat, die aber nicht die persönlichen waren. Als das kollektive Freundschaftstreffen in individualistischem Geplapper versank, beugte sie sich zu mir herüber und sagte mit vorgehaltener Hand: Sie studiere hier und werde FDJ-Funktionärin – vor allem, um die FDJ zu verändern!

Ich lief rot an. Erneut spürte ich: Sandy, das schöne Gesicht der FDJ, sah den Kommunismus ähnlich kritisch wie ich. Und, genauso wichtig: Sie hatte mich ins Vertrauen gezogen. Mich, den sie nur mit meinem Decknamen Ratte kannte.

Sollte ich ihr ein Kompliment machen? Mein Schweiß tropfte wie ein lecker Wasserhahn, mein Herz trommelte.

»I-i-ich hab di-di-dich ’s letschte Mal si-si-singe ghört«, stotterte ich. »S’war sehr schön.« Verdammt, ich hatte gestottert. Ausgerechnet bei Sandy. Bei all den Hunderten hier an der Jugendhochschule war es mir bei Sandy am wichtigsten, nicht zu stottern. Und ausgerechnet bei ihr hatte ich gestottert. Vielleicht deshalb?! Hatte sie meinen Schweiß bemerkt? Vielleicht gar gerochen?! War nun alles vorbei, bevor etwas angefangen hatte?

Bei Quarggeulchen, sächsischen Quarkplätzchen, und Bääbe, Sandkuchen, erwähnte Sandy, ihr Mann sei gerade bei der »Fahne«, so nannte man in der DDR die Armee. Sie ist verheiratet! Und außerdem gilt der Moralbeschluss! Ich dachte, mit Vernunft besehen sei die Sache klar, ich habe mich nur in meinen Gefühlen verirrt.

Der Moralbeschluss verbot Beziehungen zwischen Genossinnen und Genossen aus verschiedenen Ländern. Aber was galt für Genossinnen und Genossen aus einem Land? Ich hatte über diese Frage nicht nachgedacht. Schlange war die einzige Frau aus der Bundesrepublik, sie hatte zu Hause einen festen Freund und schien unnahbar für andere Männer.

In der Volksrepublik Mongolei schienen liberalere Moralgesetze zu gelten als bei uns Genossen aus der Bundesrepublik. Zu den beiden Mitbewohnern aus dem fernen sozialistischen Land gab es zwei weibliche Mitglieder ihrer Delegation, etwa 30 Jahre alt, dick wie auf einem Gemälde von Rubens. Ihre Gesichter wirkten wie die von Bäuerinnen. Sie trugen Mäntel aus schwarzem Kunstleder, die sie auch in den überheizten Räumen nicht auszogen. Wegen der Sprachbarriere war nicht zu erfahren, in welchem Verhältnis sie zu den beiden Männern aus ihrem Land standen. Sie wohnten im Frauenwohnheim. Dorthin kehrten sie jedoch ab der dritten Woche an der Kaderschule abends nicht mehr zurück. Stattdessen blieben sie bei ihren männlichen Genossen, unseren Mitbewohnern. Sie hatten zu diesem Zweck den Kleiderschrank umgestellt, so dass die Betten der Mongolen von unseren Betten aus nicht mehr zu sehen waren. Die Betten der Mongolen blieben nebeneinander stehen, es gab keinen zweiten Kleiderschrank, um sie abzutrennen. Eine Schallmauer gehörte auch nicht zum Mobiliar.

Was hinter dem Kleiderschrank passierte, war auch ohne Kenntnisse der mongolischen Sprache leicht zu verstehen. Sie sprachen sowieso nicht viel. Wir hörten Geräusche, die darauf hindeuteten, dass die Mongolinnen ihre Kunstledermäntel ablegten und auch das, was darunter war. Dann raschelte es, undefinierbar, ob hier Decken oder Körper aneinander rieben. Nach einigen Minuten steigerte sich heftiges Atmen zu einem lauten Stöhnen. Wie bei einem Kanon begann die Stimme einer Mongolin, setzte dann die Stimme der anderen Mongolin ein. Männer mittleren Alters in der Mongolei schienen lange vor der Erfindung von Viagra großes Durchhaltevermögen zu besitzen. Die beiden Paare stachelten sich gegenseitig an.

Mich erregte dies, aber nicht sexuell. Ich schwitzte und empörte mich. Die Genossen aus der Mongolei, denen ich politisch uneingeschränkt solidarisch verbunden war, kannten weder Scham noch Moralbeschlüsse. Irgendwann beendete das eine Paar. Die Mongolin schrie laut, als sei sie erstochen worden. Drei Minuten später folgte das andere Paar. Es blieb unsichtbar, wer den Wettbewerb gewonnen hatte.

Das sollte sich bald ändern. An einem der folgenden Nachmittage klopfte es an der Tür. Eine ganze Delegation trat ein, Hund alias Kalle als Leiter unserer SDAJ-Gruppe, unser Lehrer Fritz, der Lehrer der Mongolen und drei Mitarbeiterinnen der Schulleitung, mit Stift und Schreibblock. »Rapport« nannte sich dies, eine von nun an wöchentliche Veranstaltung, bei der die Wohnheimbewohner ihren Raum den Inspektoren vorführen mussten. Die Inspektoren monierten Hemden, die zerknittert im Schrank lagen und nicht auf einem Bügel hingen. Außerdem fanden sie ein Tempo-Taschentuch auf dem Boden. Formell rügten sie die Mongolen – wegen Umstellen des Schranks. »Die Hausordnung und die Regeln der sozialistischen Sauberkeit verbieten ein Umdisponieren von Volkseigentum in den Ruheräumen«, sagte eine Mitarbeiterin der Schulleitung streng. »Der ursprüngliche Zustand ist umgehend wiederherzustellen. Für körperliche Schäden bei diesen Rückführungsarbeiten, besonders aber für Beschädigung von Volkseigentum, tragen die beteiligten Personen die volle Verantwortung.« Die Inspektoren zeigten auf die Hausordnung, die an der Innenseite der Tür aushing. Darin hieß es auch: »Beim Aufenthalt an geöffneten Fenstern ist besondere Vorsicht zu wahren.« Das Wohnheimzimmer lag im Erdgeschoss.

Als der Kontrollgang beendet war, blieb Hund alias Kalle als einziger von den Inspektoren zurück, er wohnte ja selbst hier. Löwe, Krokodil und ich stellten ihn zur Rede. Wir fühlten uns durch den Rapport bevormundet. Hund sagte kleinlaut: »Genosse, Disziplin isch wichtig für den Sieg vom Sozialismus«, legte sich aufs Bett und studierte seinen Lenin.

Die Mongolen schoben den Schrank, der sie von uns getrennt hatte, an die Wand zurück. Sonst blieb in dem sozialistischen Schlafkollektiv alles beim Alten.

Ich hielt die DDR für das bessere Deutschland, und Kleidung betrachtete ich damals als eine unwichtige Äußerlichkeit. Doch selbst ich erkannte: Im Herbst 1979 produzierte die DDR den hässlichsten Anorak, der je in der Geschichte der Menschheit geschaffen worden ist. Das Stück Nylon mit Kapuze glänzte in den Varianten kackbraun, tannengrün und marineblau. Es uniformierte die Teilnehmer des Fackelzugs der FDJ, der anlässlich des 30. Jahrestags der Gründung der DDR durch Berlin führte. Auch die Studenten der Kaderschule wurden damit ausgestattet, wobei für uns SDAJler nur die kackbraune Variante blieb. Die marineblauen Anoraks schienen mir am erträglichsten. Das lag vielleicht daran, dass Sandy aus Karl-Marx-Stadt einen trug, als wir uns an den Bussen aufstellten.

Auch in der Demo-Kultur hatten sich Deutschland (Ost) und Deutschland (West) unterschiedlich entwickelt. Wie alle Demonstranten erhielt ich ein »Teilnehmerheft« im Streichholzformat: »*Die Fackel ist nur auf Kommando in der vorgesehenen Fackelzündstrecke zu zünden. Die Zündlichter sind in der Marschreihe von innen nach außen durchzugeben ... Dein eigenes diszipliniertes Verhalten während der Reise ist eine wichtige Voraussetzung für die reibungslose Durchführung aller Beförderungsaufgaben. Beachte deshalb die Anweisungen deiner Leitung und des Transportverantwortlichen. Beim Transport deines 500er-Blocks im innerstädtischen Verkehr ist ein zügiges Aus- und Einsteigen zu gewährleisten.«* An alles war gedacht: *»Regelmäßige und ausreichende Nahrungsaufnahme sichert dein Wohlbefinden und trägt dazu bei, dass du die gestellten Aufgaben in körperlich guter Verfassung erfüllst und einen erlebnisreichen Tag verbringen kannst.«*

In Berlin angekommen, erfüllte sich mein Wunsch nicht, gemeinsam mit Sandy zu demonstrieren. In der DDR demonstrierte man nicht, wo man wollte. Es demonstrierte auch nicht, wer wollte. Die Demonstranten waren von ihren FDJ-Gruppen, -Kreisen und -Bezirken delegiert worden und in Marschverbände, 500er-Blocks und 50er-Gruppen aufgeteilt.

Anders als bei den Ostermärschen im Westen, wo man drei Tage das Ruhrgebiet oder andere Landschaften durchwanderte, war die Demo-Strecke in Ostberlin relativ kurz. Genau genommen beschränkte sie sich auf einige hundert Meter entlang der Karl-Marx-Allee. Statt demonstriert wurde gewartet, sich aufgestellt, wurden Fackeln verteilt und angezündet. Anders als im Westen waren Schilder und Transparente nicht selbst bemalt, sondern im VEB fabriziert und mit schwer zu skandierenden Losungen beschriftet wie »Vorwärts zum 10. Parteitag der SED – für die weitere Gestaltung der entwickelten sozialistischen Gesellschaft« oder »Klassenbrüder – Waffenbrüder – unser Bündnis mit der UdSSR ist der Unterpfand des Friedens«. Und anders als im Westen wurden die Kartons, Tücher und Stöcke nicht selbst mitgebracht, sondern vor dem Abmarsch ausgegeben.

Nach einigen Stunden Warten durfte sich die 50er-Gruppe, zu der wir SDAJler gehörten, fünf Minuten bewegen – vorbei an einer Tribüne, auf der Erich Honecker und andere Mitglieder der Partei- und Staatsführung uns zuwinkten. Wir schrien mit den anderen

»Hoch, hoch« und »DDR – unser Vaterland«. Die Losungen wurden von Vorbrüllern mit Megaphon angestimmt. Aus Lautsprechern dröhnte im Marschrhythmus:

*Lernt im Geiste Thälmanns kämpfen*
*Für die junge Republik!*
*Unsre Zeit braucht Herz und Hände,*
*Und der Frieden braucht den Sieg.*
*Vorwärts, Freie Deutsche Jugend!*
*Der Partei unser Vertraun!*
*An der Seite der Genossen*
*Woll'n wir heut' das Morgen baun!*
*Woll'n wir heut' das Morgen baun!*

Dann war die Demo schon wieder zu Ende. Ich löschte die Fackel, wie die anderen. Die FDJler, denen gerade Schilder und Transparente in die Hand gedrückt worden waren, warfen diese auf einen Haufen.

Eine merkwürdige Veranstaltung. Mir gefiel sie trotzdem. Weil auch Sandy die Fackel trug? Ich hatte sie nicht gesehen, da sie zu einem anderen Block gehörte. Doch schon die Vorstellung von ihrem Gesicht, durch die Fackel erleuchtet, ließ mir den Sozialismus der DDR hell erscheinen.

War da noch etwas? Hier konnte man zu Musik marschieren, ohne sich als Rechtsradikaler zu fühlen. Schließlich hatten die alten Genossen auf der Ehrentribüne gegen die Nazis gekämpft.

Die Kneipe auf der Balustrade des Klubhauses nannte sich Rue, aber französische Weine wurden nicht serviert. Das Angebot war landesüblich reduziert, die Speise- und Getränkekarte Makulatur. Es gab Club-Cola, ein braunes Süßwasser, das aussah wie Cola, und DDR-Bier vom Fass aus Krügen, an denen man sich die Lippen zerschnitt, weil Glas abgesplittert war. Das konnte den Geist der internationalen Solidarität und Freundschaft nicht trüben.

In inoffiziellen Meetings an den Abenden lebte dort ein Spiel wieder auf, das entstanden war in einem Freundschaftslager von SDAJ und FDJ am Scharmützelsee, einer jährlichen Werbe-Show der DDR für West-Jugendliche. Die Regeln waren für Genossen aus aller Welt leicht zu verstehen, unabhängig vom kulturellen Hintergrund. Das Bier aus zerdepperten Krügen musste mit der linken Hand getrunken werden. Wer versehentlich in alter Gewohnheit die rechte nahm, musste eine Runde ausgeben und außerdem fünf DDR-Mark in die Solidaritätskasse spenden. Angeblich wurde das Geld für Krankenhäuser in Vietnam und Schulen in Nicaragua verwandt. Anders als bei ähnlichen Aktionen im Westen waren die Spenden nicht auf ein Projekt bezogen. So war nicht zu kontrollieren, wie sie genau halfen. Das Spiel nannte sich »Teddy-Klub«.

Während wir Studenten tagsüber in den Seminaren lernten, dass die Welt in Klassen gespalten ist, rissen die Abende einen weiteren Spalt durch die Welt: den moralischen. Die Klassenspaltung war manchmal schwer zu verstehen. Die Vertreter aus dem Irak des Saddam Hussein gehörten zu »den befreiten Völkern Afrikas, Asiens und Lateinamerikas« und damit weltpolitisch gesehen zur proletarischen Seite. Innerhalb seines Landes aber ließ Saddam Hussein die Kommunisten foltern und hinrichten, was die Lehrer an der Schule verklärten als »komplizierte Dialektik des revolutionären Weltprozesses«. Im Unterschied zur politischen war die moralische Grenze leicht zu ziehen. Sie verlief zwischen unserer westdeutschen Delegation der SDAJ auf der einen Seite und dem Rest der Welt auf der anderen. Das rote Kloster mutierte zum Institut für Partnervermittlung. Die arabischen Genossen kämpften an vorderster Stelle um die FDJlerinnen. Als Erste aber konnten die Dänen Vollzug melden. Jeder ihrer fünf Männer hatte eine DDR-Frau erobert, und die einzige Dänin einen Argentinier.

An einem Abend, der Teddy-Klub kämpfte in der fünften Runde Solidaritätsbier, vertiefte sich Löwe alias Andreas aus Hamburg in ein Gespräch mit Petra, einer 20-jährigen FDJlerin aus Frankfurt an der Oder. Sie studierte in einem Sonderlehrgang für

Nachwuchsjournalisten und träumte davon, beim Fernsehen der DDR zu landen. In der DDR strebte das Fernsehen nicht nach Quoten an sich, wollte aber dem Westfernsehen Zuschauer abjagen, da dieses die Menschen ideologisch verdarb. So gesehen war das Gesicht von Petra, sollte sie einmal Moderatorin werden, eine der schärferen Waffen des Sozialismus. Das enge schwarze T-Shirt, das sie am Abend trug, betonte ihre riesige Oberweite deutlich besser als das FDJ-Hemd am Tag. Darunter versteckte sie die Mini-Version eines Mini-Jeansrocks. Ihre Beine waren sportlich-kräftig.

Später ging sie mit Löwe aufs Zimmer. Und mongolischen Sitten folgend verließ sie es nicht, als das Licht abgeschaltet wurde. Mein Bett lag direkt gegenüber von dem Löwes, so dass ich die beste Sicht genoss. Eine der Laternen aus dem Innenpark, direkt vor dem Fenster platziert, trug das ihrige bei.

Petra hielt sich nicht lange mit Vorgeplänkel auf. Sportlich sprang sie auf Löwes Schoß und riss sich ihr T-Shirt über den Kopf. Den Büstenhalter warf sie nach oben, er blieb an der geöffneten Schranktür hängen. Ihre kräftigen, etwas hängenden Brüste waren deutlich zu sehen, ebenso die Brustwarzen. Löwe setzte sich auf und lutschte daran.

Im Hintergrund setzte das gewohnte Stöhnen der Mongolen ein, die nicht mehr durch einen Schrank verdeckt waren. Aber sie versteckten sich unter ihren Decken, die sich wie Nachtgespenster bewegten.

Petra streifte Löwe die Unterhose ab und warf ihren Mini-Jeansrock mit der gleichen Eleganz weg wie vorhin die anderen Kleidungsstücke. Löwe half ihr beim Slip, der nach Intershop oder Geschenk von Westverwandten aussah.

Ich starrte hin wie die anderen, die Decke verschämt über die Nase gezogen, aber nicht über das Auge. Ich war noch Jungfrau und hatte aus politischer Überzeugung nie einen Pornofilm gesehen. Hier nahm ich erstmals teil an einem Akt der Liebe. Das Stöhnen der älteren und mir unvertrauten Mongolen hatte ich nie als solchen empfunden, egal ob hinter einem Schrank versteckt oder unter Decken.

»Gib's mir, gib's mir«, rief Petra, auf Löwe reitend. Sie bewegte sich auf ihm wie eine Läuferin in einem Fitness-Center. Ihre Brüste wippten auf und ab.

Petra kam dreimal an diesem Abend. Bei ihrem ersten Orgasmus entlud ich mich, einsam unter meiner Bettdecke, lange vor dem beteiligten Löwe.

Löwe behauptete am nächsten Tag, er sei von Petra »vergewaltigt« worden. Daran stimmte, dass sie den aktiveren Part spielte. Er wurde von nun an jeden Abend vergewaltigt.

Ich wunderte mich, warum Delegationsleiter Hund nicht eingriff, um den Moralbeschluss des SDAJ-Bundesvorstands zu verteidigen.

Wie in jeder Lehranstalt wurde auch an der Kaderschule geprüft, ob das Gelehrte in die Köpfe der Belehrten eingedrungen war und ob sie es auswendig abspulen konnten. Wie in anderen Lehranstalten sagte der Lehrer ohne Vorankündigung plötzlich: »Zettel raus!« Nur die Prüfungsfragen unterschieden sich von denen in bürgerlichen Examen. Etwa: »Definiere den Begriff Diktatur des Proletariats und belege den demokratischen Charakter der Diktatur des Proletariats durch ein Zitat von Lenin.«

Ich schloss alle diese Klausuren mit der Bestnote ab, legte präzise dar: Die »Klassiker« Marx, Engels und Lenin verstanden unter Diktatur einer Klasse die Herrschaft einer Klasse. In der westlichen Demokratie herrschten die Kapitalisten, da sie über ihr Eigentum an Produktionsmitteln Parteien und Presse kontrollierten. Die Diktatur des Proletariats war eine Diktatur im Interesse der Mehrheit und damit die wahre Demokratie. Dazu passte dieses Zitat von Wladimir Iljitsch Lenin: »*Das bedeutet, die Demokratie für die Reichen durch die Demokratie für die Arbeiter ersetzen. Das bedeutet, die Versammlungs- und Pressefreiheit für eine Minderheit, für die Ausbeuter, durch die Versammlungs- und Pressefreiheit für die Mehr-*

*heit der Bevölkerung, für die Werktätigen, ersetzen. Das bedeutet eine gigantische, welthistorische Erweiterung der Demokratie, ihre Verwandlung aus Lüge in Wahrheit, die Befreiung der Menschheit von den Fesseln des Kapitals, das jede, auch die demokratischste und republikanischste bürgerliche Demokratie verzerrt und einschränkt. Das bedeutet, den bürgerlichen Staat durch den proletarischen ersetzen, und dies ist der einzige Weg zum Absterben des Staates überhaupt.«*

Von Letzterem allerdings war in der DDR wenig zu spüren.

Hund rannte aufgeregt ins Zimmer. »Mr müsse alle vor die Disziplin- und Kontrollkommission der Schule. Alle SDAJler. Sofort!«

Was ist das, Disziplin- und Kontrollkommission? »Des isch das höchschte Gericht hier an der Schule. Jetzt wird's ernscht.«

In einem Klubraum des Kulturhauses hatte sich das Gericht versammelt. Hinter einem Pult saßen der Direktor der Schule, daneben der Parteisekretär. Ihnen zur Seite drohten ein unbekannter, etwa 50-jähriger Mann, der aus einer FDJ-Uniform quellte, und zwei ebenfalls unbekannte Herren und eine Dame, in DDR-Anzügen beziehungsweise -Kostüm. Am Rand kauerte unser Lehrer Fritz, mit einem Gesicht wie bei einer Beerdigung. Dazwischen machten sich drei andere Lehrer Notizen, wir kannten sie vom Sehen. »Das sind also die Angeklagten?«, fragte der ältere Mann in FDJ-Uniform, blickte abschätzig auf uns in unseren verwaschenen Jeans und Nickis. Wir mussten uns vor die Richter stellen, wussten nicht, wohin mit unseren Händen. Löwe war bleich wie ein Eisbär.

»Genossen, wir müssen uns heute mit einem ernsthaften Verbrechen auseinandersetzen«, eröffnete der Direktor das Verfahren. »Die NATO hat mit dem sogenannten Doppelbeschluss eine neue Runde des Wettrüstens eingeläutet. Der Welt droht ein atomares Inferno. In dieser gespannten Situation brauchen wir äußerste Wachsamkeit.«

Hund nickte. Dabei wusste auch er noch gar nicht, worum es

ging. Unauffällig blinzelten wir anderen SDAJler einander zu. Was sollte das? Gerade wir waren doch aktiv in der Friedensbewegung, in der Höhle der NATO selbst. Was sollte uns diesbezüglich vorgeworfen werden? Gut, die abendlichen Explosionen zwischen Petra und Löwe widersprachen dem Moralbeschluss. Aber versenkten sie gleich die Welt in einem atomaren Inferno?

»Wegen der Schwere der Verbrechen haben wir heute liebe Gäste unter uns, die wir aus tiefstem Herzen begrüßen. Vertreter des Zentralrats der FDJ und Mitarbeiter der Zentralen Parteikontrollkommission der SED. Danke Genossen, dass ihr den weiten Weg von Berlin auf euch genommen habt.« »War leider notwendig«, brummte der beleibte Mann im FDJ-Hemd, offenbar der Vertreter des FDJ-Zentralrats.

»Einige Elemente haben sich hier zusammengerottet«, klagte der Schulleiter weiter an. »Und ihr, die SDAJler, habt die Initiative ergriffen bei diesen Umtrieben.«

Das war nun wirklich übertrieben, uns hier herauszugreifen. Die Dänen stellten sogar nach jedem Rapport die Betten wieder in die intimere Position. Und ein Palästinenser, so munkelte man, habe seine Lehrerin auf den *Gesammelten Werken* von Marx und Engels gevögelt.

»Seit einiger Zeit beobachten wir den sogenannten Teddy-Klub«, hob der Schulleiter seine Stimme.

Wir atmeten auf. Es ging nur um den Teddy-Klub. Okay, das förderte die Sauferei, das musste kritisiert werden. Und der Name! Dabei hatten wir es nicht böse gemeint, wir wollten nur die Solikasse füllen.

Doch die Anklage-Begründung, die jetzt kam, erstaunte uns auch nach einigen Wochen marxistisch-leninistischer Grundausbildung: »Es ist eine große Errungenschaft der Jugend der DDR: Seit 1946 haben wir eine einheitliche Jugendorganisation – die Freie Deutsche Jugend. Diese Einheit wurde geboren aus den Erfahrungen des Jahres 1933, als die Jugend gespalten war und das Aufkommen des Faschismus nicht verhindern konnte. Jetzt erhebt eine zweite Organisation ihr Haupt: der Teddy-Klub. Ein Spaltpilz!« Hund nickte heftig.

»Aber des isch doch nur e' Spiel, kei' Organisation«, fiel ich dem Schulleiter ins Wort. Der war von solch einer Frechheit überrascht und unterbrach seine Rede. Das pralle FDJ-Hemd erhob sich langsam: »Jugendfreund! Ich glaube nicht, dass du einem verdienten Genossen wie dem Schulleiter Lektionen über Geschichte halten möchtest. Fakt ist: Ihr sprecht von einem Teddy-Klub, und ein Klub ist eine Organisation. Vielleicht denkt ihr Genossen aus der BRD, wir leben hinterm Mond, aber wir wissen sehr wohl, was ein Klub ist. Ich glaube gern: Dieser Klub hat noch nicht Strukturen, die mit denen der FDJ vergleichbar sind. Zum Beispiel hat der Klub noch keinen Zentralrat. Und, damit hier keine Zweifel aufkommen: Wir werden dafür sorgen, dass es gar nie so weit kommt! Es gilt, den Anfängen zu wehren! 1919 ermordeten die Feinde der Revolution Karl Liebknecht und Rosa Luxemburg, und die deutschen Arbeiter konnten es nicht verhindern. Im Ergebnis lagen zwei Jahrzehnte später große Teile Europas in Schutt und Asche.«

»Und Japan und China dazu«, ergänzte ein Geschichtslehrer der Schule.

»Auch Japan und China«, bestätigte der dicke FDJler. »Die ganze Welt brannte. So weit werden wir es diesmal nicht kommen lassen.« Hund hörte gar nicht mehr auf zu nicken.

»Ich danke dem Genossen vom Zentralrat für seine wertvollen Hinweise«, nahm der Schulleiter den Faden wieder auf. »Haben die Angeklagten noch etwas zu ihrer Verteidigung vorzubringen?«

Hund alias Kalle hob seine Hand wie ein Schuljunge. Der Schulleiter schaute fragend zu Lehrer Fritz hinüber, denn er kannte den Namen nicht. »Hund, du hast das Wort«, nahm Fritz ihm die Bürde ab.

»Ich möcht zuerscht mei' Dank ausspreche' an die Genosse aus Berlin-Hauptschtadt, dass ihr gekomme' seid, um uns zu helfe'. Mr sin' mit de' Ausführunge' von de' Genosse völlik eiverschtande'. Bitte erlaubt uns, Selbschtkritik zu übe': Mr habe' nit g'nug die Gefahr g'sehe: Der Teddy-Klub kann vo' imperialischtische' Agente' g'nutzt werde' als Bollwerk gege' de' Sozialismus. Dass es so weit gekomme' isch, liegt an unsere' mangelnde' Erfahrung. Deshalb sin' mr euch so dankbar, dass ihr uns die Möglichkeit gebt, hier zu studiere. In Zukunft werde mr des alles besser begreife'. Mr wolle uns bei de' Schulleitung und bei de' andere Genosse entschuldige.«

»Hund weist in die richtige Richtung«, stimmte der Schulleiter ein. »Die Disziplin- und Kontrollkommission der Jugendhochschule Wilhelm Pieck beschließt:

1. Der Teddy-Klub ist mit sofortiger Wirkung verboten. Alle Versuche, seine Tätigkeit illegal fortzusetzen, werden mit strengsten Disziplinarmaßnahmen verfolgt, im schweren Fall mit Zuchthaus.

2. Die Genossen von der SDAJ sind offenbar nicht ausreichend vertraut mit den schweren Opfern der kommunistischen und Arbeiterbewegung im Kampf gegen den Faschismus. Das Kollektiv der Geschichtslehrer wird beauftragt, in Sonderlektionen den Genossen die Schicksale von Märtyrern nahezubringen. Die Lektionen werden in den nächsten zwei Wochen jeden Abend von 20 bis 24 Uhr gehalten.

3. In Subbotniks kehren die SDAJ-Genossen den Park und putzen die Toiletten der Wohnheime, die nächsten beiden Wochenenden jeweils Samstag und Sonntag von 7 bis 20 Uhr.«

Subbotniks hießen in der DDR freiwillige und unbezahlte Arbeitseinsätze nach sowjetischem Vorbild.

Hund hatte es nicht leicht. Während ich die Dinge mit einem gewissen Humor nahm, trafen die Anklagen Hund als treuen Sohn der Partei mitten ins Herz. Er fürchtete sich, wenn er auch nicht genau wusste, wovor: Seine Funktion als Delegationsleiter zu verlieren? Aus der Partei ausgeschlossen zu werden? Sein Gewissen plagte ihn: Hatte er der Sache der Revolution geschadet? Hätte er die Trinkrunden des Teddy-Klubs vorher unterbinden können?

»Die Ersten im Weltall, die Ersten auf der Erde« – unter diesem Motto kündigte sich die nächste Explosion an der Kaderschule an. Der Besuch von Sigmund Jähn, dem ersten Fliegerkosmonauten der DDR und ersten Deutschen im Weltall. Mir war er gut bekannt, denn das DDR-Fernsehen feierte ihn in einer Art Endlosband, das Montag früh anfing und Sonntagnacht aufhörte.

Ich hatte ein weiteres ostdeutsches Wort gelernt: »Spalierbildung«. Ein Spalier zu bilden hieß, alle 300 Studenten des DDR-Lehrgangs und alle 150 Studenten des internationalen Lehrgangs stellen sich in eine Reihe entlang der beiden Seiten der Treppe zum Lektionssaal. Alle klatschen frenetisch, um einen wichtigen Gast zu begrüßen, und rufen »hoch, hoch, hoch«, auch dann schon, wenn der Gast sie noch gar nicht hören oder sehen kann, auch dann noch, wenn der Gast sie längst nicht mehr hören oder sehen kann.

Einmal hatte ich dies mitgemacht, als Egon Krenz an der Jugendhochschule begrüßt wurde. Grinsend wie immer, seine Hand leicht zum Gruß angewinkelt wie ein römischer Kaiser, war er durch das Spalier in das Lektionsgebäude eingezogen. Die FDJ-Leiter vertrauten uns Genossen aus der BRD genügend, um uns mitklatschen und »hoch« rufen zu lassen. Aber mit Krenz diskutieren, das ließen sie uns nicht, zu dem Vortrag hatten nur FDJler Zutritt.

Deshalb und aus Ärger über das groteske Gerichtsverfahren gegen den Teddy-Klub entschieden Löwe und ich, nicht am Spalier für Sigmund Jähn teilzunehmen. »Da les' ich lieber Marx in der Zeit, da hab' ich mehr davon«, sagte ich.

Am Abend quetschte ich mich jedoch in den Empfang für Sigmund Jähn im Kulturhaus. Dort wurde kostenlos Rotkäppchensekt ausgeschenkt. Ich sprach auch kurz mit Sigmund Jähn, einem bescheiden wirkenden Mann. Er habe »die totale Glückseligkeit« erlebt, als er die Erde von oben sah, sagte er.

Eigentlich war ich nicht wegen Sigmund Jähn und wegen des Sekts gekommen. Ich war wegen Sandy gekommen, der schönen FDJlerin aus Karl-Marx-Stadt, die die FDJ von innen veränderte.

Ich erblickte sie am anderen Ende des Saales, bahnte mir mit meinem Sektglas einen Weg durch die Small-Talk-Grüppchen, die hier kleine rote Runden hießen, und pirschte mich von hinten an sie heran. Ich spürte die Nässe in meinen Achselhöhlen.

»Ei forrbibbch!«, drückte Sandy ihr Erstaunen aus, als sie mich erblickte. »Mihr hamm dich beim Sigi gar nich gesähn.« Nun bedauerte ich, beim »Meeting« mit dem Kosmonauten nicht angetreten zu sein. Sandy war hin und weg von dem Weltraumflieger. »Ä duffdorr Borrsche«, schwärmte sie. Sigmund Jähn kam aus dem Vogtland, ein Sachse wie sie. Den Kult im Fernsehen fand sie lächerlich. »S'iss zum Biebm.«

Wir sprachen über einen Flüchtling, der am Vortag an der Mauer erschossen worden war. Mittels Westfernsehen strahlte der Fall auch in die DDR. Ich hielt die Mauer für notwendig, meinte, die BRD könnte sonst mit ihrer Übermacht die DDR wirtschaftlich durch Abwerbung von Fachkräften niedermachen. Aber mich plagten die schlimmen Opfer, die damit verbunden waren. Sandy sagte: »Ich habbe geen Grund über dä Mauer zu meggern. Wenn dä Mauer nich wär, hädden se mich abnibbln lassen!« Sie erklärte: Kurz nach dem Mauerbau war sie als Kleinkind vom Tisch gestürzt und mit Schädelbruch ins Krankenhaus eingeliefert worden. Sie hatte nur überlebt, weil zwei Ärzte im Krankenhaus sie sofort operierten. Es waren die beiden letzten Ärzte gewesen. Alle anderen hatten in den Westen »rübergemacht«, weil sie dort damals als Halbgötter in Weiß das Vielfache verdienten. Auch die beiden hatten ihre Koffer schon gepackt und eine Woche im Voraus Zugfahrkarten nach Berlin gekauft – für den 15. August 1961. Am 13. August wurde die Grenze abgeriegelt.

Sandy »meggerte« über anderes. Seit Monaten war in der DDR keine Bettwäsche mehr zu kaufen. Wenn Sandy am Wochenende nach Hause fuhr, musste sie unter einer Wolldecke ohne Bezug schlafen. Die Erfolgspropaganda im Neuen Deutschland und »Aktueller Kamera« würde »dä Leide forrgohln«, die Leute verkohlen. Doch verändern könne nur, wer selbst aktiv sei. Deshalb sei sie jetzt

Kandidatin der SED. Wenn sie sich bewähre, könne sie in einem Jahr Mitglied werden.

Ich fühlte mich in meiner Überzeugung bestärkt. Nicht die alten Herren im Politbüro repräsentierten die DDR, die SED. Die netten, kritischen Leute hier an der Jugendhochschule verkörperten die Zukunft der DDR. Und Sandy war die netteste, kritischste und schönste von ihnen. Ihr Körper verkörperte die DDR, von der ich träumte.

Ich dachte, ich müsse jetzt mit anderen reden. Sandy hielt mich bestimmt für aufdringlich, wenn ich weiter bei ihr blieb. »Maximale Kampferfolge« wünschte sie mir, der seltsame Gruß, den ich zum ersten Mal beim Grenzübertritt gehört hatte.

Nach einigen Gläsern Rotkäppchen-Sekt beobachtete ich von weitem, wie Sandy mit Hund flirtete. Zumindest kam es mir so vor, als bewegten sich ihre Augen zu viel und als lachte sie zu viel. Nein, da wirkte wohl der Rotkäppchen-Sekt bei mir. So eine wie die durchschaut Hund. Außerdem war sie verheiratet. Wobei mich kribbelig machte: Sie hatte einmal erwähnt, sie sei vor allem in den Stand der Ehe getreten, um die Aussichten auf eine Wohnung zu verbessern. Wohnraum war knapp in der DDR und wurde bürokratisch zugeteilt.

Jeden Abend um 19.30 Uhr sahen Hund und ich die Nachrichten des DDR-Fernsehens, die *Aktuelle Kamera*. Die ödete uns beide an, da dachten wir ähnlich. Auseinander gingen unsere Meinungen darüber, welche Sendungen besser waren. Hund stand auf den *Schwarzen Kanal*, in dem der rote Adlige Karl-Eduard von Schnitzler willkürlich zusammengeschnibbelte Ausschnitte aus dem Westfernsehen mit grimmigem Kommentar begleitete. »Des isch Agitation der erschten Sahne«, meinte Hund. Ich bevorzugte die Sendereihe *Alltag im Westen*, in der DDR-Teams Schattenseiten des Kapitalismus aufdeckten. Sie filmten oft unter abenteuerlichen Umständen, schlichen sich bei Nazis, Söldnern und rechtsradikalen Generalen ein.

Ganz anders die *Aktuelle Kamera*. Im ersten Teil wurde der offizielle Tagesablauf von Erich Honecker protokollarisch verfilmt. Im zweiten Teil rotierten Baukräne und rauschten Mähdrescher durchs Bild, um von den Erfolgen der DDR in Industrie und Landwirtschaft zu künden. Erst im dritten Teil kamen interessantere internationale Berichte, über Neonazis in der Bundesrepublik oder über Freiheitskämpfer in Nicaragua.

Übertroffen wurde die Langeweile der *Aktuellen Kamera* vom SED-Zentralorgan *Neues Deutschland*. Was gemeint war, konnte man nur zwischen den Zeilen lesen, wenn überhaupt. Traf sich ein DDR-Führer mit einem ausländischen Politiker in »offener kameradschaftlicher Atmosphäre«, so bedeutete das: Es flogen die Fetzen. Wäre das Treffen harmonisch verlaufen, hätte es geheißen: »im Geiste allseitiger brüderlicher Übereinstimmung«.

Löwe, Krokodil und ich spielten im Wohnheim die grafisch geschilderten Staatsbesuche Erich Honeckers nach. Fast jedes Mal, wenn sein Name erwähnt wurde, war vom »Generalsekretär des ZK der SED und Vorsitzenden des Staatsrates der DDR« die Rede, für den Fall, jemand könne vergessen, wer er sei.

*»Der Generalsekretär des Zentralkomitees der Sozialistischen Einheitspartei Deutschland und Vorsitzende des Staatsrates der DDR, Erich Honecker, ging auf den Generalsekretär der Rumänischen Kommunistischen Partei und Präsidenten der Sozialistischen Republik Rumänien, Nicolae Ceausescu, zu und reichte ihm die Hand. Genosse Ceausescu umarmte ihn herzlich.«* Ich als Honecker ging auf Löwe als Ceausescu zu, er küsste mich auf beide Wangen, wie unter kommunistischen Staatsführern üblich. *»Als Erich Honecker und Nicolae Ceausescu das Werkgelände erreichten, empfing sie stürmischer Beifall, Hurra-Rufe und Sprechchöre. Junge Pioniere und Schüler winkten mit Fähnchen und Blumen.«* Krokodil klatschte, schrie »Hurra, hurra, hurra« und winkte dann mit einem Tempotaschentuch, mangels Fähnchen und Blumen. *»Die Technikerin Natascha Constantin und die Ökonomin Carmen Scarlat überreichten den beiden Generalsekretären Sträuße roter Rosen.«* Krokodil zerriss

das Tempo-Taschentuch in zwei Fetzen und überreichte sie feierlich an Löwe und mich.

In diesem Augenblick betrat Hund das Wohnheimzimmer: »Was macht ihr hier wieder fürre Seich?« – »Muppet-Show mit Erich Honecker«, antwortete ich. Angewidert schmiss sich Hund auf sein Bett und vertiefte sich in das »*Kommunistische Manifest*« von Marx und Engels. »De' Honecker isch unter de' Nazis im Zuchthaus g'sesse – auch für eure Freiheit.«

»Ich find's schlimmer, im Intershop mit DM zu prasse', als mal e' kleine' Witz über Honecker z'mache«, giftete ich zurück. Ich spielte darauf an, dass Hund im Intershop regelmäßig Marlboro-Zigaretten kaufte. Ich selbst lebte spartanisch und hortete als ein revolutionärer Dagobert Duck die 400 Ost-Mark Stipendium, die uns die DDR monatlich bezahlte. Ich kaufte lediglich Bücher bei gelegentlichen Besuchen in Ostberlin. Bücher waren billig in der DDR.

Ich spazierte jetzt häufig mit Sandy, der schönen und kritischen Sächsin, trotz der Mahnung Hunds, keine politischen Gespräche mit DDR-Bürgern außerhalb der offiziellen Treffen zu führen. Wie versprochen hatte sie mir Bücher mitgebracht, die in der DDR erschienen, aber aus politischen Gründen in kleinen Auflagen und deshalb längst vergriffen waren. Am besten gefielen mir Werke des Schriftstellers Volker Braun, etwa seine »*Berichte von Hinze und Kunze*«. In *Mängel, positiv formuliert,* schrieb er über das Schönreden in der DDR:

*»Wenn Kunze, ohnehin nicht oft, eine Arbeit öffentlich kritisierte, überlegte er sich seine Sätze. Er sagte nicht: Das ist nicht in Ordnung, er sagte: Daran ist weiter zu arbeiten. Er sagte nicht: Wir sind im Rückstand, er sagte: Wir müssen das Tempo erhöhen. Er sagte nicht: Da wurde ein Fehler gemacht, er sagte: Vorwärts zu neuen Erfolgen. – Warum nimmst du dir das Zeitungsblatt vor den Mund? fragte Hinze. Gemeckert wird genug, knurrte Kunze, wir orientieren nach vorn. – Sehr freundlich, entgegnete Hinze, aber wer hört dir hinten zu?«*

Das sei nicht einmal übertrieben, das sei »Fakt«, sagte Sandy, wobei sie mit »das ist Fakt« die Rede DDR-typisch wendete. Die DDR-Zeitungen dürften jetzt nicht mal mehr schreiben, etwas sei besser geworden. Da entstehe der Eindruck, es sei vorher schlecht gewesen. »Noch besser geworden«, schrieben sie deshalb. Mir gefielen die offenen Gespräche mit Sandy. Ich hatte in ihr eine Seelenverwandte gefunden.

Sandy und ich wagten gelegentlich den Ausbruch aus dem roten Kloster Jugendhochschule. Wir kletterten über einen Hinterausgang, ein verrostetes Stahltor. Wir konnten uns auch den Schlüssel dafür ausleihen, aber dafür mussten wir uns mit der Bürokratie auseinandersetzen. So flüchteten wir illegal in die märkische Heide, durchquerten die Wälder, sammelten Haselnüsse und sprachen über Marx und die Welt. Wir beobachteten Eulen. Mehrmals rannten uns Wildschweine über den Weg. Einmal lauschten wir einem klopfenden Specht. Im Gebüsch raschelte es. Zunächst sahen wir nur die Socken und Unterhosen auf der Wiese zerstreut. Unter einer Birke liebten sich ein Genosse aus Äthiopien und eine FDJlerin.

Wir lernten an der Jugendhochschule DDR-Bürger kennen, die sich kritisch äußerten. Doch sie alle studierten oder arbeiteten an der höchsten Bildungsstätte der Freien Deutschen Jugend. Mit Leuten außerhalb dieser Elite kamen wir so gut wie nicht zusammen. Wir wichen gewöhnlichen DDR-Bürgern sogar aus, wenn wir ihnen bei Spaziergängen über den Weg liefen, denn wir fühlten uns als Illegale und fürchteten, sie könnten ihren Westverwandten von unserer geheimen Mission erzählen.

Einmal wurden wir zu Schülern entsandt, die in Kursen auf ihre Jugendweihe vorbereitet wurden. Die Jugendweihe schloss feierlich die Kindheit ab und nahm die Schüler in das Reich der jungen Erwachsenen auf, mit Personalausweis und FDJ-Mitgliedschaft. Ich sollte den 14-Jährigen von den Missständen des Kapitalismus erzählen, ein Auftrag, den ich gern und überzeugt erfüllte. Ein Schüler meinte: »Ich habe gehört, die Arbeitslosen bei Ihnen wollen gar nicht arbeiten.« Ich sprach von Massenentlassungen und den psychischen Folgen der Arbeitslosigkeit. Die Schüler schauten skeptisch, wirkten ganz anders als die Leute an der Jugendhochschule.

Als ich in unser Versteck zurückkehrte, ins Kloster der reinen Lehre, dachte ich: »Schlimm, dieser Einfluss des Westfernsehens.«

Wir pfiffen und wir buhten, da, wo sonst nur geklatscht und Hurra geschrien wurde – wir SDAJler aus der BRD, die Dänen, Norweger und die Finnen, bei einer der Feten im Kulturhaus. Schlimm genug, dass wir an der Jugendhochschule vollgedröhnt wurden mit ABBA, von »Dancing Queen« bis »Waterloo«, reaktionärem Gesülze aus unserer Sicht. Aber jetzt lief »Paloma Blanca«. »Die Opfer des spanische' Faschismus werde' verhöhnt«, schrie ich. Hund stand diesmal auf meiner Seite. Wäre es nach ihm gegangen, hätten auf den Feten sowieso nur Schalmeienkapellen gespielt.

Bei den Arbeiterschalmeien, nicht zu verwechseln mit den Hirtenschalmeien, sind mehrere Martinshörner zu einem Blechblasinstrument zusammengebaut, das acht Töne ausstoßen kann. Es ist leicht zu erlernen, sogar Erich Honecker beherrschte das Instrument. Arbeiterschalmeienmusik klingt wie eine Mischung aus Marschmusik und Katzenmusik, wobei Kenner revolutionäre Melodien heraushören.

Löwe, Krokodil und Schlange hingegen standen auf westliche Rock-Musik, »revolutionär und subversiv«, wie Löwe sagte. Ich war in der »Musikfrage« nicht festgelegt. Aber Schlager intonierten den Verrat, das war klar. Und das spanisch klingende »Paloma Blanca«, das musste eine Hymne auf General Franco sein. »Paloma Blanca, des isch Spanisch, eindeutik«, sagte Hund. Den FDJlern leuchtete nicht ein, was daran schlimm sein sollte, Franco sei seit vier Jahren tot und König Juan Carlos als konstitutioneller Monarch ihm nachgefolgt. »Hoch die internationale Solidarität«, skandierten wir SDAJler, und bald mischte sich skandinavischer Akzent mit alemannischem, Dänen und Norweger schlossen sich an. Die

Musiker der Band aus dem benachbarten Dorf Klosterfelde guckten geplättet auf das kulturrevolutionäre Tohuwabohu, so etwas hatten sie noch nie erlebt. Das ebenfalls geplättete Kultur-Komitee der Kaderschule entschied sich, fortan Platten aufzulegen.

Der erste Hit von der Platte kam uns nicht spanisch vor:

*Der Sachse liebt das Reisen sehr,*
*Ihm liegt das in'n Gnochen;*
*Drum fährt er gerne hin und her*
*In sein'n drei Urlaubswochen.*
*Bis nunder nach Bulgarchen*
*Dud er die Welt beschnarchen.*
*Und sin de Goffer noch so schwer,*
*Und sin se voll, de Züche,*
*Und isses Essen nich weit her:*
*Des gennt er zur Genüche!*
*Der Sachse dud nich gnietschen,*
*Der Sachse singt'n Liedschen!*
*Sing mei Sachse, sing!*
*Es ist en eichen Ding*
*Und ooch a düchtches Glück*
*Um d'n Zauber der Musik.*
*Schon des gleenste Lied,*
*Des leecht sich off's Gemüt*
*Und macht dich oochenblicklich*
*Zufrieden,*
*Ruhig*
*Und glücklich!*

Sandy, die schönste Sächsin, flüsterte mir zu: Die wollten das Lied in der DDR erst verbieten! Die Führung argwöhnte, der Sänger und Kabarettist Jürgen Hart protestiere so gegen die Berliner Zentrale, die die Hauptstadt als »Schaufenster des Sozialismus« bevorzugte. Mein Herz klopfte schneller, weil Sandy mich wieder ins

Vertrauen gezogen hatte. Die anstößigen Zeilen fand ich nicht so subversiv:

*Doch gommt der Sachse nach Berlin,*
*Da gönn' se ihn nich leiden,*
*Da wolln s' ihm eene drieberziehn,*
*Da wolln se mit ihm streiten!*
*Und dud ma'n ooch verscheißern,*
*Sein Liedschen singt er eisern!*
*Sing, mei Sachse, sing …*

Auch auf dieser Party tanzten alle zu »Am Fenster«, dem Song der DDR-Gruppe City, der in dieser Zeit große Erfolge in Deutschland Ost und West feierte. Das Lied erkannte ich schon an den ersten Tönen. Eine Geige, teils gestrichen, teils gezupft, war von melodischem Rock unterlegt. »Am Fenster« eignete sich dafür, allein zu tanzen. Anders als im Westen wurde hier jedoch nicht so viel allein getanzt, bei langsameren Stücken musste man eine Partnerin auffordern. Davor hatte ich Angst, ich fürchtete Ablehnung – selbst bei Sandy, trotz unserer offenen Gespräche. Ich verbarg diese Angst hinter der Idee der Emanzipation. Die Frauen könnten mich auffordern. Aber das passierte nie, schon gar nicht in der DDR – worin ich überliefertes bürgerliches Rollenverständnis sah. Auch Sandy forderte mich nicht auf. Als ich allein zu »Am Fenster« tanzte, dachte ich nur an sie.

*Einmal wissen, dieses bleibt für immer,*
*Ist nicht Rausch, der schon die Nacht verklagt,*
*Ist nicht Farbenschmelz noch Kerzenschimmer*
*Von dem Grau des Morgens längst verjagt.*
*Einmal fassen, tief im Blute fühlen,*
*Dies ist mein, und es ist nur durch dich.*
*Nicht die Stirne mehr am Fenster kühlen,*
*Dran ein Nebel schwer vorüberstrich.*

*Einmal fassen, tief im Blute fühlen,*
*Dies ist mein, und es ist nur durch dich.*
*Klagt ein Vogel, ach auf mein Gefieder.*
*Nässt der Regen, flieg ich durch die Welt.*
*Flieg ich durch die Welt,*
*Flieg ich durch die Welt …*

In Sandy-Trance verließ ich die Tanzfläche. Es folgte langsame Musik, ich versteckte mich in einer dunklen Ecke, umklammerte mein Bierglas. Ich wollte so nicht gesehen werden, schon gar nicht von Sandy. Alle tanzten und flirteten, und ich schlich allein davon. Wie ein Spion beobachtete ich das lebensfrohe Treiben auf der Tanzfläche.

Der Discjockey spielte »Über sieben Brücken musst du geh'n«, den Hit der DDR-Gruppe Karat aus dem Jahr 1978, den später auch Peter Maffay sang. Ich liebte dieses Lied, aber leider tanzten nur Zweierpärchen. Ich beobachtete die Tanzfläche, erstarrte, denn ich sah, was ich nicht sehen wollte: Sandy tanzte mit Hund! Er redete, und sie verdrehte die Augen! Er betatschte sogar ihren schönen kleinen Po, den ihre engen Jeans betonten. Dieses Schwein! Und sie tanzten noch viel an diesem Abend. Ich umkrallte mein Bier und grämte mich. Dänen versuchten mich in ein Gespräch zu ziehen, doch mir war nicht nach Reden. Ich blieb, bis Kalle schlafen ging, folgte ihm unauffällig. Die Nacht verlief wie immer. Löwe und Petra wälzten sich öffentlich, die Mongolen stöhnten unter der Decke.

Zur Ausbildung an der Jugendhochschule gehörten auch Ausflüge, sogenannte »Exkursionen« in die DDR, um »den realen Sozialismus kennenzulernen«. Real wie in Bernburg an der Saale. Wir kämpften gegen die Umweltzerstörung in der Bundesrepublik, deren Ursache für uns auf der Hand lag: Die Gier der Konzerne, die sich nicht um Mensch und Natur scherten. Sie klärten Abwässer nicht und filterten auch nicht die Abgase, weil sie sparten, um ihren Profit zu steigern. Aber so etwas wie die Saale in der DDR hatte ich noch nicht gesehen, und selbst Hund entsetzte sich: Es floss kein Fluss – es schäumte eine Seifenlauge. Nur am Rand der weißen Brühe rann ein Streifen Wasser, so schmal wie das »Stadtbächle« in unserem Freiburg.

»Des hängt vielleicht mit de' wirtschaftliche' Schwierigkeite zusamme', die die DDR hat«, argumentierte Hund. »Bestimmt habe' die Genosse' des Problem erkannt und arbeite' an 'ner Lösung.« Das wollte auch ich gern glauben. Nach einem Treffen mit der FDJ-Kreisleitung am Abend glaubte es nicht einmal mehr Hund.

Die Sekretäre der FDJ-Kreisleitung taten so, als wüssten sie nicht, von welchem Problem die Rede sei. Gleichzeitig bekundeten sie »ihr volles Vertrauen in die Partei, alles zu tun für das Wohl des Volkes, auch in Fragen der Umwelt«. Ein FDJ-Funktionär, der in Berlin studiert hatte, meinte: »Wir haben uns daran gewöhnt, für uns gehört es zu unserer Heimat. Immer wenn ich nach Bernburg zurückkomme und die Saale rieche, fühle ich: Ich bin wieder zu Hause.«

Als ich heimkehrte hinter die Maschendrahtzäune des roten Klosters, diskutierte ich mit Sandy das Problem. Wir spazierten um den Bogensee, manchmal stolperten wir über dicke Baumwurzeln oder rutschten ab im Moder. Im Westen erhitzte Umweltschutz die Gemüter. Im Osten regten sich nur wenige darüber auf. Auch Sandy dachte selten darüber nach. Aber sie wusste, sogar einige Schriftsteller der DDR warnten vor Industrieabgasen und Atomkraftwerken.

Ich lieh Sandy das Wahlprogramm der Grünen für die Europawahlen aus. Die Grünen waren in dieser Zeit noch in mehrere Gruppen aufgesplittert, die sich für diese Wahlen zusammengetan hatten. Ich vermisste bei ihnen ein in sich geschlossenes Alternativkonzept wie den Marxismus. Aber mich überraschte, dass zu ihren Forderungen neben Umweltschutz auch Abrüstung, Frauenrechte und andere Anliegen gehörten, für die auch wir uns einsetzten.

Sandy knickte das Wahlprogramm schnell zusammen und versteckte es im Brustausschnitt ihres T-Shirts. Gefährlicher wäre hier an der Jugendhochschule nur noch, mit dem *Spiegel* herumzulaufen, sagte sie.

An diesem Abend hatten die Finnen zu einer Fete in ihr Wohnheimzimmer geladen. Sie studierten an der Jugendhochschule mit dem Ziel, die Errungenschaften der DDR kennenzulernen: vor allem die vom Staatsplan geschützten Alkoholpreise, die im Vergleich zu Finnland einem freien Ausschank gleichkamen. Nach 20 Uhr krochen die Finnen gewöhnlich auf allen Vieren über das Gelände. Im Interesse der sozialistischen Ordnung und Sauberkeit ging man zusehends dazu über, die Feten gleich im Schlafraum der Finnen abzuhalten. Auch Sandy und ich soffen mit.

Kurz vor Mitternacht brachte ich Sandy nach Hause ins Frauenwohnheim. Nachdem wir uns vor dem Haus verabschiedet hatten, kehrte ich zur Fete zurück. Fünf Minuten später kam auch Sandy wieder. Ich dachte mir: Klar, als disziplinierte FDJlerin will sie keinen Verdacht entstehen lassen.

Im Fach »Politische Ökonomie des Kapitalismus und des Sozialismus« stritt ich mich mit dem Lehrer über den Begriff »Verelendung der Arbeiterklasse«. Es sei gesetzmäßig und von Marx bewiesen, den Arbeitern im Kapitalismus gehe es tendenziell immer schlechter, so der Lehrer. Ich sah das nicht bestätigt in meinem Heimatkreis Breisgau-Hochschwarzwald bei den Arbeitern, die den Golf vor ihrem Einfamilienhaus parkten und die Kinder aufs Gymnasium schickten. Stattdessen wollte ich sprechen über die Ausbeutung der Dritten Welt, die von den Kapitalisten genutzt würde, um die Arbeiter zu korrumpieren. Aber das stand nicht im Lehrplan, überschritt deshalb die Kompetenzen des Lehrers, und wir redeten aneinander vorbei.

Es war ein Abend, an dem ich mich früh ins Bett gelegt hatte. Auch die Mongolen und Mongolinnen waren schon da, knipsten das Licht aus. Nach einiger Zeit öffnete sich die Tür, Löwe und Petra schlichen herein, wie üblich – und, nein da musste ich mich im Dunkeln täuschen: Hund und Sandy?! Mein Körper erhitzte sich augenblicklich. Was machte Sandy in unserem Zimmer, nachts? Vielleicht schnell etwas abholen?

Die Laterne, die aus dem Park hereinschien, nahm leider keine Rücksicht auf meine Gefühle. Hund und Sandy stellten sich wie Boxer vor einem Kampf einander gegenüber, blickten sich in die Augen. Hund griff nach ihr wie ein Raubtier, umfasste sie mit seinen Krallen. Er steckte seine schmutzige Zunge in ihren schönen revolutionären Mund.

Dann schmiss Hund Sandys Jeans-Jacke nach hinten auf den Boden, knöpfte ihr Hemd auf. Warum schrie sie nicht um Hilfe? Ich war nicht stark, aber ich würde alles tun, um sie zu verteidigen. Sie öffnete Hunds sowjetisches Armee-Koppel, mit Hammer und Sichel drauf. In mir wütete es. Hund verletzte den Moralbeschluss, Sandys sozialistische Ehe und vor allem: Sandy, meine Seelenverwandte!

Brutal warf er sie auf sein Bett. Er legte sich auf sie, küsste von Kopf bis Fuß ihren nackten Körper, der noch schöner war, als ich ihn mir vorgestellt hatte. Hunds ungepflegter Bart musste sie stechen. Das war eine Vergewaltigung! Die Volkspolizei musste eingreifen! Warum schrie Sandy nicht? Warum flüsterte sie stattdessen: »Mei Härrds brännd lichdorrloh!«

Auch ich brannte lichterloh, nicht nur mein Herz, mein ganzer Körper. Da half auch nicht, dass sich mein Bett mit Schweiß füllte, als flösse Wasser in eine Badewanne. Was machte Sandy da? Sie nahm mit ihrer Hand Hunds »Schniebl«, wie sie ihn nannte, und führte ihn in ihre Scheide. Sollte ich aufstehen und eingreifen? Nein, ich würde mich lächerlich machen und wäre für immer bei allen unten durch, vor allem bei Sandy.

Hund bewegte sich auf Sandy auf und ab. Sie hatte ihre Beine weit gespreizt, stöhnte immer heftiger. Ihre erregten Schreie mischten sich mit denen von Petra und den beiden Mongolinnen, die gleichzeitig gevögelt wurden. Aber das ließ mich kalt, ich fühlte für Sandy. Mein steifes Glied drückte die Bettdecke weg. Ich rief innerlich um Hilfe. Der Warschauer Pakt musste eingreifen! So wie 1968 in der Tschechoslowakei, als die Panzer der Sowjetunion, der DDR und anderer Ostblockstaaten die Konterrevolution niedergerollt hatten, wie ich damals glaubte. Hier tobte die Konterrevolution, die sexuelle Konterrevolution, Porno live im roten Kloster, Sandy bestimmt besoffen gemacht und vergewaltigt.

Sandy schlang ihre Beine um Hund. Ihr Orgasmus kam, sie strampelte mit den Beinen. Kurz darauf kam auch Kalle, spritzte sein Hundegift in ihren Körper, ihren schönen Körper mit Lippen rot wie die Arbeiterfahne, mit gelocktem goldblondem Haar harmonierend mit dem blauen FDJ-Hemd, das sie nicht trug, nicht hier in meinem Zimmer, in dem sie nicht mit mir war. Ich schloss die ganze Nacht kein Auge, schwitzte und wälzte mich aufgeregt.

Die Panzer der Warschauer-Pakt-Staaten marschierten auch in der nächsten Nacht nicht ein. Und auch nicht in den Nächten, die folgen sollten.

Als wir am Morgen über das Pflaster des Parks der Jugendhochschule zum Unterricht gingen, stellte ich Hund zur Rede. Ich stotterte etwas zusammen, von Sandy, verheiratet, Moralbeschluss und Verantwortung des Delegationsleiters, Verantwortung als Genosse gegenüber Frauen überhaupt, auch gegenüber seiner Freundin Margot, die in Freiburg auf ihn wartete. Hund zuckte mit den Schultern: »Wenn me sich um jemand Sorge' mache' muss, dann bisch du des. Ich werd mich daheim meine revolutionäre Aufgabe widme', daran besteht wohl kei' Zweifel. Den Moralbeschluss würd' ich verletze', wenn ich Sandy noch nach dem Schulaufenthalt die Treue halte' würd'. Des wird nit passiere'.«

Ich sah Sandy jetzt jede Nacht da, wo ich sie nicht sehen wollte. Dafür wurden unsere Spaziergänge seltener, sie sei müde und konzentriere sich jetzt aufs Studium, sagte sie mir. Einmal traf ich sie per Zufall an der Statue neben dem Kulturhaus, einem in Stein gemeißelten küssenden Paar, nackt, die Frau mit drallen Brüsten. Im Vergleich zu den meisten anderen sozialistischen Ländern ging man in der DDR unverkrampft mit der Sexualität um. Sandy kam gerade zurück von einem Wochenendbesuch bei ihrem Mann. Sie erzählte, wie viel besser Hund sie befriedige, ihr Ehemann denke beim Sex nur an sich selbst. Mir versagten die Worte.

Lernt man an einer revolutionären Kaderschule robben, ringen, schießen, sprengen? An der Jugendhochschule Wilhelm Pieck lernten dies nur die FDJler. Die »Gesellschaft für Sport und Technik« (GST) organisierte die vormilitärische Ausbildung der Jugendlichen in der DDR. Wir SDAJler und andere Ausländer waren davon ausgeschlossen, »um dem Klassenfeind keine Angriffspunkte« zu bieten, falls doch einmal jemand über die Jugendhochschule auspackte.

Hund, im Herzen ein Sowjetsoldat, probte erstmals den Aufstand an der Jugendhochschule, forderte gegenüber den Lehrern sein Grundrecht aufs Schießen, vergeblich. Sehnsüchtig stand er dabei, als die FDJler in ihren gescheckten Tarnanzügen über das Pflaster marschierten, eine Militärkapelle schmetterte einen Marsch dazu. Auch ich schaute sehnsüchtig zu, denn Sandy marschierte an der Spitze, kommandierte die Mädchenhundertschaft. Ihr goldblondes Haar lockte unter ihrem Uniformkäppi hervor.

Trotz des preußisch-militärischen Gehabes zweifelte ich nicht: Der Sozialismus wollte Frieden. Hatte nicht Breschnew gerade als einseitige Vorleistung den Abzug von 20 000 sowjetischen Soldaten und 1000 Panzern aus der DDR angekündigt? Leitete nicht gerade die NATO mit dem Beschluss über die Stationierung von Pershing 2 und Cruise Missiles eine neue Runde des Wettrüstens ein?

Als sie auf dem Schießübungsplatz mit Luftgewehren auf Scheiben schossen, pirschte sich Hund an Sandy. Mir tat es weh in den Augen, als ich sah, wie sein Körper ihren wie zufällig berührte, sie miteinander schäkerten. Später reichte Sandy Hund das Gewehr, trotz des Verbots – und er schoss.

Nach einem knappen Jahr schlossen wir die Jugendhochschule Wilhelm Pieck erfolgreich ab, ich mit sehr guten Noten, Hund mit guten Noten, das SDAJ-Kollektiv mit dem Ehrennamen »Ernst Thälmann«. Von den 150 FDJlerinnen waren 75 schwanger. Das war nicht nur dem Geist der internationalen Solidarität zuzuschreiben, sondern auch der staatlichen Geburtenbeihilfe von 1000 Mark in der DDR. Einige FDJlerinnen sprachen vom Baby als einem »Souvenir«, da sie ihre ausländischen Freunde nicht mehr sehen durften.

Auch Hund und Sandy schmusten noch einmal und weinten ein bisschen. Mir wurden ebenfalls die Augen feucht, ich versuchte es zu verbergen. Ich umarmte Sandy. Sie fühlte sich von mir fast erdrückt, sagte: »Nu, so feirich! Du weeßt dich gar nich zu ziecheln!« Sie wünschte mir maximale Kampferfolge.

Sandy, die anderen FDJler aus dem »Patenseminar« Karl-Marx-Stadt und natürlich die Lehrer winkten, als wir in dem Barkas-Kleinbus abfuhren, Richtung Berlin, Bahnhof Friedrichstraße. Mir blieb für immer Sandys Gesicht im Gedächtnis, voller Tränen, die nicht mir galten.

Am Bahnhof Zoo in Westberlin stieg dann Hunds Freundin Margot zu, die es nicht erwarten konnte, ihn zu sehen. Er schmuste mit ihr, wie er eben mit Sandy geschmust hatte.

Ich akzeptierte, ich durfte keinen Kontakt mit Sandy pflegen, fühlte mich als Untergrundkämpfer im Kalten Krieg. Aber würde sich auch Hund daran halten? Ich hoffte, sie wiederzusehen, wenn der »Sozialismus an der Tür der BRD klopft«, wie Erich Honecker sagte.

# Kalaschnikow und Friedenstaube

Ich kam zurück in die Bundesrepublik mit dem Auftrag, sie zu verändern. Die »kleinen Konflikte« in der DDR verdrängte ich angesichts der »großen Kämpfe«, die ich jetzt wieder führte. Die Partei schickte mich nach Münster, der SDAJ-Kreisverband dort gehörte zum Landesverband Ruhr-Westfalen, einem der wichtigsten in der SDAJ. Für uns drehte sich in jenen Jahren alles um Pershing 2 und Cruise Missiles, Raketen, die die NATO stationieren wollte. Wir warnten, die NATO wolle ein militärisches Übergewicht erlangen und so einen Atomkrieg vorbereiten, den bisher das Gleichgewicht des Schreckens verhindert habe. Gegen diese Raketen schmiedeten wir ein breites Bündnis, das Sozialdemokraten ebenso einschloss wie Christen, Grüne und sogar ehemalige Bundeswehrgeneräle. Sie alle schlossen sich dem Anti-Atomraketen-Aufruf »Krefelder Appell« an, für den wir damals Unterschriften sammelten. Vier Millionen kamen zusammen. Das Symbol der Friedenstaube, auf Plakaten, Aufklebern und sogar an Halsketten, nutzten wir mehr als Hammer und Sichel, mit denen wir uns aus taktischen Gründen zurückhielten. Wir bekämpften Konzernbosse, die an der Aufrüstung verdienten, ebenso wie Häuserspekulanten, die billigen Wohnraum abrissen und durch teure Bürogebäude ersetzten. Um das zu verhindern, besetzten wir Häuser. In Münster lebte ich in dem 1905 gebauten Jugendstilhaus Frauenstraße 24. Auf drei Etagen wohnten jeweils fünf bis sieben Leute gemeinsam. Gelegentlich rückten Dutzende Polizisten mit Knüppel und Stahlhelm an, um uns zu vertreiben. Doch da viele Münsteraner, vor allem Jugendliche und Studenten, uns unterstützten und sich vor den Polizeiwagen auf die Straße setzten, zogen sie wieder ab.

Höher im Norden glich sich meine Sprache dem Hochdeutschen an. Auch Hund alias Kalle dämpfte seinen Dialekt. Die Partei rief ihn nach Essen, wo er hauptamtlich als stellvertretender Landesvorsitzender der SDAJ arbeitete. Er konnte sofort zum Berufsrevolutionär aufsteigen, denn er hatte eine Ausbildung als Werkzeugmacher abgeschlossen und sein Klassenbewusstsein bewiesen.

Ich dagegen musste vor meiner Aufnahme in den Geheimbund der Berufsrevolutionäre noch eine weitere Probe bestehen: »Wir sind eine Arbeiterpartei, deshalb müssen unsere Funktionäre eine Berufsausbildung abschließen, am besten in einem Großbetrieb«, eröffnete mir ein Berufsrevolutionär aus der Org-Abteilung des Parteivorstands der DKP (»Org« für Organisation). In seinem karierten Hemd und der beigen Hose mit Bügelfalte erinnerte der Mittvierziger eher an den Kassenwart eines Schützenvereins als an Che Guevara. Da ich weder zum Dreher noch zum Maurer taugte, lernte ich Großhandelskaufmann im parteinahen Schallplattenverlag »Pläne«. Dafür pendelte ich an den Arbeitstagen nach Dortmund, die Berufsschule aber besuchte ich in Münster.

Während der revolutionäre Weltprozess unaufhaltsam fortschritt, bereiteten die »Nebenkriegsschauplätze des Klassenkampfes«, wie wir das damals nannten, noch Kummer. So etwa die Suche nach Liebe.

Ich konnte Sandy nicht vergessen. Aber ich suchte keinen Kontakt zu ihr, denn das verbot uns die Partei wegen der »komplizierten internationalen Lage«. Mein »Kampfplatz« war hier im Westen, und sie diente weiter auf ihrem im Osten, glaubte ich. Außerdem war sie verheiratet und hatte mich mit Hund hintergangen.

Eines Abends aß ich eine Pizza mit Heike, einer Mitschülerin von der Berufsschule, die süß lispelte. Wir verstanden uns gut. Zu ihr nach Hause konnten wir nicht fahren, sie wohnte bei ihren Eltern. Sie bot an, mich in ihrem verbeulten Opel Kadett zu unserem besetzten Haus zu bringen.

Sie setzte mich nicht vor der Tür ab, sondern parkte das Auto in der Frauenstraße. Es war klar, was sie wollte. Und es war klar, was ich wollte. Wir schauten uns tief in die Augen. Sollte ich ihre Hand ergreifen? Aber wenn sie sie zurückzog? Nein, ich musste sie in mein Zimmer einladen, dort eine Kerze anzünden und Musik auflegen. Aber welche? Lieder des Spanischen Bürgerkriegs, gesungen von Ernst Busch, würden nicht die richtige Stimmung schaffen. Die *Dreigroschenoper* von Brecht und Weill konnte missverstanden werden. Ich wollte sie küssen, gleich hier im Auto. Doch wenn einer meiner Mitbewohner vorbeikäme und uns sehen würde?

In der Deutschen Kommunistischen Partei ging es nicht prüde zu, und noch weniger in unserem besetzten Haus. Die »Beziehungskisten«, wie wir das damals nannten, wechselten ständig. Wovor ich mich fürchtete: Wenn uns jemand aus dem Haus küssend sehen würde, müsste ich Heike mitbringen. »Stelle sie uns doch vor«, würde es heißen, wie in einer Familie. Mit ihrer biederen Samthose und ihrer braven Lockenfrisur würde sie als Spießerin verspottet werden. Und wenn sie erst anfing zu reden! Was, die war noch nie auf einer Friedensdemo? Wie, die hat nichts von Anja Meulenbelt gelesen, von Rosa Luxemburg ganz zu schweigen? Ich verabschiedete mich: »Wir sehen uns morgen in der Berufsschule.«

Da mein Erfolg bei Frauen begrenzt war, suchte ich woanders Anerkennung. Ein Aufruf des Bundesvorstands der SDAJ versprach Aufregendes. Das Zauberwort hieß »Festivalstafette«.

Wir begeisterten uns für die Sowjetunion und die DDR, damit bewegten wir uns am Rand des Lebens in der Bundesrepublik. Es gab zwei Wege, aus der Isolation auszubrechen: diesen Ideen abzuschwören, oder diese Ideen in Pop zu verpacken. Wir entschieden uns für den zweiten Weg.

So organisierte die SDAJ in den Dortmunder Westfalenhallen »Festivals der Jugend«, bei denen Stars aus Musik und Sport auftraten. Manche kamen aus dem Osten, andere wurden mit Geld aus dem Osten eingekauft. »Helden des antiimperialistischen Befreiungskampfes« hielten flammende Reden.

Vor und auf den Festivals warb die SDAJ neue Mitglieder und neue Leser für ihr kommunistisches Jugendmagazin *Elan*. Kritiker nannten *Elan* eine »linke *Bravo*«, ihre Redakteure selbst bezeichneten sie als »stalinistische Mickymaus«. Um die Werber, genannt »Agitatoren«, anzuspornen, rief der SDAJ-Bundesvorstand zum Wettbewerb und nannte ihn »Festivalstafette«: Für jede verkaufte *Elan* gab es einen Punkt, für jedes Abo 12 Punkte und für jedes neue SDAJ-Mitglied 20 Punkte. Die SDAJ-Führung veröffentlichte monatlich die Namen der besten Gruppen und Einzelkämpfer und versprach ihnen Preise wie Reisen in den Sozialismus oder Ghettoblaster, so nannten wir die Stereo-Kassettenrecorder mit Handgriff, die leicht zu transportieren waren und damit gut geeignet für Gruppenpartys und Straßenaktionen.

Ich kämpfte um den ersten Platz. Ich wollte öffentlich belobigt und anerkannt werden, das bedeutete mir mehr als Geld oder Autos. Noch mehr reizte mich in diesem Fall der erste Preis: eine Reise nach Vietnam! In das Land, das unter dem Krieg der Amerikaner gelitten hatte. Was die Exotik steigerte: Vietnam war in jener Zeit für Ausländer weitgehend verschlossen. Es gab nur ein Problem, viele wollten in der Festivalstafette die Ersten sein, viele strebten nach Vietnam. Darunter auch Hund alias Kalle.

Beim Ostermarsch der Friedensbewegung durch das Ruhrgebiet versuchten wir, uns gegenseitig zu übertreffen. Zehntausende latschten drei Tage von Duisburg nach Dortmund – Hund, ich und die anderen Agitatoren der SDAJ fragten jeden von ihnen mindestens zehnmal: »Hast du schon die neue *Elan*?«

Hund entzückte Frauen. Alle Genossinnen aus dem Bezirksvorstand der DKP verschenkten *Elan*-Abos an Enkelkinder von Kusinen fünften Grads. Mir fehlte Hunds Charme, ich glich diesen

Mangel durch Hartnäckigkeit aus. Ich verzichtete auf die überall angebotenen Döner und Bratwürstchen, agitierte 20 Stunden am Tag, hielt Friedensmarschierern morgens beim Stuhlgang die *Elan* unter die Nase und überraschte sie nachts im Schlaf in den angemieteten Turnhallen. Pärchen unterbrach ich beim Liebesakt und redete auf sie ein, bis sie den Abo-Schein unterschrieben.

Am Ende des Ostermarsches hatte ich 9 Mitglieder aufgenommen, 27 Abonnenten geworben und 158 Elans verkauft. Hund warb 11 Mitglieder und 23 Abonnenten und rechnete 124 Elans ab. Mit 662 gegenüber 620 Punkten lag ich damit knapp vor Hund. Doch bis zum Festival blieben noch einige Wochen. Und die größte »Ernte«, wie wir das nannten, wurde auf dem Festival eingefahren.

Knackpunkt, um den Wettbewerb zu gewinnen, war: neue Mitglieder aufnehmen. Das brachte die meisten Punkte. Aber wie bewegte man Jugendliche im Westen Deutschlands dazu, in eine kommunistische Jugendorganisation einzutreten? Täglich hörten sie von Eltern, Lehrern und im Fernsehen nur Schlechtes über die Kommunisten.

Der Werbespruch lautete: »Wer sich nicht wehrt, lebt verkehrt.« Wer das unterschreiben könne, könne auch den Aufnahmeschein für die SDAJ unterschreiben – sagten wir. Alle anderen Fragen wie Mauer und Menschenrechte ließen sich später klären. »Wer sich gegen seine Eltern wehren möchte, ist bei uns richtig aufgehoben«, erklärte Hund die Methode auf einer »Agitatorenberatung«. »Wer sich gegen hohe Bierpreise wehren möchte, ebenso.«

Insbesondere Letzteres zog. Hund hängte mich in den nächsten Wochen ab – mit »Kneipenagitation«. Nach dem zehnten Bier öffneten sich Gelegenheitstrinker für neue Gedanken und füllten gern einen Aufnahmeschein für die SDAJ aus, wenn dafür eine Runde Freibier floss. Die weißen Aufnahmescheine hatten das Format eines Reisepasses und waren den Zollformularen der sozialistischen Länder nachgebildet.

Ich kämpfte weiter. Antikommunistisch eingestellte Gymnasiasten zickten, wenn ich sie auf die SDAJ ansprach. Offener erwiesen sich entwurzelte Jugendliche in Trabantenstädten, die noch nie etwas vom Kommunismus gehört hatten. In Dortmund-Scharnhorst sprach ich Jungen und Mädchen an, die auf ihren Mofas saßen und rauchten.

»Kennt ihr die SDAJ schon?«

»Ne, Alter. Ist das 'ne Rockband?«

»SDAJ heißt Sozialistische Deutsche Arbeiterjugend. Wir wehren uns gegen Arbeitslosigkeit und Atomraketen.«

»Die beiden hier sind arbeitslos.«

»Na, dann müsst ihr bei uns eintreten, wir machen was dagegen.«

»Was willste dagegen machen? Ist doch sowieso alles scheiße!«

»Bei Krupp in Essen haben SDAJler gerade 100 Lehrstellen erkämpft, gemeinsam mit der Gewerkschaftsjugend.« (Solche Beispiele hatten wir Agitatoren immer parat.)

»Was Krupp in Essen ist, sind wir im Saufen.«

Alle lachten, auch ich. Ich ließ mich aber nicht beirren: »So etwas könnt ihr auch hier erreichen. Ihr müsst nur bei uns eintreten.«

»Hier ist Dortmund, nicht Essen.«

»Ich meine, genauso wie die in Essen einen Erfolg erkämpft haben, könnt ihr ...«

»Nicht hier in Scharnhorst, das bringt nichts.«

»Ihr müsst's probieren. Füllt einfach den Aufnahmeschein aus und schaut mal bei uns rein.«

»Ne, so 'was find ich öde.« Ein Mädchen: »Da muss ich erst meine Eltern fragen.«

»Da braucht ihr nicht die Eltern zu fragen. Es geht um euer Leben.«

Irgendwann sagte dann einer: »Okay, lass rüberwachsen. Ich unterschreibe, ich bin gegen Atomraketen.«

Dem Gruppengeist folgend, unterschrieben die anderen auch. Die SDAJ hatte fünf neue Mitglieder, ich hatte 100 Punkte.

»Alle fiebern dem Festival der Jugend entgegen«, warben die Plakate der SDAJ für das Großereignis in den Dortmunder Westfalenhallen. Hund und ich fieberten auch. Wir fieberten dem Endspurt des Wettbewerbs entgegen, gierten nach Ruhm, strebten nach Vietnam. Auf dem Festival präsentierte sich die SDAJ von der Schokoladenseite, wie die DDR bei Delegationen, hier waren die meisten Punkte zu machen, hier wurde der Wettbewerb abgeschlossen. Hund lag mittlerweile deutlich in Führung.

Wie alle Agitatoren trugen Hund und ich weiße T-Shirts, auf die ein Porträt von Karl Marx gedruckt war, Marx fetzte jugendgemäß mit Motorradbrille, call me Charly, blubberte in einer Comic-Blase »Komm in Schwung, lies *Elan*.« Aus dem Kopf wuchs uns Agitatoren das Titelbild der aktuellen *Elan*, auf einen Karton-Hut gepappt, ein Mädchen sprang einem Kapitalisten auf den Zylinder, einem »Boss«, wie wir das populärer nannten. Wir riefen: »*Elan* mit dem Festivalprogramm!« – »Hast du schon abonniert?« – »Bist du schon Mitglied der SDAJ?« – »Wer sich nicht wehrt, lebt verkehrt!« Ich kämpfte zwei Tage und zwei Nächte. Ich aß wieder nichts, schrie mich heiser gegen Lautsprecher, aus denen Musik und Reden dröhnten. Mich schreckten weder Gedränge ab noch genervte Blicke.

Sollte ich zur »Roten Runde« gehen und mit einem Physiker aus der DDR über Atomkraftwerke im Sozialismus diskutieren? Das Thema wühlte mich auf. Doch ich entschied mich dagegen. Ich rannte im Wettbewerb, musste Punkte machen, Scheine, Scheine. Konnte ich mithören beim Solidaritätsmeeting, wo der Ehrengast des Festivals sprach, der Bruder von Jassir Arafat? Nein, ich rang mit Hund, musste Punkte machen, Scheine, Scheine. Konnte ich wenigstens mit den Puhdys rocken, mitsingen bei meinen Lieblings-Songs »Alt wie ein Baum« und »Gitter schweigen«? Nein, ich musste Punkte machen, Scheine, Scheine. Anders als Hund trank ich auch nicht im Flöz Sonnenschein, dem großen Bierzelt auf dem Festival. Wobei sich dies für mich rächen konnte, denn sicher bequatschte Hund viele Bierleichen, Aufnahmescheine auszufüllen und Karteileichen der SDAJ zu werden. Wir hatten nur eines im Kopf: Punkte machen, Scheine, Scheine.

Einmal ließ ich mich ablenken, lauschte Hannes Wader bei einem Lied, das in dieser Zeit die Herzen der Friedensbewegten berührte:

*Weit in der Champagne im Mittsommergrün,*
*Dort, wo zwischen Grabkreuzen Mohnblumen blühn,*
*Da flüstern die Gräser und wiegen sich leicht*
*Im Wind, der sanft über das Gräberfeld streicht.*
*Auf deinem Kreuz finde ich, toter Soldat,*
*Deinen Namen nicht, nur Ziffern, und jemand hat*
*Die Zahl neunzehnhundertundsechzehn gemalt.*
*Und du warst nicht einmal neunzehn Jahre alt.*

Viele Zuschauer zündeten ihre Feuerzeuge, schwenkten sie wie Kerzen. Beim Refrain dachte ich daran, wie die Kriegsherren die Soldaten betrogen:

*Ja, auch dich haben sie schon genauso belogen,*
*So, wie sie es mit uns heute immer noch tun.*
*Und du hast ihnen alles gegeben,*
*Deine Kraft, deine Jugend, dein Leben.*

Nach zwei Tagen und zwei Nächten hatte ich 33 Mitglieder aufgenommen, 41 Elan-Abonnenten geworben und 412 Elans verkauft. Gemeinsam mit den Ergebnissen vom Ostermarsch und aus den vergangenen Wochen erreichte ich damit 3078 Punkte. Ein gewaltiges Ergebnis – aber würde es genügen, um Hund und die anderen Mitstreiter zu schlagen?

Die 200 Agitatoren versammelten sich eine Stunde nach Ende des Wettbewerbs am Eingang der Halle 1, um ein Uhr nachts, wie verabredet. Der Agitations-Chef des Bundesvorstands kletterte auf ein Bierfass, um das Ergebnis zu verkünden.

Er schrie: »Der Sieger heißt –« – wie bei einer Oscar-Verleihung legte er eine Kunstpause ein. Er setzte noch einmal an: »Der Sieger heißt – SDAJ! Der ganze Verband ist aus diesem Wettbewerb gestärkt hervorgegangen …« Blabla – das verstand sich von selbst. Der Redner vom SDAJ-Bundesvorstand beweihräucherte die SDAJ selbst, der Verband zog angeblich so viele Jugendliche an wie nie zuvor.

»Der Sieger heißt – SDAJ Essen-Mitte!« Essen-Mitte hatte den ersten Platz bei den Gruppen erreicht! Die Gruppe, der Hund angehörte! Aus dieser Gruppe kamen auch andere gute Agitatoren, vielleicht führten sie nur im kombinierten Ergebnis. Ich sah meine Chancen schwinden.

Dann ehrte der Sprecher die Kreise und Landesverbände mit den meisten Punkten. Für den Schluss hob er sich auf, was mich vor allem interessierte: »Und nun zu den besten Agitatoren, den besten Einzelkämpfern. Der Sieger ist –« – es folgte die bekannte Kunstpause – »Adrian Geiges!«

Ich dachte zuerst, ich hätte mich verhört, würde träumen. Alle jubelten, schrien »Adrian, Adrian!« Sie nahmen mich auf die Schultern, trugen mich durch die Westfalenhallen, einer schwenkte eine rote Fahne, auf der ein Thälmann-Porträt aufgenäht war. Ich war der Sieger, der beste Genosse im besten Jugendverband der Bundesrepublik! Ich würde nach Vietnam fliegen.

Ein halbes Jahr später bummelten wir mit der DDR-Reichsbahn nach Westberlin, Bahnhof Zoo, von dort brachte uns der Transitbus zum Ostberliner Flughafen Schönefeld. Wir, das waren ich als der Wettbewerbssieger, Werner Stürmann, der Bundesvorsitzende der SDAJ, und – Hund. Der Bundesvorstand meinte, auch Hund solle mit nach Vietnam, er habe sich das als treuer Genosse verdient und sei, im Unterschied zu mir, bereits hauptamtlicher Funktionär.

Von Schönefeld nahmen wir eine Maschine der Interflug, die DDR-Fluggesellschaft flog in dieser Zeit als einzige von Mitteleuropa nach Vietnam. Mit uns reisten Herren um die 50 in DDR-Anzügen, offenbar von der ostdeutschen Regierung als Berater nach Fernost entsandt.

Misstrauisch beäugten sie uns drei Jugendliche aus der Bundesrepublik, von denen nur der Bundesvorsitzende Werner einen Anzug trug. Der Flug dauerte 20 Stunden, wir landeten zwischen in Karatschi, Pakistan. In der überfüllten Flughafenhalle fielen wir linken Jugendlichen aus der Bundesrepublik und die Berater aus der DDR gleichermaßen auf – alle anderen Fluggäste hockten in weiten weißen Gewändern auf dem Fußboden und lauschten mystischen Stimmen aus Transistorradios. Zurück im Flugzeug, tanzten wir SDAJler wieder aus der Reihe.

Als die Maschine über das Flugfeld von Vietnams Hauptstadt Hanoi rollte, versperrten die DDR-Berater mit wichtigen Mienen den Flur, sie konnten den Ausstieg kaum erwarten. Die Stewardessen stießen die Türen auf. Ein Soldat rannte die Gangway hoch, wies die Stewardessen an: Von den gemeinen Passagieren steige noch keiner aus – zuerst begrüße die Sozialistische Republik Vietnam ihre Ehrengäste, die führenden Genossen von der Sozialistischen Deutschen Arbeiterjugend aus der BRD! Mit Ehrfurcht im Gesicht geleiteten uns die Stewardessen an den noch griesgrämiger dreinblickenden DDR-Beratern vorbei.

Als Werner, Hund und ich unsere Füße auf die Gangway setzten, schmetterte eine Militärkapelle den Ho-Chi-Minh-Marsch. Vor neun Jahren hatte das kleine Volk die Vasallen der USA im Süden des Lands besiegt. Auch jetzt noch, 1984, besuchten nur wenige Ausländer Vietnam, und wir drei SDAJler vertraten als Erste eine westdeutsche Jugendorganisation. Das vietnamesische Fernsehen filmte, wie wir die Gangway hinabstiegen, Kameras von Pressefotografen klickten. Hunderte junge Frauen in eng anliegenden, bis zu den Füßen reichenden Seidenkleidern in grellen Farben schwenkten Blumen und riefen etwas auf Deutsch, was aufgrund ihres Akzents schwer zu verstehen war. Es sollte heißen: »Hoch lebe Werner Stürmann! Hoch lebe Kalle Maschmann! Hoch lebe

Adrian Geiges!« Hund alias Kalle und ich kannten die Zeremonie von der Jugendhochschule: Spalier bilden.

Als wir den Boden des Flugfelds betraten, kamen drei der Mädchen auf uns zu, knicksten und überreichten jedem von uns einen Blumenstrauß. Der Vorsitzende des Kommunistischen Jugendverbandes umarmte Werner, Hund und mich, ihm schlossen sich andere Honoratioren an, alle in dunklem Anzug mit Krawatte auf weißem Hemd.

Unauffällig nahm uns ein Assistent die Pässe ab, um uns hohe Gäste nicht mit so banalen Dingen wie Pass- und Zollkontrolle zu belasten. Auf dem Flugfeld standen drei schwarze Mercedes-Limousinen bereit. Standesgemäß führte der Vorsitzende des vietnamesischen Jugendverbandes den SDAJ-Bundesvorsitzenden zur ersten Limousine, ein Mitglied des Jugendverband-Zentralkomitees Hund zur zweiten und ein Mitarbeiter des ZKs mich zur dritten. Wir erlebten unseren ersten Staatsbesuch.

Die Wagenkolonne raste vom Flughafen in die Innenstadt. Leider waren keine gewöhnlichen Vietnamesen zu sehen. Straßen und Brücken waren zu unseren Ehren für den übrigen Verkehr gesperrt. Polizisten mit weißem Helm eskortierten die Limousinen auf Motorrädern. Ich hätte als Außenstehender solche Privilegien verurteilt. Als Betroffener fühlte ich mich geehrt. In der Bundesrepublik beschimpfen und verachten uns viele Leute, bespitzelt und verfolgt uns der Staat. Hier feiert man uns als Helden, hier gehört uns die Macht.

Die Straßen waren zum Teil nicht geteert, die Limousinen versanken im Matsch. Das Land litt unter den Folgen von Krieg und ausländischem Boykott. Wir passierten Wohnhäuser, die die Amerikaner bombardiert hatten, Ruß bedeckte den Stein, obere Etagen und Fenster fehlten. Eine katholische Kirche diente als Garage für Lastwagen, was mich als Atheisten freute.

Die Reifen quietschten, die Wagenkolonne bog unter einem Torbogen ab und raste in den grünen Park, der sich dahinter versteckte. Palmen und Mangobäume blühten. Orchideen wuchsen von Bäumen, die seit Jahrhunderten gediehen und deren Stämme dick wie Elefanten strotzten. Die Limousinen stoppten vor einer Villa aus der französischen Kolonialzeit, dem Gästehaus der Regierung.

Ein Diener geleitete mich in eine Suite mit drei Gemächern, geschmackvoll eingerichtet mit antiken Sesseln und Schränken, es duftete nach Räucherstäbchen. Nach allen Seiten führten Türen zu verschnörkelten Balkonen, von denen man den Park genießen konnte. Doch nach zwei Tagen und Nächten in Zügen, Fliegern und auf Flughäfen warf ich zunächst meine verschwitzten Klamotten auf das Sofa und duschte mich in der vergoldeten Wanne des Marmorbads.

Der Vorsitzende des Kommunistischen Jugendverbands gab im Gästehaus ein Essen. Hinter jedem von uns wuselte eine Kellnerin. Fingerte ich mit den Stäbchen einen Bissen von meinem Teller, füllte ihn die Kellnerin wieder auf. Nippte ich von meinem Glas, schenkte die Kellnerin nach. Das nervte mich, aber die Speisen schmeckten lecker. Alle Spezialitäten wurden gereicht, die Vietnamesen in ihrer 2200-jährigen Geschichte gekocht hatten: Aale, Garnelen, Krebse, Fledermäuse, Schildkröten, Schlangen … Dazu tranken wir Bier und Reiswein aus Vietnam im Wechsel mit Bordeaux. Wir beachteten das Sprichwort, auch in Russland gebräuchlich, wonach säuft, wer ohne Trinkspruch trinkt – und erhoben deshalb viele Toasts: auf Vietnam, auf die Solidarität, auf den Frieden, auf die Frauen. Ein Rätsel bleibt, wie wir den Weg in unsere Betten zurückfanden.

Noch erstaunlicher: Ich bemerkte, dass die Klamotten fehlten, die ich auf dem Sofa verstreut hatte. Gestohlen? Hier im Gästehaus der Regierung? Meine billige Unterhose, meine alte Jeans?

Nach einigen Minuten klärte sich auf: Ich verdächtigte das Volk von Vietnam zu Unrecht. Ein Diener klopfte, brachte die Wäsche zurück – frisch gewaschen und gebügelt.

In den nächsten Tagen näherten wir uns dem Leben der Vietnamesen außerhalb von Palästen. Dutzende Kinder drängten sich lachend um uns exotische, riesige Langnasen. Bäuerinnen mit Strohhut balancierten Bambusstäbe, an denen Schalen mit Mandarinen und Mangos hingen wie auf einer Waage. Überall am Wegesrand dampften Garküchen, um sie herum hockten Anwohner auf Holzschemeln und schlürften Pho, die klassische vietnamesische Nudelsuppe. Auf den Straßen, nun nicht mehr gesperrt, klingelten Fahrräder und brummten Mopeds, Ochsen zogen Holzwagen mit Reissäcken, dazwischen hupten verbeulte Autos, die sich ihre Vorfahrt erzwangen.

Noch belebter, wilder und bunter begrüßte uns Ho-Chi-Minh-Stadt im Süden Vietnams, das ehemalige Saigon, wohin uns ein Inlandsflug aus der nördlichen Hauptstadt Hanoi brachte. Hier füllten noch mehr Mopeds die Straßen. In kleinen Läden wurde gehandelt. Die Begleiter vom Kommunistischen Jugendverband meinten, die Stadt sei schwerer zu kontrollieren, da sie noch nicht lange befreit sei.

Wir erkundeten hier die Folgen des Kriegs. Im »Museum über die Verbrechen des US-Imperialismus« schockierten uns die Fotos von schmerzverzerrten Gesichtern, Vietnamesen, die gefoltert worden waren, und das zynische Lächeln von amerikanischen Offizieren und ihren südvietnamesischen Verbündeten, den Folterern. So die Bildunterschriften.

Neben mir stand Sau Lanh, eine junge hübsche Frau, die viel lächelte, als hätten sie nie größere Sorgen geplagt. Doch Sau Lanh hatte selbst gelitten unter der Regierung Südvietnams, die von den USA ausgehalten wurde. Am ersten Weihnachtstag des Jahres 1968 hatten die Geheimpolizisten sie geholt. Sie wurde eingesperrt und gefoltert. Damals war sie 20 Jahre alt. Ihr »Verbrechen«: Sie hatte demonstriert für den Abzug der amerikanischen Truppen aus ihrem Land.

Ich zog mich mit Sau Lanh zu einer Tasse Tee zurück, denn ich sollte für *Elan* über die Vietnam-Reise berichten. Sau Lanh erzählte mir aus ihrem Leben. Geboren und aufgewachsen war sie in einer kleinen Provinzhauptstadt im Süden Vietnams. Bei den Großeltern auf dem Land erlebte sie die Armut der Bevölkerung. Als sie im damaligen Saigon Englisch studierte, lernte sie die Amerikaner hassen. In Saigon war mit Dollars fast alles zu bekommen, ohne Dollars fast nichts. Eine halbe Million Mädchen, meist Töchter armer Bauernfamilien, mussten ihren Körper verkaufen an amerikanische Geschäftsleute, Touristen und Soldaten, so sagte mir Sau Lanh. Viele der damals 150 000 Drogenabhängigen starben erbärmlich auf der Straße. »Die Menschen misstrauten einander«, erinnerte sie sich. »Alle lebten ständig in Angst vor Terror und Unterdrückung.«

Weil Sau Lanh das ändern wollte, schloss sie sich dem kommunistischen Jugendverband an, machte mit bei Aktionen gegen die Amerikaner, leitete sie später auch. Als sie wieder verhaftet werden sollte, flüchtete sie aufs Land, in das von den Revolutionären kontrollierte Gebiet. Sie unterrichtete kommunistische Soldaten, brachte ihnen Lesen und Schreiben bei und schloss sich dem bewaffneten Kampf an. Am 30. April 1975 zogen die antiamerikanischen Kämpfer in Saigon ein. Unter ihnen: Sau Lanh. Die Amerikaner flohen mit Hubschraubern aus dem Land. Noch am gleichen Tag übernahm sie die Verwaltung ihrer Universität. Da war sie 27 Jahre alt. Sie musste dafür sorgen, dass der Studienbetrieb wieder anfing. Sie rief Studenten zusammen und gründete mit ihnen ein provisorisches Revolutionskomitee.

Doch es fiel nicht leicht, Vietnam nach dem Krieg wieder aufzubauen. US-Bomber, sagte Sau Lanh, hatten in den Städten 50 Prozent der Häuser zerstört. Werner, Hund und ich sahen Bäume, deren Blätter herunterhingen und gelb befleckt waren, fuhren vorbei an verkümmerten Reisfeldern. Chemische Waffen der USA hatten 44 Prozent des Waldes in Südvietnam vernichtet. Landflächen lagen brach und schwarz, von den Vietnamesen selbst abgebrannt als Gegenwehr gegen ein Gras, das alle Nutzpflanzen überwuchert und erstickt. US-Truppen der biologischen Kriegsführung hatten es gepflanzt, um die Landwirtschaft Vietnams zu zerstören.

»Noch heute werden verkrüppelte, entstellte, an Leib und Seele kranke Kinder geboren«, sagte Sau Lanh. »Spätopfer des chemischen und biologischen Kriegs, den die Amerikaner gegen uns führten. Die Krebsrate ist von 2,8 auf 9 Prozent gestiegen.«

Sau Lanh spulte diese Fakten und Zahlen nicht zum ersten Mal ab, das spürte ich. Aber die Verbrechen der Amerikaner gegen dieses kleine Volk waren unbestreitbar und wurden selbst von Kritikern in den USA angeprangert. Für mich war Sau Lanh eine Heldin, die mich in meiner kommunistischen Überzeugung bestätigte.

»Solidarität einmal umgekehrt«, so sahen wir es. Nachdem wir jahrelang für Vietnam demonstriert hatten, wurden wir an diesem Abend in Ho-Chi-Minh-Stadt selbst als Helden gefeiert. »Solidarität mit der kämpfenden Jugend der BRD« forderte ein rotes Transparent, das über den Vorhang eines Kinos gespannt war. Vietnamesische Jugendliche standen Spalier, lauschten dann der Rede des SDAJ-Bundesvorsitzenden. Der Beifall wollte nicht enden. Hund und ich fühlten uns wie an der Jugendhochschule Wilhelm Pieck, nur wurden diesmal wir beklatscht.

Anschließend chauffierten uns die Limousinen in einen Park mit hölzernen Teehäusern. Drei sehr hübsche, große Vietnamesinnen erwarteten uns, schenkten uns Tee ein. Ihre traditionellen, bis zum Fuß reichenden Seidenkleider lagen eng an ihrem Körper, betonten Brüste und Po. Die eine trug knallrot, die zweite knallgrün, die dritte knallgelb. Sie sprachen ein paar Brocken Englisch, doch es genügte nicht für eine Konversation. Darum ging es auch nicht. Der SDAJ-Bundesvorsitzende war jedoch zu prinzipienfest, um die Situation auszunutzen, und ich zu naiv, um sie zu begreifen. Erst als sich das Mädchen im knallroten Seidenkleid zu Hund in den Wagen setzte, dachte ich an die Nächte mit Sandy und Hund in der DDR.

Am nächsten Morgen sprach ich, immer noch an Sandy denkend, Hund auf die Nacht an. Er druckste herum und sagte nur: »Ich glaube, die vietnamesischen Genossen halten die Gastfreundschaft sehr hoch. Eine Rolle spielt sicherlich auch, dass Vietnam international isoliert ist. Die werden sich denken: Wenn sie es für uns als Gäste schön machen, tun wir nachher mehr für die Solidarität mit ihrem Land.«

Die *Elan*-Redaktion war von meiner Vietnam-Reportage begeistert. Ich porträtierte die sympathische junge Sau Lanh, die als Opfer litt und zugleich als Kämpferin handelte – genau das war gewünscht. Keine Geschichte querbeet über Vietnam, sondern über eine Heldin, mit der sich junge Leser in der Bundesrepublik identifizieren konnten.

Kurz darauf wurde ich in die Redaktion der *Elan* berufen. Die Redaktion mit Sitz in Dortmund teilte das Bürogebäude mit dem Bundesvorstand der SDAJ und gehörte zum Apparat der hauptamtlichen Kommunisten. Mein Traum wurde wahr: Ich arbeitete nun als Berufsrevolutionär. Ich hatte das schnöde bürgerliche Leben hinter mir gelassen. Der Genosse aus der Org-Abteilung des DKP-Parteivorstands erinnerte mich noch einmal daran: Die Tätigkeit des Berufsrevolutionärs endet mit seinem Tod. Das gefiel mir, ich hatte nun, so glaubte ich, eine Perspektive für den Rest meines Lebens. Und was für eine: Ich schrieb gern, befragte gern Leute – und das auch noch für *Elan*, die Zeitschrift, die ich immer verkauft hatte. Ich wusste, die Partei konnte einem Berufsrevolutionär jederzeit andere Aufgaben zuweisen. Ich musste dahin gehen, wohin mich die Partei schickte. Das akzeptierte ich. Und wenn sie mich Busse fahren ließen für Wahlkampfeinsätze der DKP in Schleswig-Holstein, auch das veränderte die Welt. Aber als Redakteur für *Elan* zu arbeiten, für die stalinistische Mickymaus – das war am schönsten. Die Hauptamtlichen verdienten einheitlich wenig, das Gehalt sollte dem »Durchschnittslohn eines Facharbeiters« entsprechen, wobei wahrscheinlich die Statistik der 50er Jahre zugrunde gelegt wurde. Aber das fand ich nicht wichtig.

Ich sollte in der Redaktion zwei Bereiche betreuen: »Internationale Solidarität« und »Sex und Partnerschaft«. Ersteres bedeutete, in fremde Regionen zu reisen, vornehmlich in sozialistische Staaten und »befreite Länder der dritten Welt«. Das lag mir. Schon an der Jugendhochschule hatte ich den Berichten von Genossen aus aller Welt gelauscht, für *Elan* bereits über einen Einsatz als Apfelsinenpflücker auf Kuba geschrieben und nun aus Vietnam. Bei »Sex und Partnerschaft« ließ sich fragen, ob hier nicht der Taubstumme zum Opernsänger gemacht wurde. Das Grundprinzip kommunistischer Kaderpolitik hieß: Jeder wächst mit seinen Aufgaben.

Als Sexpapst der stalinistischen Mickymaus konkurrierte ich mit Dr. Sommer von *Bravo*, wobei jenes Jugendmagazin der Stars und Sternchen wahrscheinlich nie etwas hörte von der Gefahr, die ihm von links erwuchs. Während *Bravo* sexuell aufklärte, Techniken abbildete und mit Flirtgeschichten unterhielt, erzog *Elan* im Geist der sozialistischen Sexualmoral. Die stalinistische Mickymaus vermittelte das nicht so streng, wie es sich anhört. Die Gründer der SDAJ hatten 1968 mitdemonstriert und skandiert: »Wer zweimal mit derselben pennt, gehört schon zum Establishment.« Dieser Spruch entsprach nicht ganz dem sowjetischen Standardwerk von A. F. Schischkin, »*Grundlagen der marxistischen Ethik*«, das Händchenhalten ohne Trauschein als Verfallserscheinung des untergehenden Imperialismus brandmarkte. In der *Elan* versuchten wir, beide Positionen dialektisch zu vereinen. Heraus kam etwa: Spaß am Sex ja, auch vor der Ehe, aber nur in festen, ganzseitigen Beziehungen, in denen sich zwei gleichberechtigte Partner lieben. In einem Punkt hoben sich *Elan* und SDAJ aus der kommunistischen Weltbewegung mit einer Avantgarde-Position heraus: Innerhalb dieser Definition akzeptierten wir auch Beziehungen von Schwulen und Lesben.

Ich fand ohne Mühe Interviewpartner zu diesen Themen. SDAJler mochten *Elan* und kehrten für ihr Magazin gern ihr Innerstes nach außen, wenn ich sie auf Gruppentreffen oder Pfingstcamps des Verbands ansprach. Überhaupt fällt es Menschen oft leichter, mit einem Unbekannten über ihre privaten Probleme zu reden als mit ihrem Partner. Ich ließ die Interviewpartner in Ich-Form von ihren Erfahrungen erzählen, um nicht als Redakteur den Zeigefinger zu heben. Ich wählte aus den Interviews die Sätze aus, die der modifizierten sozialistischen Moral entsprachen.

Vor allem junge Mädchen lieferten die Antworten, die wir gern druckten. Gabi aus Gevelsberg warnte vor Urlaubslieben: »*Wenn du genau weißt, dass nichts Festes daraus werden kann, dann kann ich dir nur raten: Fang keine Ferienfreundschaft an!*«

Bärbel hatte Jungs abgeschleppt, bereute es jetzt: »*Mir reicht das nicht mehr aus, dass mich jemand sexuell toll findet. Das ist ja nur ein kleiner Teil von mir. Ich mache mir mehr Gedanken darüber, was ich von einer Beziehung erwarte. Ich möchte einen Menschen haben, der auch Ansprüche an mich stellt und mit dem ich mich gemeinsam entwickeln kann.*«

Maike aus Hamburg löste Kontroversen aus, weil sie der neuen Freundin ihres Ex-Freunds verriet, dass der weiter mit ihr schlief: »*Ich habe ihr geschrieben: Der verarscht uns beide. Auf der einen Seite ist er mit einer Frau zusammen, auf der anderen Seite hat er eine Ersatzfrau, wenn die andere gerade im Urlaub oder sonstwo ist. Ich finde, Frauen sollten sich zusammenschließen, wenn solche Sachen passieren.*«

Zunächst arbeitete ich bei *Elan* allein in einem Zimmer, der Schreibtisch mir gegenüber blieb frei. Einige Monate später wurde er besetzt – mit Kalle Maschmann! Dieser Hund folgt mir überallhin, dachte ich. Die Partei hatte Hund vom Landesverband Ruhr der SDAJ mit Sitz in Essen zum Bundesvorstand nach Dortmund versetzt. Er war mit 18 zur Bundeswehr gegangen, um von innen gegen sie zu wirken, wie es die DKP von ihren Mitgliedern verlangte. Ich dagegen hatte mir von einem Arzt die Unfähigkeit wegen Rückenbeschwerden bescheinigen lassen, womit ich nicht nur dem Staat, sondern auch für die Partei als Drückeberger galt. Mit seinen Erfahrungen als Wehrpflichtiger sollte Hund die »antimilitaristische Arbeit« innerhalb der Bundeswehr leiten. Aus »Sicherheitsgründen« durfte kein nominelles Bundesvorstandsmitglied den Widerstand innerhalb der Bundeswehr koordinieren, deshalb tarnte sich der zuständige Funktionär traditionell als *Elan*-»Redakteur für Militärfragen«.

Privat war die Freundschaft zwischen Hund und mir aus der Freiburger Zeit längst verflossen. Hund verkehrte im Männerkreis der hauptamtlichen Funktionäre des Landesverbands Ruhr. Hier zählten Macht, Machogehabe und Bierfestigkeit – und nichts juckte weniger als die samtenen Beziehungs-Ratschläge aus der *Elan*. Die Frauen-Verantwortliche des SDAJ-Bundesvorstands warnte in einem internen Papier vor »Frauenfeinden an der Ruhr«. Doch eine Schar von jungen, schönen Genossinnen aus dem Landesverband schwärmte von Hund und den anderen Genossen aus dem Vorstand, kernigen Kerlen vom Schlage Ernst Thälmanns und Che Guevaras, wie sie glaubten.

Der Landesverband Ruhr hatte eine Hütte im Sauerland angemietet. Ich wurde nie dahin eingeladen, aber nach dem, was man erzählte, spielte sich dort ungefähr Folgendes ab: Junge Berufsrevolutionäre verbrachten die Wochenenden mit Harem, »tankten frische Kraft«, wie sie das nannten. Hund erfand dazu immer neue Spiele. Etwa: Alle hockten im Kreis, ein Mädchen stand in der Mitte. Sie goss Bier aus einem Stiefel in einem Zug in sich hinein, durfte erst aufhören, wenn Hund bis zehn gezählt hatte. Meinte er es gut mit ihr, zählte er langsam, sonst schnell. Denn das Bier, das sie nicht ausgetrunken hatte, musste sie sich über Kopf und Kleider schütten. Reihum kam jeder mal in die Mitte. So waren schnell alle besoffen, zumal Hund Wodka in das Bier mixte, bei den Jungen weniger, bei den Mädchen mehr, am meisten bei den »ganz heißen Besen«, wie er sie nannte.

So eingestimmt, widersprach beim nächsten Spiel, dem Flaschendrehen, nur noch selten eine. Einer der Männer brachte schwungvoll eine Flasche ins Rotieren. Das Mädchen, auf das sich dann der Hals der Flasche richtete, durfte er vor allen vögeln. Weigerte sie sich, vergewaltigte er sie, begleitet vom Johlen der anderen Männer – und Frauen. Angezeigt hat das nie jemand, denn keine wollte das Spiel verderben. Alle wollten vom Landesvorsitzenden oder anderen Vorstandsmitgliedern auf wichtigen Beratungen gepriesen werden für ihren Einsatz im Friedenskampf und bei der Mitgliederwerbung, keine wollte abseits stehen im revolutionären Jugendverband, der für sie ein und alles war. Und der Alkohol trübte die Erinnerung.

Nach den Spielen gingen sie alle gemeinsam »in die Kiste«. Die Matratzen waren im »Fitnessraum« zusammengeschoben zu einer Fläche, groß wie ein Klassenzimmer. Am nächsten Morgen wusste keiner mehr, mit wem er es getrieben hatte. Nur Hund schlief manchmal separat in einem Einzelzimmer und telefonierte Namen durch an Mecki, den Drucker und Hausmeister des Landesverbands-Büros, der am Eingang der Hütte Wache schob. Mecki führte ihm dann die Mädchen einzeln oder in Zweiergruppen zu.

Die *Elan* warb Leser, um mehr Jugendliche mit ihren politischen Ideen zu erreichen. Die Auflage hielt der parteieigene Plambeck-Verlag geheim, »damit der Klassenfeind uns nicht in die Karten schaut«. Das Wort »Klassenfeind« fasste der Verlag weit, denn auch wir, die *Elan*-Redakteure, erfuhren die Zahlen nicht. Sicher aber war: Die verkaufte Auflage von, im besten Fall, einigen Zehntausend reichte nicht, um Druckkosten und Redakteursgehälter zu bezahlen.

*Elan* warb keine Anzeigenkunden, »verkaufte sich nicht« an »bürgerliche Unternehmen«. Die Anzeigenkunden kamen von selbst und interessierten sich nicht für die Marktdaten des Blatts. Die besten Anzeigenkunden hießen VEB Uhrenwerke Ruhla und VEB Motorenwerke Zschopau. Sie glaubten nicht, aufgrund von Anzeigen in *Elan* DDR-Uhren oder MZ-Motorräder in der Bundesrepublik zu verkaufen. Über ihre Anzeigen finanzierte die DDR die *Elan*. »Man kann ja nicht mit einer Plastiktüte voll Geld über die Grenze laufen«, scherzten einige SDAJ-Funktionäre. Ironischerweise sagten das oft gerade jene Genossen, die tatsächlich mit Plastiktüten voll Geld die Grenze von Ost nach West überquerten. Ich wusste: Man konnte nicht alles Geld in Plastiktüten über die Grenze tragen, das wäre aufgefallen. Einige Gelder musste man legal verbuchen. Anzeigen in der *Elan* boten sich dafür an.

*Elan* verspürte also nicht wie kommerzielle Zeitschriften den direkten Druck, Auflage zu erzielen. Trotzdem suchten wir nach heißen Geschichten, denn die historische Mission der Arbeiterklasse musste jeden Monat neu und mit Pep unters Volk gebracht werden.

Selbst unseren treuesten Lesern hing die Geschichte von »Kohls Lehrstellenlüge« zum Halse heraus. Zwar stimmte es, Bundeskanzler Kohl hatte jedem Jugendlichen eine Lehrstelle zugesagt und dies wie viele andere Wahlversprechen nicht eingehalten. Aber wenn man es zum 1001. Mal liest …

Ich schlug deshalb vor, die Geschichte mal ganz anders aufzuziehen: eine Prostituierte zu interviewen, die ihren Körper verkaufen muss, weil sie keine Lehrstelle gefunden hat. Die anderen Kollegen in der Redaktion waren begeistert. Prostitution als ein schlimmer Auswuchs des Kapitalismus, Lehrstellen-Killer Kohl treibt die Schulabgängerinnen auf den Strich.

Ich recherchierte im Bahnhofsviertel von Frankfurt. In Bordellen, Bars und Peep-Shows fragte ich nach arbeitslosen Mädchen, die auf der Suche nach Lehrstellen als Stahlkocherin, Elektrikerin oder Einzelhandelskauffrau hier gelandet waren. Zu meinem Erstaunen griff keine die Gelegenheit beim Schopf, sich in einem kommunistischen Jugendmagazin über Kohls Lehrstellenlüge auszuheulen. »Verpiss dich, du Wichser«, lautete eine der höflicheren Absagen. Zumal wir für ein solches Interview kein Geld anbieten konnten, wie andere Zeitschriften das taten.

Ich wechselte zu einer geschickteren Taktik, verbarg zunächst meine Absicht, verhielt mich wie ein Freier. So kam ich ins Gespräch. Manche hatte Bäckerin oder Friseuse gelernt und war dann, des besseren Verdienstes wegen, ins Hurenfach gewechselt. Andere hatten aus diesem Grund nie eine Berufsausbildung angestrebt. Einigen merkte ich an: Sie waren auf Droge und finanzierten sich so den nächsten Schuss. Nur, es fehlte der typische Fall: Mädchen, 16, wollte eigentlich Automechanikerin werden und als Jungfrau in die Ehe gehen, wurde von Kohl um die Lehrstelle geprellt und gezwungen, sich hier auf dem Bahnhofsstrich an fette Männer zu verkaufen. Wahrscheinlich gab es diese Fälle zuhauf auf der Reeperbahn oder in Westberlin, nur gerade heute nicht in Frankfurt.

Über Bekannte von Genossen fand ich schließlich eine ehemalige Prostituierte. Sie war zu einem Interview bereit, Bedingung: Ihren Namen ändern und kein Foto veröffentlichen.

Das Gesicht der 25-Jährigen war schön, braun gebrannt, makellose Haut, sie stylte sich, duftete nach einem Parfum, das ich nicht kannte und das *Elan* nicht interessierte, sie trug eine Perlenkette und einen Diamantring. Was sie erzählte, passte nicht ganz in die Geschichte von Kohls Lehrstellenlüge und der Prostitution. Sie suchte nicht vergeblich eine Lehrstelle, sondern hatte gerade mit Erfolg ihr Betriebswirtschafts-Studium abgeschlossen. Ihr Studium hatte sie mit Prostitution finanziert, weil sie damit in kürzerer Zeit mehr Geld verdienen konnte als in anderen Jobs. Sie war abends und nachts unterwegs, verpasste keine Vorlesung und konnte in Prüfungszeiten aussetzen. Sie hatte nicht in einem Bordell oder auf der Straße angeschafft, sondern war von einem Callgirl-Ring vermittelt worden, gewöhnlich an reiche Männer, auch Schauspieler und Ölscheichs waren darunter. »Manchmal war es ganz amüsant«, meinte sie.

Als ich nachbohrte, bestätigte sie: Sex mit Freiern befriedigte sie nicht, es ging dabei nur ums Geld. Oft fühlte sie sich erniedrigt, nach dem ersten Mal litt sie unter Depressionen. Einmal hatte ein Mann sie geschlagen. Jetzt lebte sie mit einem Freund zusammen, der von ihrem Vorleben nichts wusste, und hatte eine gute Stelle in einem Consulting-Unternehmen gefunden, sie wollte auf keinen Fall zurück in die Prostitution. Schulabgängerinnen ohne Lehrstelle hatte es in ihrem Call-Girl-Ring bestimmt nicht gegeben, sagte sie, aber woanders wäre das natürlich vorstellbar.

Aus diesen Negativaussagen schrieb ich meine Geschichte, würzte sie mit Zitaten aus den Berichten von Frauenorganisationen. Bei *Elan* lasen alle fünf Redakteure die Artikel von allen anderen gegen, von der ersten bis zur letzten Fassung. Dieses zeitaufwendige Verfahren sollte sichern, dass der Artikel den Leser politisch bewegte. Bei meiner Prostitutions-Reportage urteilte die Redaktionskonferenz: Versagt! Obwohl ich mit revolutionärem Klasseninstinkt alle neutralen oder gar positiven Aussagen über Prostitution schon getilgt hatte, verrissen die Kollegen den Artikel: »Hier wird die Prostitution verharmlost und verherrlicht!« – »Die Prostituierte kommt wie eine Täterin rüber und nicht wie ein Opfer.« – »Die Lehrstellenlüge Kohls als Hauptursache der Prostitution ist nicht klar herausgearbeitet.«

»A-a-aber wir können doch nichts schreiben, was nicht stimmt«, verteidigte ich meine Version.

»Wir müssen unterscheiden zwischen wahr und wahrhaftig«, belehrte mich Hund. »Keine Zeitschrift schreibt die Wahrheit. Die bürgerlichen Medien lügen, um den Profit in die Höhe zu treiben. Wir lügen nicht. Aber wir arbeiten die Aspekte der Wahrheit heraus, die den Klassenwiderspruch offenlegen. Unsere Organe schreiben wahrhaftig.«

Ich passte mich den Anforderungen der Redaktion an, wie Journalisten in anderen Medien auch. Ich sah mich nicht als Lügner. Ich erfüllte meine Aufgabe. Nach drei Nachtschichten und fünf Redaktionskonferenzen hatte ich eine druckreife Fassung geschafft. Die Prostituierte war keine ehemalige mehr, sondern konnte aus dem »Teufelskreis« nicht mehr ausbrechen. Sie musste sich prostituieren, um zu überleben. Angeekelt von ihren Freiern wollte sie sich das Leben nehmen. Auf dem Totenbett entlarvte sie Kohls Lehrstellenlüge. Die Chefredakteurin lobte: »Tolle Geschichte!« Ich dachte: »Toll, die Geschichte habe ich hinter mir!«

Als rasender Reporter war ich nun weltweit unterwegs. *Elan* schickte mich für eine Reportage nach Nicaragua. Begeistert berichtete ich über junge Mädchen, die mit Kalaschnikows herumballerten. Einen Widerspruch zu unserem Friedensengagement sah ich nicht. Schließlich kämpften sie für ihre Freiheit, gegen Söldner, die von den USA bezahlt wurden. So sahen wir das. Die Sowjetunion hingegen betrachteten wir nicht als militaristische Großmacht, sondern als ein Land, das Befreiungsbewegungen weltweit unterstützte und ansonsten für den Frieden war.

Kurz darauf flog ich für *Elan* nach Moskau. Ich kannte die sowjetische Hauptstadt von früheren Aufenthalten.

In Moskau fuhr ich am liebsten Metro. Auf steilen, nicht enden wollenden Rolltreppen stürzte ich zum Mittelpunkt der Erde. Die Metro wurde Anfang der 30er Jahre des letzten Jahrhunderts so tief gebaut, um im Krieg als Bunker zu dienen. Gleichzeitig ist die Moskauer Metro eines der schnellsten Verkehrsmittel. Zu Stoßzeiten fährt alle 45 Sekunden ein Zug. Kronleuchter, Statuen, Mosaiken, Marmor und Stuck schmücken die Stationen, sie gleichen Kirchen und Palästen. Für die Station *Majakowskaja* etwa wurden zwei Sorten Marmor aus Italien verwendet. Ihr Hallengewölbe besteht aus 33 Mosaiken. Der russische Künstler Alexander Deinka gestaltete darauf das Thema »Ein Tag unter sowjetischem Himmel«. In der Station *Ploschad Revoljutsij*, Revolutionsplatz, weisen Bronzestatuen den Weg zum Roten Platz. Mir gefiel die Station *Schosse Entusiastow*, Chaussee der Enthusiasten. Eine riesige geballte Faust wird von Ketten gehalten, darüber eine Flamme, ein fünfzackiger Stern rahmt die Statue ein. Am besten fand ich den Namen, »Chaussee der Enthusiasten«! Ein Enthusiast, das war ich. Ich dachte in Moskau an Sandy. Auch sie war eine Enthusiastin.

Die Sowjetmenschen waren ebenfalls nett. Zum Beispiel Natascha, meine schlanke, blonde Dolmetscherin. In ihrem Deutsch mit sympathischem Akzent formulierte sie ständig erotische Anspielungen von der Art: »Bist du müde?« – »Ja.« – »Bist du zu müde?«

Ich sammelte Eindrücke zum Thema: »Die sowjetische Jugend kämpft für den Frieden.« Dazu flog ich mit Natascha fünf Stunden in Richtung Osten, in die sibirische 1,5-Millionen-Einwohner-Stadt Nowosibirsk, näher an China als an der sowjetischen Hauptstadt.

Zwei Schülerinnen in Armee-Uniform, mit Kalaschnikow in der Hand, standen stramm an der ewigen Flamme für die Opfer des Großen Vaterländischen Krieges, wie der Zweite Weltkrieg in Russland genannt wird. Ähnlich den Wachen des englischen Königshauses verzogen sie keine Miene, als ich sie fotografierte. Im Stechschritt marschierten zwei andere Schülerinnen auf das Mahnmal zu, salutierten – Wachablösung.

Ich verstand: Diese Jugendlichen verhielten sich anders zum Militär als Jugendliche in der Bundesrepublik, ihr Land hatte unter dem Faschismus gelitten und ihre Armee die Nazis besiegt. Trotzdem eigneten sich diese Bilder schlecht, den »Friedenskampf der sowjetischen Jugend« zu illustrieren. Die gerade abgelösten Wachschülerinnen erzählten, an ihrer Schule, der Schule Nummer 95, träfen sich Jugendliche in einem »Internationalen Klub Frieden«. Das könnte etwas sein, dachte ich.

Der Klub stand sowieso auf dem Programm, welches das »Komitee der Jugendorganisationen« KMO für mich organisiert hatte. KMO war die Abteilung für Auslandskontakte des Komsomol, wie der Lenin'sche Kommunistische Jugendverband der UdSSR abgekürzt genannt wurde.

Im Klub sangen Schüler in Uniformen, die Jungs mit Krawatte, ein Lied: »Wenn wir den Krieg vergessen, haben wir wieder Krieg.« Sonst war über das Engagement des Klubs wenig zu erfahren. Ich wollte den Unterricht einer Schulklasse besuchen, aber das wurde mir verweigert, selbst mir, dem ausländischen Kommunisten. Unter Aufsicht von Lehrern erzählten mir Jugendliche in einem kurzen Gespräch, wie schön es an ihrer Schule sei. Ich glaubte ihnen.

Meine Reportage titelte ich später: »Schülerpower in Sibirien«. Und schwärmte: »Tolle Klubs mit solchen Aktionen gehören zum Alltag der sowjetischen Schulen.« Die Schere zwischen Text und Bild war weit offen, deshalb schrieb ich unter das Foto von den braven Schülern: »Auch wenn sie anders gekleidet sind, sie setzen sich für die gleichen Ziele ein wie engagierte Jugendliche in der Bundesrepublik.« Ich beschrieb die Sowjetunion, die ich mir wünschte.

Natascha fasste nach einigen Tagen Vertrauen zu mir, flüsterte mir zu, ihr Land sei erstarrt und fast niemand traue sich, seine Meinung zu sagen. Ich ging nicht darauf ein. Es passte nicht in mein Weltbild – und noch weniger in die *Elan*.

Wir flogen weiter nach Simferopol auf der Krim. Dort erwartete uns noch mehr »Frieden in Aktion«. Jugendliche aus der Sowjetunion bauten gemeinsam mit Jugendlichen aus aller Welt einen Kindergarten. Sogar Freiwillige aus den USA mauerten mit. So wurde es angekündigt.

Auch ich griff zu Schubkarre und Schaufel. Die friedensbewegten Studenten aus den USA und den Niederlanden moserten: Seit zwei Tagen transportierten sie Sand und Backsteine von einer Stelle zur anderen. Die Arbeit sei nicht organisiert und sinnlos. Sowjetische Jugendliche würden nicht mitarbeiten.

Am dritten Tag wurde die Arbeit eingestellt. »Ihr wollt doch auch lieber feiern«, meinte Andrej augenzwinkernd, der zuständige Komsomol-Funktionär aus Moskau. Er grinste ständig und wirkte eher wie ein italienischer Casanova. Ihm folgten gewöhnlich drei in westlichem Chic gekleidete junge Russinnen, Lippen und Augenlider mit Schminke verkrustet. Sie repräsentierten offenbar die sowjetische Jugend. Es war ihnen anzusehen, dass sie sich nicht auf einer Baustelle die Hände verschmutzen wollten.

Am Abend flog ein Vizepräsident des Komitees der Jugendorganisationen KMO ein, ein dekorierter Held des Großen Vaterländischen Krieges und verdienter Kader, der auch als Pensionär nicht rostete und deshalb in den Jugendverband zurückgekehrt war. Wir tranken mit ihm Wodka, stießen an auf die Jugend, den Frieden und die Frauen.

Bill, ein Amerikaner aus Maryland, teilte das Hotelzimmer mit mir. Er fragte den greisen Vizepräsidenten des Jugendverbands, warum sowjetische Truppen in Afghanistan einmarschiert waren. Der schrie ihn an: »Was ist mit Vietnam? Was ist mit Nicaragua?«

Bill sprach ihn an auf Homosexualität in der Sowjetunion. Mit Ekel im Gesicht keifte der Berufsjugendliche im Rentenalter: »Homosexualität gibt es bei uns nicht.« Später: »Die werden bei uns eingesperrt.«

Bill und ich diskutierten danach auf unserem Zimmer. Wir beide empörten uns über die Verfolgung der Homosexuellen in der Sowjetunion. Zu Afghanistan fand ich, der Veteran habe schlecht argumentiert. Wir, die Linken, verurteilten die amerikanische Invasion in Vietnam und die US-Unterstützung für die Contras in Nicaragua. Wie ließ sich das mit dem sowjetischen Engagement in Afghanistan vergleichen? Die Sowjetunion unterstützt eine progressive Regierung gegen mittelalterliche Glaubenskrieger, so hätte das der Genosse erklären müssen, meinte ich.

Hier stimmten ich, der deutsche Kommunist, und der linke Amerikaner überein. Eine andere Äußerung Bills entsetzte mich aber: »Was dieser Jungfunktionär Andrej mit den drei Frauen macht, ist nichts anderes als Prostitution.«

Solch blinder Antikommunismus, das ging zu weit. Ich wusste, nicht alle Genossen hielten sich an die sozialistische Moral. Noch heute schmerzten mich die Nächte mit Hund und Sandy. Ich erinnerte mich an das Erlebnis in Vietnam, das nicht genau zu bestimmen war. Das war in Ho-Chi-Minh-Stadt, was den Amerikanern als Bordell diente, als es noch Saigon hieß. Bewusstsein lässt sich nicht so einfach verändern wie Gesetze oder Eigentumsverhältnisse. Aber Prostitution in der Sowjetunion, fast 70 Jahre nach der Oktoberrevolution? Und ein Funktionär des Komsomol soll davon profitieren?

Jahre später recherchierte ich: Vera, Ljuba und Tanja, so hießen die drei, hassten einander wie die Pest. Jede von ihnen wollte Andrej für sich. Trotzdem plauderten sie viel miteinander, sie teilten ähnliche Interessen: Mode aus New York, Parfum aus Paris, Schmuck aus London – und Andrej.

Keine von ihnen sah sich als Prostituierte, und auch die meisten anderen Leute in der Sowjetunion hätten das nicht so gesehen. *Choroscho ustrojonnij* nannte man solche Frauen, wörtlich etwa: »haben es sich gut arrangiert«. Andrej war ein vielversprechender Mann. Beim Komsomol für internationale Angelegenheiten zuständig, reiste er um die Welt, was gemeinen Sowjetbürgern verwehrt war. Er beschenkte Vera, Ljuba und Tanja reichlich. Er versprach, eines Tages könne er sie selbst ins Ausland schicken, vielleicht nach New York, Paris oder London. Dieses Versprechen hatte er bisher nicht eingelöst, aber bestimmt verfügte er über Macht. »Es hängt nur von mir ab«, dachte sich Vera, »wenn ich es ihm gut besorge, wird er sich für mich einsetzen.« Das dachte sich auch Ljuba, und ebenso dachte Tanja. Sie alle nervte, dass immer zwei andere mit im Bett waren. »Ich strenge mich an«, dachte sich Vera, »er wird merken, dass ich für ihn am besten bin.« Das dachte sich auch Ljuba, und ebenso dachte Tanja.

Russinnen schliefen sich hoch, anders konnten sie selten aufsteigen, gleichberechtigt war die Sowjetfrau nur in der Propaganda. An den Machthebeln walteten Männer. Und nur Macht zählte, nicht Geld. Geld kaufte keinen Luxus, in den Läden verstaubte nur Konfektionsware, wenn überhaupt. Geld kaufte keine Auslandsreisen, die bewilligte der Staat nur Funktionären. Für sowjetische Verhältnisse hatten es Vera, Ljuba und Tanja schon weit gebracht: bis ins Bett von Andrej vom Zentralkomitee des Komsomol.

Der genoss die Macht, die er als führender Genosse besaß – und den Kick, nicht eine Frau zu verführen, sondern drei Frauen gleichzeitig, die sich gegenseitig anfeuerten. Wie viele Funktionäre in der Sowjetunion verwirklichte er für sich schon jetzt den Grundsatz, der später, im reifen Kommunismus, für alle Menschen gelten sollte: »Jedem nach seinen Bedürfnissen.«

Mit meinen Eindrücken aus der Sowjetunion ging ich bundesweit in der SDAJ auf Tour. Natürlich erzählte ich in den Kneipen und Jugendzentren nichts über Bettgeschichten von Komsomol-Funktionären.

Dabei lernte ich viele Leute kennen. Besonders in Erinnerung blieben mir die mich starr anblickenden blauen Augen einer jungen Genossin namens Iris aus Wolfsburg. Ich übernachtete in ihrer Wohngemeinschaft, SDAJ und *Elan* hatten kein Geld für Hotels. Genossen halfen sich gegenseitig, das galt als selbstverständlich.

Für Reisen durch den Westen Deutschlands nutzten wir eine unpersönliche Jahreskarte der Bundesbahn, mit der man ohne Extrakosten durch das ganze Land fahren konnte. Der SDAJ-Bundesvorstand hatte mehrere solcher Karten für uns *Elan*-Redakteure und die anderen Jugendfunktionäre. Am Donnerstag hatte ich in Wolfsburg gesprochen, am Freitag trat ich in Hamburg auf. Erst Montag musste ich wieder in Dortmund sein. So rief ich bei Iris an und fragte, ob ich auf dem Rückweg am Samstag wieder auf dem Sofa in ihrer Wohngemeinschaft schlafen durfte. Das war für meine damaligen Verhältnisse ganz schön direkt, denn die Fahrt von Hamburg nach Dortmund dauerte nur ein paar Stunden und Wolfsburg lag keineswegs auf der Strecke. Iris sagte sofort Ja.

Der Samstag passte gut, denn am Abend gab es in Wolfsburg ein Bierfest, das Iris und ich mit anderen Genossinnen und Genossen besuchten. Als die sich nachts um elf verabschiedeten, standen wir beide uns hinter einem Bierzelt gegenüber. Ich schwärmte von der Moskauer Metro. Iris legte mir die Hand auf den Mund und sagte: »Kann ich deinen Vortrag für einen Moment unterbrechen? Denn ich würde dich jetzt gern küssen.«

Es wurde der erste intensive Zungenkuss meines Lebens. Und es folgte der erste Geschlechtsverkehr. Iris hatte wie ich Erica Jongs erotischen Frauenroman *Angst vorm Fliegen* gelesen, Shere Hites Reports über das sexuelle Erleben und Alexandra Kollontais *Autobiografie einer sexuell emanzipierten Kommunistin*. Doch im Unterschied zu mir hatte sie auch zahlreiche praktische Erfahrungen gesammelt, obwohl sie jünger war.

Ich gestand ihr erst später, dass dies mein erstes Mal war. Ihre Führung auf der Matratze in ihrer Wohngemeinschaft war so perfekt, dass alles so lief, als hätten wir es schon oft miteinander getrieben. Erst morgens um fünf Uhr beruhigten wir uns. Ich fühlte mich wie im Paradies. Die Probleme und Enttäuschungen, die laut meinen *Elan*-Artikeln beim ersten Sex häufig vorkamen, traten nicht auf.

Ich liebte Iris nicht tief oder verrückt, wie ich Sandy liebte. Aber wir mochten uns und wurden ein Paar. Der Sex blieb phänomenal. Viele meiner späteren Partnerinnen lobten meine Praktiken in diesem Bereich. Sie sollten sich bei Iris bedanken.

Eines Morgens hörte ich in den Frühstücksnachrichten von WDR 2, das sowjetische Radio würde seit 24 Stunden nur noch Trauermusik senden. Dies könnte als Hinweis darauf gedeutet werden, dass Staats- und Parteichef Konstantin Tschernenko gestorben sei.

Brühwarm und genau so erzählte ich das Hund, als ich im Büro eintraf. Er knurrte verächtlich: »Du fällst auch auf alle Lügen der bürgerlichen Medien herein.«

Zwei Stunden später bestätigte die sowjetische Nachrichtenagentur TASS nicht nur, dass Tschernenko schon mehr als einen Tag tot war. Sie meldete auch die Wahl von Michail Gorbatschow zum neuen Generalsekretär. In der Sowjetunion wartete die Führung traditionell ein bis zwei Tage ab, bevor sie ihre Untertanen über den Tod eines ihrer Mitglieder informierte. Hund beharrte auf seinem Standpunkt: Er werde auch weiterhin nur geprüfte Informationen verbreiten und sich nicht an Spekulationen beteiligen.

Hund verschwand für drei Monate, er kündigte dies vorher an. Als wir ihn fragten wohin, antwortete er nur: »Ich bin weg.« Was soll man sagen, wenn dich jemand sucht? »Ich bin weg.« Wurde er auf einer Kaderschule weitergebildet, ähnlich der Jugendhochschule Wilhelm Pieck? Das hätte er mir sagen können, schließlich hatte ich selbst mit ihm eine solche Schule besucht. Das war zwar geheim, aber im Kreis der hauptamtlichen Funktionäre konnte man darüber reden. Doch Hund sagte nichts, nur: »Ich bin weg.«

Ich fragte mich: Wird er wieder in die DDR gehen? Wird er Sandy sehen?

Die Wahrheit kam erst nach dem Fall der Mauer ans Licht. Hund wurde nachts, mit fünf weiteren Genossen, in einem abgedunkelten Kleinbus auf ein Militärgelände am Springsee gebracht. Es lag eine halbe Stunde von Ostberlin entfernt, aber sie fuhren bewusst Umwege. Die Aktion wurde streng geheim gehalten, nicht einmal sie selbst wussten, wo sie sich genau befanden. Im engsten Führungskreis der DKP erfuhren nur wenige davon. Auch der diensthabende Oberst der Nationalen Volksarmee, zu der das Gelände gehörte, kannte keine Details. Er hatte Befehl, das Gelände zu räumen für eine »Pionierausbildungs-Phase«. Seine Truppe zog ab für eine andere – die »Militärorganisation (MO) der DKP«. Ihr Auftrag: »Anschläge im Hinterland des Imperialismus im Fall einer zugespitzten Auseinandersetzung zwischen der BRD und der DDR«.

Hund gehörte zu den Auserwählten, die das Frontkämpfer-Handwerk von der Pieke auf lernten. Er unterschrieb eine Selbstverpflichtung, wonach er nie jemandem etwas erzählen durfte über das Training am Springsee – »Verräter haben mit dem Tod zu rechnen«. Hund war auserwählt worden als zuverlässiger Genosse und weil er, wie die anderen Rekruten, vorher in der Bundeswehr militärische Grundkenntnisse erworben hatte.

Die konnte er in den nächsten Wochen ausbauen. Er robbte durch einen Tunnel aus Autoreifen, der ins Gelände gegraben worden war. Autoreifen hingen auch über einem Teich, er hangelte sich über das Gewässer. Auf dem Schießübungsgelände schoss er auf Zielscheiben, was ihm Sandy einmal kurz an der Jugendhochschule ermöglicht hatte. Hier konnte er wochenlang ballern und im prall gefüllten Waffenlager zwischen den Gewehren auswählen: Kalaschnikow AK-47, G1, G3, sowjetischer Karabiner, Uzi … Innerhalb von wenigen Wochen musste er Zielsicherheit erreichen. Denn im Ernstfall sollte er Attentate auf »feindliche Politiker« ausführen.

In einem Munitionsbunker lagerten Patronen, sowjetische RPG-Panzerfäuste und Sprengstoff. Die DDR spendierte Hund und Genossen Objekte, an denen sie übten: Am Ufer des Springsees sprengten sie Autos, Häuser und Hochspannungsmasten.

Schwimmern und Wanderern am Springsee versperrte ein Tarnnetz die Sicht. Sie hörten nur die Schüsse und Explosionen, vermuteten ein Manöver der regulären Truppe. Von dem Frontkämpfer-Camp ahnten sie nichts. Niemand konnte in die Nähe gelangen, Schilder warnten: »Halt! Lebensgefahr!«

Ein älterer Genosse mit dem Tarnnamen »Axel« vertrat den »Militärrat der DKP«. Aus Sicherheitsgründen lebte er in der DDR und nicht in der Bundesrepublik. Bei ihm büffelten Kalle und seine Mitkämpfer Theorie: Wie arbeitet man konspirativ? Wie hält man geheimen Kontakt zu den Mitkämpfern? Wie organisiert man einen Überfall? Wie taucht man nach dem Anschlag unter? Wie setzt man sich wieder ins normale Leben ab?

Bei den Übungen fühlten sie sich als echte Männer. Sie bezweifelten nicht, dass die Militärorganisation etwas Richtiges war, glaubten an ihre Sache. Für sie galt: Der Zweck heiligt die Mittel.

Hund und Genossen schliefen in einer Baracke, die in Tarnfarben angestrichen war. Bei Kerzenschein sangen sie:

*Diese Welt muss unser sein.*
*Unser Blut sei nicht mehr der Raben*
*Und der mächt'gen Geier Fraß!*
*Erst wenn wir sie vertrieben haben,*
*dann scheint die Sonn' ohn' Unterlass!*
*Völker, hört die Signale!*
*Auf zum letzten Gefecht!*
*Die Internationale*
*Erkämpft das Menschenrecht!*

Während Hund schoss und sprengte, kämpfte ich an der ideologischen Front. ARD und ZDF schickten ihre Programm-Ankündigungen auch an *Elan*, wie an alle Zeitungen und Zeitschriften, die diese anforderten. Ich hatte den Auftrag, die Programm-Vorschauen an einen Strohmann in Westberlin zu schicken. Der brachte sie über die Grenze zum Fernsehen der DDR. Dieses stellte auf Grundlage der zusammengehefteten Blätter sein eigenes Programm zusammen: Kritische Sendungen sollten mit attraktiver Unterhaltung gekontert werden. *Ein Kessel Buntes* gegen *Panorama*.

Ein Kameramann der DDR-Filmstudios DEFA in Köln sorgte dafür, dass ich das nicht vergaß. Als Dank brachte er regelmäßig eine Flasche 38-prozentigen Nordhäuser Doppelkorn vorbei. Trafen die Programm-Infos einmal nicht rechtzeitig beim Strohmann ein, rief er mich an. Der konspirative Code lautete: »Die Jungs sitzen mal wieder auf dem Trockenen.«

Als der Kameramann der DEFA wieder einmal mit seiner Flasche Doppelkorn vorbeikam, fragte ich: DDR-Fernsehen und Fernsehen der Bundesrepublik tauschen mittlerweile Filme aus – kann das DDR-Fernsehen die Programm-Vorschau nicht auf einem offiziellen Weg bekommen? »Die bekommen sie bereits«, antwortete der Kameramann. »Aber ihr wisst, das Westprogramm ist bei uns streng geheim. Die Abteilung für Programmplanung hat schon vor langem beim Leiter des Komitees für Fernsehen beim Ministerrat der DDR den Antrag gestellt, eine Kopie des Programms zu erhalten. Aber der Antrag ist noch nicht durch, das dauert seine Zeit.« So blieb es angesichts der Bürokratie in der DDR einfacher, einen Kameramann mit einer Flasche Nordhäuser Doppelkorn bei mir vorbeizuschicken, damit ich die Programme von ARD und ZDF an einen Strohmann in Westberlin sandte, der sie über die Grenze brachte …

Schon in den ersten Monaten seiner Amtszeit pflegte Gorbatschow einen populäreren Stil als seine vergreisten Vorgänger und warb mit Friedensvorschlägen auch im Westen um Sympathie. Die DKP erschütterte das nicht, im Gegenteil: Der Sozialismus schien in der Offensive zu sein.

Erste Misstöne gab es beim Hamburger Parteitag der DKP Ende April 1986, wenn auch leise. Vier Tage zuvor war ein Teil des Atomkraftwerks im sowjetischen Tschernobyl explodiert. Tausenden drohten Strahlenschäden, es war der größte Unfall, der sich je in einem Atomkraftwerk ereignet hatte. Die DKP berührte dies peinlich. Sie kämpfte gegen Atomkraftwerke in der Bundesrepublik, behauptete aber: Im Sozialismus seien die Atomkraftwerke ungefährlich, denn dort spare keiner aus Profitgründen an der Sicherheit, der Sozialismus strebe Wohl und Gesundheit des Menschen an.

Nur ein einziger Redner kritisierte auf dem Parteitag vorsichtig die sowjetische Atompolitik. Viele klatschten. Auch ich. Der Redner sprach uns aus dem Herzen.

Das war etwas Neues: Bisher hatten sich die Kommunisten daran gewöhnt, Konflikte ausschließlich intern zu diskutieren, nicht öffentlich auf einem Parteitag, bei dem auch die Presse mitschrieb. Bei der DKP hieß es: »Wir dürfen innere Probleme nicht nach außen tragen. Das können die bürgerlichen Massenmedien gegen uns ausschlachten.«

Als wir in der Mittagspause anstanden für Erbsensuppe aus Plastiktellern, traf ich Hund. Der äußerte sich geheimnisvoll: »Das ist nicht nur ein einzelner Abweichler, da haben viele geklatscht. Mein Arbeiterinstinkt spürt das: Da bahnt sich etwas an, gegen die Partei.« Ich zuckte innerlich zusammen. Wenn der wüsste, dass auch ich geklatscht hatte?! Ich sprach es nicht aus. Schließlich war ich selbst Hauptamtlicher, Berufsrevolutionär. Wie konnte ich mich da auf die Seite der Parteifeinde stellen? Oder einen solchen Verdacht über mich aufkommen lassen?

Die Delegation der Kommunistischen Partei der Sowjetunion auf dem DKP-Parteitag führte der spätere russische Präsident Boris Jelzin, damals Mitglied des Politbüros der sowjetischen KP und Parteichef der Stadt Moskau. Die Delegation der SED leitete Politbüromitglied Hermann Axen. Sie kamen an diesem Abend zusammen in der Hamburger Ernst-Thälmann-Gedenkstätte.

Jelzin interessierte sich nicht für die bronzenen Heldenbüsten Thälmanns und beriet mit seinen sowjetischen Genossen, als Funktionäre der DKP von den guten Taten Teddys predigten. Jelzin dachte an Tschernobyl. SED-Führer Axen hingegen meinte, bei den Berichten über die Atomkatastrophe handele es sich um ein »Störmanöver des imperialistischen Klassenfeinds«. Die Kommunisten sollten die Kritik ignorieren und »zur revolutionären Tagesordnung übergehen«.

Jelzin und Axen stritten sich. Den Dolmetschern war es peinlich zu übersetzen. Axen versuchte es mit Russisch. Jelzin wurde immer lauter, schrie auf Deutsch »Halt's Maul« und »Scheiße«. Er riss das Gästebuch der Thälmann-Gedenkstätte an sich und schlug damit mehrfach auf die Glasvitrinen. Mir schien, der russische Bär Jelzin würde gleich über den Zwerg Axen herfallen. Doch er schob ihn mit seiner Pranke einfach weg und verließ die Kultstätte, um der *Tagesschau* ein Interview über Tschernobyl zu geben.

So einen Konflikt zwischen zwei Kommunisten hatte ich noch nie gesehen. Und dazu noch zwischen einem der höchsten Führer der Sowjetunion und einem der höchsten Führer der DDR. Bisher kämpften beide Länder in einer Front! Ich dachte an Hunds Worte: »Da bahnt sich etwas an.«

Auch im fernen Osten bahnte sich etwas an. Die Sowjetunion und die Volksrepublik China, lange Jahre feindliche sozialistische Brüder, redeten seit Gorbatschow wieder miteinander. Der chinesische Führer Deng Xiaoping hatte ebenfalls Reformen eingeleitet, vor allem in der Wirtschaft. Das exotische China reizte mich, seit ich als Gymnasiast die *»Mao-Bibel«* gelesen hatte. Ich war immer genervt, wenn Kommunisten einander bekämpften, und erhoffte mir von einer neuen Freundschaft mit China ein stärkeres revolutionäres Lager. Ich hatte einen großen Traum: Ich wollte für die *Elan* nach China reisen und über die Veränderungen dort berichten. Das erschien damals unrealistisch, eine Aussicht, die mich nie sonderlich abgeschreckt hat. Ich las alles, was über China zu bekommen war, und informierte den Parteivorstand der DKP über meine Absicht. Als Kader musste ich ein solches Vorhaben mit der Partei abstimmen.

Einige Wochen später wurde ich im Bonner »Hauptstadtbüro« der DKP empfangen – nicht von irgendeinem Mitarbeiter, sondern von Karl-Heinz »Charly« Schröder, dem Präsidiumsmitglied, zuständig für internationale Beziehungen (das Präsidium entsprach dem Politbüro in anderen kommunistischen Parteien). Der Parteiführer plauderte locker mit mir, er war, so merkte ich, gut mit meiner »Kaderakte« vertraut – also dem parteiinternen Dokument, in dem mein politischer Lebenslauf festgehalten war, meine Beurteilung nach »Qualifizierungen« wie der an der Jugendhochschule Wilhelm Pieck, meine persönlichen Stärken, aber auch mögliche »ideologische Abweichungen«.

»Herbert hat von den chinesischen Genossen eine Einladung bekommen«, flüsterte der Parteiführer. Mit »Herbert«, das war klar, meinte er Herbert Mies, den Vorsitzenden der DKP. »Darüber musst du natürlich schweigen wie ein Grab. Wie du weißt, liegen wir seit fast drei Jahrzehnten mit der chinesischen Partei im Konflikt. Wir müssen die Lage sondieren. Bevor der Vorsitzende fliegt, wollen wir erst einmal eine Frühlingstaube entsenden.«

Ich lauschte ehrfurchtsvoll, verstand, was sich hinter dem geheimnisvollen Begriff »Frühlingstaube« verbarg. Ich fühlte mich geehrt, so ins Vertrauen gezogen zu werden. Doch gleichzeitig war ich enttäuscht, denn an meinen Reportageaufenthalt war wohl erst anschließend zu denken.

Nach einer kurzen Pause fuhr der Parteiführer fort: »Du bist Journalist, du vertrittst den Jugendverband. Du bist die Frühlingstaube.«

Ich schwieg. Erst, weil ich meinte, mich verhört zu haben. Dann, weil ich in die Luft springen wollte, aber wusste, dass dies bei so etwas Ernstem wie einem Kadergespräch unpassend war. Kurzum, ich war außer mir vor Freude. Mein Traum, als Reporter für mehr als einen Monat in China zu arbeiten, wurde wahr. Und zudem reiste ich als erster Vertreter der DKP nach China, half also an vorderster Stelle mit, die kommunistische Weltbewegung wieder zusammenzuschweißen. Neben meiner Hartnäckigkeit war mir die komplizierte Diplomatie der internationalen KP-Beziehungen zugute gekommen.

Keine Woche verging, da rief mich ein Diplomat aus der chinesischen Botschaft an, der mit einem süßen Akzent Deutsch sprach: »Wir haben mit dem Kommunistischen Jugendverband in Peking gesprochen. Er ist bereit, Ihnen ein Programm zu organisieren. Schreiben Sie uns, was Sie sehen und wann Sie kommen wollen.« Meine Programmwünsche wurden fast vollständig übernommen. Das Visum erhielt ich innerhalb von drei Tagen.

In China besuchte ich Peking, Shanghai, Guangzhou (Kanton) und die Wirtschaftssonderzone Shenzhen, die neue Stadt, die gerade an der Grenze zu Hongkong aus dem Boden gestampft worden war. Ich sah das Land mit kommunistischen Augen, begeisterte mich für eine Disco-Queen im Lenin-Fieber und sorgte mich darum, ob ausländische Investitionen, die damals gerade begannen, den Sozialismus gefährden. Ich staunte über die 50 000 Schriftzeichen, von denen die meisten nur historisch von Interesse sind, aber immerhin 3000 bis 4000 werden benötigt, um eine Tageszeitung zu verstehen. Ich genoss die Speisen, von Peking-Ente bis zu »Der Tiger kämpft mit dem Drachen«.

Ein paar Tage durfte ich mich ohne Aufpasser bewegen, reiste mit dem Zug in der Hartsitz-Klasse von Peking in die 250 Kilometer entfernte Stadt Chengde. Familien packten kleine Teigbällchen aus. Mütter öffneten die Blusen, um ihren schreienden Babys die Brust zu geben. Schnarchen übertönte das Lachen von Bauernjungen, die um Mitternacht noch Karten spielten. Kleine Mädchen mit Zöpfen und grauhaarige alte Frauen lagen auf dem Boden zwischen Kisten, Körben und Säcken. Der Geruch von Schweiß und Zigarettenrauch mischte sich mit dem von Äpfeln und Gemüse. An einem anderen Tag mietete ich in Peking ein Fahrrad der Marke

»Nördliche Gans«, wie noch heute in China ohne Licht und Gangschaltung, und radelte in den Fahrradstau an der Jianguomen Dajie.

China war damals noch nicht so offen wie heute. Ausländer mussten mit einem extra für sie eingeführten Ausländergeld bezahlen. Meine Pekinger Dolmetscherin durfte nicht mit mir an einem Tisch essen. Sie sprach freundlich mit mir, aber nie über Persönliches. Menschen unterschiedlichen Geschlechts schienen sich nie zu berühren, und Menschen unterschiedlicher Nationalität schon gar nicht. »›Stimmt es, dass in Europa Paare unverheiratet zusammenleben?‹, fragte Hao ungläubig«, schrieb ich in einem meiner Berichte. »Sie kann das nicht verstehen. In China scheitern solche Partnerschaften nicht nur an der Wohnungszuteilung, sondern vor allem an tief verwurzelten moralischen Vorstellungen.«

Ich trennte mich von Iris, da mir das Pendeln zwischen Dortmund und Wolfsburg neben der »revolutionären Arbeit« zu viel wurde. Die Beziehung lief sexuell auf Hochtouren, aber es war keine große Liebe. Immer wieder träumte ich von Sandy in der DDR, aber sie schien unerreichbar. In jener Zeit gefiel mir Betti, Berufsrevolutionärin wie ich, Mitarbeiterin der Finanz-Abteilung des SDAJ-Bundesvorstands. Mit ihren Sommersprossen, ihren Strickpullovern und ihren Leggins voller bunter Blumen konnte die 24-Jährige leicht für eine Studentin oder ein Hippie-Mädchen gehalten werden. Das half ihr, unauffällig ihrer Aufgabe nachzugehen: Sie war Kurier für Schwarzgeld. Wenn andere im Zug 2. Klasse ihre prall gefüllte Öko-Stofftasche sahen, vermuteten sie darin vielleicht feministische Literatur, Zigaretten oder Unterwäsche. Niemand hätte gedacht, sie transportiere Bargeld – einmal waren es mehr als eine Million DM.

Manchmal holte sie das Geld direkt in der DDR ab. Meistens aber besorgten es dort alte Genossen, Rentner, die auf ihre Art ebenso unauffällig auftraten wie Betti. Die riefen Betti dann an, der Code lautete: »Meine Füße schmerzen wieder, kannst du für mich etwas Brot und Bier einkaufen?« Betti reiste jeden Monat quer durch die Bundesrepublik, brachte die Geldscheine zu SDAJ-Landesvorständen von München bis Kiel. Davon wurden hauptamtliche Funktionäre bezahlt, Autos für Friedensdemos angemietet und Gagen von Rockgruppen auf SDAJ-Festivals bezahlt.

Betti, gelernte Buchhalterin, arbeitete beim SDAJ-Bundesvorstand auch im Büro. Nicht alle Gelder verschob sie in Cash. Andere wurden verbucht über legale Firmen der DDR in der Bundesrepublik, zusammengefasst im Bereich Kommerzielle Koordinierung (Koko) des Ministeriums für Außenhandel der DDR. Die Koko leitete Stasi-Oberst OibE Alexander Schalck-Golodkowski, in Personalunion Staatssekretär im Außenhandels-Ministerium. Die DDR liebte Abkürzungen, OibE stand für »Offizier im besonderen Einsatz«. Koko-Firmen wie die Spedition Richard Ihle, die Schifffahrtsagentur Interschiff oder das Reisebüro Hansa-Tourist hatten zum Schein einen Teil der Berufsrevolutionäre angestellt, überwiesen ihnen Gehälter und bezahlten die Miete für einige Partei- und SDAJ-Büros.

Was Betti am besten konnte: Bilanzen fälschen. Da die Geldschiebereien geheim und illegal waren, erfand sie für das Finanzamt eine Scheinwelt aus Spenden, Beitragserlösen und mäßigen Ausgaben. Mich störte das damals nicht, ich hatte gelernt: Moral ist, was der Sache der Arbeiterklasse nützt.

Was Betti am liebsten tat, war Billard spielen. Dieser Leidenschaft frönte sie gemeinsam mit mir in einigen Kneipen im Dortmunder Norden, wobei ich es mehr ihretwegen tat. An einem Abend hatten wir wieder einmal viele Kugeln geschoben, Betti hatte gewonnen und wir tranken das dritte Bier. Betti ereiferte sich über »merkwürdige Dinge« in der Führung der SDAJ. Der jüngste Aufruf des Bundesvorstands enthalte viel »allgemein menschliches Gedöns über Frieden und Umweltschutz«, nenne aber die Verantwortlichen nicht, »die Profithaie«. Manchmal redete Betti geschwollen. Mit ironischem Augenaufschlag hob sie dies wieder auf: »Ich als Kämpferin vor dem alten Lenin sage da nur: Hier wird die Klassenfrage vernachlässigt.«

Ich hatte den Aufruf nicht gelesen, denn ich hatte mich für eine Enthüllungsreportage gerade unter falschem Namen bei Neonazis eingeschlichen. Jeder kämpfte an seinem Platz, die Partei brauchte alle, Reporter, Geldkuriere, Untergrundkämpfer in spe wie Hund.

Ich versprach Betti, mich um den Aufruf zu kümmern – ich machte mich gern beliebt bei ihr. Sicher hatten die Genossen aus dem Bundesvorstand einfach schlecht formuliert, dachte ich, als Redakteur konnte ich da aushelfen.

Es war der Abend des 27. Januar 1987. Im Fernseher über der Theke liefen die *Tagesthemen.* Zwischen den Billard-Kugeln hörten Betti und ich etwas von »Glasnost«, »Offenheit«, und »wir brauchen die Demokratie wie die Luft zum Atmen«. Michail Gorbatschow sprach auf dem Plenum des Zentralkomitees der KPdSU. Wir verstanden das nicht ganz, wollten es aber am nächsten Tag in der Zeitung nachlesen.

Sommer 1987 reiste ich erneut als *Elan*-Reporter in die Sowjetunion, nach Rostow am Don. Ich erlebte ein Land im Umbruch und voller Widersprüche. Funktionäre vom Komsomol, die mich betreuten, wollten verhindern, dass ich mich ohne ihre Aufsicht mit Jugendlichen traf. Die Herren in Anzug und Krawatte wurden bleich, als sie hörten, ich hätte abends allein eine Disco besucht. Nachdem Gorbatschow Bürokraten und deren Schönreden geißelte, kapierte auch ich: Die wollten mir etwas verheimlichen.

Auf der anderen Seite stieß ich auf Leute, die aufbegehrten, wenn auch noch im Namen von Perestroika, Glasnost und Sozialismus. Wieder begegnete ich einer jungen Frau, die das bessere Gesicht des Sozialismus verkörperte: Ira, 16, Schülerin.

Für meine Reportage setzte ich mich zwei Wochen auf die Schulbank, besuchte den Unterricht der Schule Nummer 36 von Rostow. So wollte ich den Alltag der Perestroika, der sowjetischen Umgestaltung, kennenlernen. Auch das hatten die Bürokraten verhindern wollen, doch ich hatte sie so lange genervt, bis sie nachgaben. Ira setzte sich sofort neben mich, den erwachsenen Mann aus dem Westen: »Hi, wie heißt du?«

Sie war frech, wie ich das bei Frauen liebte. Sie erinnerte mich ein bisschen an Sandy. Die Schuluniform mit Rüschen und Schleifen hatte sie weggeworfen, trug stattdessen eine schwarze Lederjacke und Levis-Jeans vom Schwarzmarkt. Sie hörte die Scorpions und sowjetische Heavy-Metal-Gruppen. Auf Dauerlauf und Hochsprung hatte sie keinen Bock, vergaß deshalb regelmäßig ihre Sportkleidung. Am liebsten lernte sie Englisch, *»that's what we need for our future«*.

Ira lieferte die Zitate, die ich für meine *Elan*-Reportage über die erneuerte Sowjetunion brauchte: »Früher haben wir in alten Phrasen geredet, die uns die Lehrer vorgesagt haben. Jetzt haben wir Glasnost, Offenheit, du weißt, was das bedeutet? Jeder sagt, was er meint.«

Sie stieß mir mit der Faust in die Rippen, wenn sich Gelegenheit bot, und lud mich in ihren eigenen Unterricht ein. Als Pädagogik-Praktikantin unterrichtete sie einmal pro Woche in der Grundschule. Bei Versammlungen der Schüler führte sie das große Wort, gestikulierte wild und schleuderte die Strähnen ihrer blonden Mähne aus dem Gesicht. Sie forderte unter großem Beifall der Mitschüler: »Wir müssen den Schulleiter absetzen, er muss direkt von den Schülern gewählt werden, denn die Schule ist für uns da.« Für mich war Ira die Gorbatschowa der Schule Nummer 36.

Etwas irritierte mich. Von Rostow zurück auf Zwischenstation in Moskau interviewte mich ein Moderator der Sendung *Wsgljad*, was sowohl »Blick« als auch »Ansicht« bedeutet. Die Sendung war in dieser Zeit die bei weitem populärste im sowjetischen Fernsehen. Auf lockere Art behandelte sie Themen, die bis dahin als tabu galten: den Krieg in Afghanistan, den Kult um Lenin, die Prostitution …

Live auf Sendung fragte mich der sowjetische Moderator: »Du bist Kommunist, gleichzeitig behauptest du, du engagierst dich in der Jugendbewegung der Bundesrepublik. Wie ist das zu vereinbaren? Bei uns in der Sowjetunion sind Kommunisten bei Jugendlichen ziemlich unbeliebt!« Ich wunderte mich, was das sowjetische Fernsehen bis in den hintersten Winkel des sozialistischen Riesenreichs verbreitete. Ich stotterte etwas von: In der Bundesrepublik stehen Kommunisten in Opposition zum System, sind deshalb keine Karrieristen, sondern im Gegenteil Revolutionäre.

Während sich die Sowjetunion mit der Perestroika reformierte, blieb in der DDR alles beim Alten. SED-Chefideologe Kurt Hager sagte: »Wenn der Nachbar frisch tapeziert, muss man nicht selbst die Tapeten wechseln.« Sowjetische Zeitschriften wie *Sputnik* wurden in der DDR verboten.

Der DKP-Vorsitzende Herbert Mies hatte jahrelang gepredigt: »Eher geht ein Kamel durch ein Nadelöhr, als dass die DKP nur einen Millimeter abweicht von ihrer prinzipiellen Solidarität mit der UdSSR und der DDR.« Plötzlich mussten wir uns in vielen Fragen entscheiden: Für die UdSSR oder für die DDR.

Der Glaubenskrieg tobte vor allem über die Geschichte. In einem Zirkel, wie die Seminare in der SDAJ hießen, studierte ich jene Schriften Rosa Luxemburgs, die bis dahin in der Moskau treuen kommunistischen Bewegung wenig gelesen wurden – etwa »*Zur russischen Revolution*«: »*Ohne allgemeine Wahlen, ungehemmte Presse- und Versammlungsfreiheit, freien Meinungskampf erstirbt das Leben in jeder öffentlichen Institution, wird zum Scheinleben, in dem die Bürokratie allein das tätige Element bleibt. Das öffentliche Leben schläft allmählich ein, einige Dutzend Parteiführer von unerschöpflicher Energie und grenzenlosem Idealismus dirigieren und regieren, unter ihnen leitet in Wirklichkeit ein Dutzend hervorragender Köpfe, und eine Elite der Arbeiterschaft wird von Zeit zu Zeit zu Versammlungen aufgeboten, um den Reden der Führer Beifall zu klatschen, vorgelegten Resolutionen einstimmig zuzustimmen*«, ich fühlte mich an die Versammlungen während meines Studiums in der DDR erinnert, »*im Grunde also eine Cliquenherrschaft – eine Diktatur allerdings, aber nicht die Diktatur des Proletariats, sondern die Diktatur einer Handvoll Politiker.*«

In der Sowjetunion wurden nun die Verbrechen Stalins öffentlich enthüllt. Schon seit 1956 sagten die sowjetischen Kommunisten, Stalin habe »Fehler« begangen, aber das Thema war eher verschämt behandelt worden. Jetzt diskutierten die sowjetischen Medien das ganze Ausmaß. Stalin hatte nicht nur die Gegner des Kommunismus verfolgt – das verteidigten seine Anhänger nach dem Motto »Der Zweck heiligt die Mittel«. Stalin hatte auch die Kommunisten selbst massakriert. Von den 21 Mitgliedern, die 1927 in das Zentralkomitee der sowjetischen Kommunisten gewählt worden waren, lebten 1939 noch zwei: Alexandra Kollontai, die sich als Botschafterin im Ausland aufhielt – und Stalin selbst. Drei waren vor den Massenverfolgungen eines natürlichen Todes gestorben; die 16 anderen ließ Stalin erschießen oder zu Tode foltern.

Stalin stand an der Spitze der Sowjetunion, als diese den Faschismus besiegte. Man müsse seine positiven und negativen Seiten sehen, sagten seine Verteidiger. Ich las jetzt in den neuen Moskauer Schriften der Perestroika-Jahre: Die Sowjetunion hätte ohne Stalin die Nazis mit weniger Leid und Opfern besiegen können. Denn Stalin enthauptete unmittelbar vor Beginn des Zweiten Weltkriegs die sowjetische Armee. Von fünf Marschällen ließ er drei ermorden; von fünf Oberbefehlshabern der Armee ersten Ranges drei; von zehn Oberbefehlshabern der Armee zweiten Ranges alle; von 57 Korpskommandeuren 50; von 186 Divisionskommandeuren 154; von 16 Armeekommissaren ersten und zweiten Ranges alle; von 28 Korpskommissaren 25, von 64 Divisionskommissaren 58 und von 456 Obersten 401.

Als ich in *Elan* diese unter Gorbatschow enthüllten Fakten veröffentlichte, schlugen die Strenggläubigen zurück. Nach der Reportage über die Perestroika-Schüler von Rostow hatte Hund gemurrt, auch meine Billard-Freundin Betti fand die Geschichte daneben. Aber nun hatte ich mich an Stalin versündigt. Ich hatte gehofft, eines Nachts bei Betti im Bett zu landen. Doch von diesem Tag an grüßte sie mich nicht einmal mehr. Als ich sie darauf ansprach, sagte sie: »Du bist für mich Luft.« Das machte mich traurig.

Die politischen Meinungsverschiedenheiten zerstörten die persönlichen Beziehungen, verwandelten Freunde in Feinde. Es schmerzte mich, trotz unserer Probleme in der Vergangenheit: Hund alias Kalle ließ sich an einen anderen Schreibtisch versetzen! Kalle, mein guter Freund aus unserer gemeinsamen Freiburger Jugend! Er begründete das so: »Wenn ich jeden Tag ins Gesicht eines Verräters blicke, muss ich kotzen!« Er litt unter den Veränderungen noch mehr als ich. Die Partei, wie er sie bisher gekannt hatte, war für ihn eine Familie. Mit unseren neuen Ideen zerstörten wir seine Familie, empfand er.

Andere Genossen hingegen klopften mir auf die Schulter, ermutigten mich. In der Führung der SDAJ verstanden sich die meisten als »Erneuerer«, als Anhänger Gorbatschows und des »neuen Denkens«. Ebenso in der DKP-Studentenorganisation MSB Spartakus. Im Parteivorstand der DKP und in den meisten DKP-Bezirken dominierten jedoch die »Betonköpfe«, die Anhänger des alten Denkens und der DDR-Führung.

Ich erwartete nur das Beste. Die SDAJ verändert sich, bald wird die Partei folgen. Die Sowjetunion verändert sich, bald wird die DDR folgen. Ein neuer sozialistischer Aufbruch wird die ganze Welt mitreißen …

Immer wieder dachte ich in diesen Zeiten an Sandy. Sie verfolgte die Nachrichten aus der Sowjetunion mit gleicher Begeisterung wie ich, arbeitete für eine Perestroika in der DDR, glaubte ich.

Auch sonst brach manches auf. Umweltschutz, bisher als Nebenkriegsschauplatz im Klassenkampf betrachtet, wurde für uns zur »Überlebensfrage der Menschheit«. Formulierungen in Aufrufen des SDAJ-Bundesvorstands dazu, die Betti kritisiert hatte, waren kein Versehen gewesen. Ich attackierte in *Elan* das Auto als »Umweltschwein« und »Mörder«, prophezeite: »Das Auto der Zukunft ist ein Fahrrad.«

Neues Kampffeld war auch die »Frauenfrage«. Bisher hatte die SDAJ den Feminismus als »bürgerliche Theorie« abgelehnt. Broschüren behaupteten: »Während die Feministinnen über gleichberechtigte Verteilung der Hausarbeit palavern, ist die DDR schon einen Schritt weiter. Die Hausarbeit wird abgeschafft. Entsprechend dem neuen Fünfjahrplan werden 128 neue Gaststätten gebaut …« Doch auch wir SDAJler wussten von unseren DDR-Fahrten: In der DDR musste man vor Restaurants Schlange stehen, weil es zu wenige davon gab.

Nun nahm die SDAJ den Feminismus als weitere »progressive Idee« neben dem Marxismus ins Programm.

Ich berichtete für *Elan* über eine Konferenz Hamburger »ErneuerInnen« in einem Jugendzentrum. Worte wie »Erneuerer« waren verboten, das galt als »Sprache des Patriarchats« – alle Personen mussten geschlechtsneutral bezeichnet werden. Das Thema der Konferenz war mit bunten Filzstiften auf ein rosa Tuch gemalt und drohte, mit Klebeband befestigt, über unseren Köpfen: »Alle Männer sind potenzielle Vergewaltiger!«

Das schien mir etwas übertrieben. Vielleicht war es aber auch nur theoretisch gemeint, wie so manches aus unseren marxistischen Lehren, etwa die »zunehmende Verelendung der Arbeiterklasse«, die auf den ersten Blick in der Bundesrepublik auch nicht zu erkennen war. Ich hatte nach Iris weitere Freundinnen gehabt, war beim Sex nicht mehr so unbedarft wie früher, hatte auch schon eine Partnerin nachts auf dem Gehweg gevögelt, als gerade niemand vorbeikam. Doch ich lebte monogam und hätte nie eine Frau berührt ohne ihr Einverständnis. Als Vergewaltiger fühlte ich mich also nicht. Ich hockte mich an den Rand der Runde aus etwa 20 SDAJlerinnen und SDAJlern, neu »SDAJlerInnen«.

»Setz dich in die Mitte«, keifte Tina, in rosa T-Shirt mit Frauenabzeichen.

»Och, ich wollte eigentlich nur für *Elan* einen Artikel schreiben.«

»Du Schwein! Willst dich nicht mit deinem sexistischen Verhalten auseinandersetzen!«

Die anderen Frauen johlten und klatschten.

»Welchem sexistischen Verhalten?«

»Welchem sexistischen Verhalten? Du Macker willst hier das unschuldige Schaf spielen! Alle Männer verhalten sich sexistisch, sind vom Patriarchat geprägt. Deine Frage allein beweist schon, dass du nichts begriffen hast!«

»Viel erlebt und nichts begriffen!«, rief eine andere Frau, zitierte damit einen in dieser Zeit aktuellen Buchtitel aus der Frauenbewegung.

»Du Schwein hast nichts begriffen und sitzt immer noch nicht in der Mitte. Du fängst nicht einmal an, dich mit deinen Problemen zu befassen. Wenn du dich nicht sofort in die Mitte bequemst, machen wir mit dir, was Männer seit Jahrtausenden mit den Frauen machen – wir hauen dir eins auf die Rübe.«

Die Frauen johlten und klatschten wieder, und einige Männer klatschten mit, folgten dem Gruppenzwang. Ich beugte mich. Weigere ich mich, dachte ich, erreiche ich nichts, schon gar nicht einen Artikel für *Elan*. Ich fand die Form der Versammlung albern, das Motiv der Frauen aber ehrenhaft. Tatsächlich verhielten sich viele Männer frauenfeindlich, auch in der SDAJ.

So hockte ich in der Mitte und alle um mich herum, irgendwo zwischen Kinderspiel und Tribunal.

»Alle Männer sind potenzielle Vergewaltiger – gestehe deine Verbrechen«, eröffnete Tina im rosa T-Shirt die Inquisition. Sie führte als eine Art Matriarchin die antipatriarchalische Runde.

»I-i-ich habe noch nie jemanden vergewaltigt, bestimmt nicht«, stotterte ich kleinlaut.

»Lüg hier nicht rum«, schrie mich die feministische Richterin an.

»Der stottert ja, das beweist doch alles«, rief eine andere Frau. »Der soll mal ...«

»Sag uns mal eins«, fiel ihr die Patriarchin ins Wort, an mich gewandt. »Hast du schon einmal eine Frau ins Restaurant eingeladen.«

»Klar«, meinte ich, unsensibel, wie sich herausstellte.

Einige Frauen pfiffen, andere buhten, andere schrien: »Diese Drecksau.«

Die Patriarchin sagte betont sachlich: »Da haben wir es doch. Vergewaltigung ist nicht nur die Penetration wider Willen, wie es die bürgerlichen JuristInnen definieren. Vergewaltigung ist jeder Versuch von Mackern, Zärtlichkeit zu erzwingen. Eine Frau ins Restaurant einzuladen, das ist ein solcher Versuch. Du nutzt deine Macht aus, dein Geld, um bei einer Frau einen guten Eindruck zu schinden. Männer hoffen, dass die Frau anschließend mit ihnen in die Kiste geht. Das ist Prostitution! Und das ist Vergewaltigung!«

»Aber ...«, wollte ich mich verteidigen, schließlich hatte ich bislang selten Frauen ins Restaurant eingeladen und nur mit meinen festen Freundinnen geschlafen, die gelegentlich auch mich einluden. »Halt's Maul«, unterbrach mich die Untersuchungsrichterin. »Gleichberechtigte Beziehungen können nur entstehen, wenn die Zeche fifty-fifty geteilt wird.«

Schüchtern meldete sich ein Junge mit Dreitagebart und langen roten Haaren. »Ich bin völlig einverstanden mit dem, was die anderen Diskutanten und -onkels gesagt haben.« Er schmeichelte sich ein, indem er auch von dem Wort »Diskutant« eine geschlechtsneutrale Form bildete. »Adrian von der *Elan* ist ein Vergewaltiger«, fuhr er fort. »Ich bin dafür, dass wir über seine sofortige Entlassung abstimmen.«

Ein kräftiges Mädchen mit Friedenstaube an der Halskette stand auf. Sie trug ein enges T-Shirt, das ihren großen Busen betonte. Mit dem Finger zeigte sie auf den Disku-Onkel, der sich zum Mitankläger aufgeschwungen hatte: »Der hat mich gestern auf der Fete die ganze Zeit angeglotzt. Er hat mich mit den Augen ausgezogen!« Alle entsetzten sich über den Glotzer, auch ich. Wir zischten und kreischten, eine Frau rief: »Der schaut bestimmt auch Pornofilme, diese Sau!«

Eine andere Frau fuchtelte mit der Hand, sie wirkte, als platze sie gleich vor Wut: »Ich hab's satt! Ich hab's so satt! Wieder müssen wir Frauen die Therapeutinnen spielen für die Männer, ohne dafür bezahlt zu werden! Wie schon seit Jahrtausenden! Lasst uns hier unter uns diskutieren, wie wir uns vor den Männern schützen, vor diesen Vergewaltigern! Und die Typen gehen raus und werden sich erst mal in 'nem Männerplenum über ihre Probleme klar. Warum sollen wir deren Probleme lösen?«

Alle Frauen stimmten zu, riefen im Sprechchor: »Männer raus! Männer raus!« Ich verließ mit den anderen Männern den Raum. Draußen auf der Wiese besprachen wir im »Männerplenum«, warum die Frauen recht hatten. Keiner traute sich, etwas anderes zu sagen.

Ich dachte daran, wie Hund in der DDR mit Sandy umgesprungen war.

Bald sollte ein ernsthafteres Tribunal über mich richten. In *Elan* veröffentlichte ich einen Artikel »Wenn Liebe blind macht«. In meinen letzten Sowjetunion-Geschichten hatte ich die aktuellen Veränderungen begrüßt und weit zurückliegende Verbrechen Stalins angeprangert. Nun aber kritisierte ich unsere Sowjetunion-Berichterstattung der letzten Jahre. »Leonid Iljitsch Breschnew, ein Leben für den Frieden«, hatte *Elan* bei Breschnews Tod 1982 geschrieben. Jetzt zitierte ich in meinem Artikel den sowjetischen Historiker Nikolai Maslow. Der bezeichnete Breschnew als Generalsekretär, der nur die Interessen des Apparats der Parteifunktionäre und Staatsbeamten vertrat: »*Nicht zufällig erhielt der Apparat in der Zeit seiner Führung eine noch nie da gewesene Handlungsfreiheit, aus der Unkontrollierbarkeit und Unverantwortlichkeit erwuchsen. Handlungsfreiheiten, die zur Degeneration dieses Apparats führten, zur moralischen Zersetzung von Teilen dieses Apparates und so weiter.*«

Selbstkritisch betrachtete ich auch meinen Sowjetunion-Artikel aus dem Jahr 1985, in dem ich über die Schüler im Stechschritt in Nowosibirsk getitelt hatte: »Schülerpower in Sibirien«. Jetzt schrieb ich: »Meine damalige Dolmetscherin war mutig, verwies mich vorsichtig auf die zunehmende Atmosphäre der Angst, die demokratische Beteiligung unmöglich machte. Ich ignorierte diesen Hinweis, weil er nicht in mein Weltbild passte.«

Die Betonköpfe empörte nicht nur der Inhalt des Artikels. Das Schlimmste aus ihrer Sicht: Auszüge aus dem Artikel wurden in der *Frankfurter Allgemeinen Zeitung*, dem »Zentralorgan des Großkapitals«, nachgedruckt. Die Schiedskommission des Parteivorstands der DKP forderte mich telefonisch auf, sofort in die Parteizentrale nach Düsseldorf zu kommen. Als diszipliniertes Parteimitglied folgte ich der Vorladung.

Ein großes, langes Haus in der Prinz-Georg-Straße mit dem Charme eines Bundesinstituts für die Lagerung von Vermögensakten, zwei Stahltüren, ein misstrauisch fragender Pförtner – schließlich wurde ich von einem muskulösen jungen Mitarbeiter in einen fensterlosen Raum geführt, ebenfalls mit Stahltür.

Als ich drinnen war, wurde die Stahltür von außen verschlossen. Im Raum warteten bereits fünf Mitglieder der Schiedskommission, durchschnittlich wirkende Männer um die 50, Hund alias Kalle und – Betti. Ich reichte Hund die Hand, er verschränkte seine Arme hinter dem Rücken: »Verrätern gebe ich nicht die Hand.« Die anderen reagierten genauso. Meine ehemalige Billard-Freundin trat auf mich zu, spuckte mir ins Gesicht.

Keiner wies sie zurecht. Sie setzten sich, mit Gesichtern wie bei einer Beerdigung. Ich erinnerte mich an das Tribunal wegen des »Teddy-Klubs«. Aber das war eine Farce gewesen, nun wiederholte es sich als Tragödie. Ein Mitglied der Schiedskommission eröffnete das Verfahren.

»Teile deines Machwerks sind in der bürgerlichen Presse veröffentlicht worden«, sagte der Ankläger. »Damit hast du gegen einen der wichtigsten Grundsätze der Arbeiterbewegung verstoßen, für den Karl Liebknecht und Rosa Luxemburg gefallen sind, für den die Widerstandskämpfer gegen den Faschismus ihr Leben geopfert haben. Der Grundsatz lautet: Geh nie zum Klassenfeind! Genossen haben gelegentlich Bauchschmerzen.« So wurden in der DKP abweichende Meinungen von Parteimitgliedern genannt, als seien es Krankheiten. »Wenn du unter Bauchschmerzen leidest, kann die Partei dir helfen.« Etwas Altväterliches mischte sich in seinen Ton. »An Bauchschmerzen ist noch keiner gestorben.« Unvermittelt schrie er: »Aber es ist Verrat, sich an die bürgerliche Presse zu wenden! Und Verrat wird bestraft!« Hund nickte heftig.

»Ich ha-ha-hab' mich nicht an die bürgerliche Presse gewandt. Ich habe in unserer sozialistischen *Elan* geschrieben. Die bürgerliche Presse hat daraus nur zitiert.«

»Daran sieht man doch, was für einen Dreck du da fabriziert hast!«, schimpfte ein anderes Mitglied der Schiedskommission. »Du hast der Reaktion Munition geliefert! Aber wir wollen dir helfen. Wir wollen dir einen Weg aufzeigen: Du widerrufst, was du in deinem Artikel geschrieben hast. Du widerrufst öffentlich, wir drucken das auch in der Parteizeitung UZ und schicken es sogar an die bürgerliche Presse. Die bringen das nicht, damit entlarven sie sich selbst.«

»Und Gorbatschow, soll der auch widerrufen?«, entgegnete ich trotzig.

»Du hast die Frechheit, dich mit Gorbatschow zu vergleichen?«, schimpfte der Hauptankläger. »Gorbatschow ist der Generalsekretär der Kommunistischen Partei der Sowjetunion. Du bist eine Ratte und Schmeißfliege!« Hund konnte nicht aufhören zu nicken.

Sie drohten mir stundenlang, wiederholten sich. Ich widerrief nicht – und wurde doch nicht exkommuniziert. Die Schiedskommission stand vor einem Dilemma. Ich arbeitete für *Elan*, für die SDAJ. De facto gehörten die zur DKP, de jure aber waren sie unabhängig. Und in der SDAJ unterstützte die Mehrheit die Erneuerer. Als sie mich schließlich nach Hause schickten, die Stahltür aufschlossen und selbst dahinter zurückblieben, sagten sie sich: Wir müssen die SDAJ zurückerobern.

Auf dem Flur packte mich ein Genosse an den Schultern, schüttelte mich und drohte mir: »Wenn du noch einmal die Partei verrätst, schlage ich dich windelweich!« Ich kannte ihn nicht.

Das war kein Einzelfall in jenen Tagen. Der Kampf gegen Kritiker in der Partei erinnerte manchmal an Teufelsaustreibung. Neben *Elan* und SDAJ verabscheuten die Betonköpfe auch die DKP Hamburg, in der die Erneuerer dominierten. Die Hamburger Partei nutzte in ihrer Werbung ein rotes Dreieck als Symbol. Ein Genosse aus dem saarländischen Homburg verließ die Partei, zerriss sein Parteibuch und schickte es an die Zentrale in Düsseldorf. Teilt man ein Rechteck in zwei Teile, ergeben sich zwei Dreiecke. Der Absender auf dem Briefumschlag war undeutlich lesbar, Homburg wirkte wie Hamburg. Ein Mitglied der Schiedskommission sah Geister am Werk, führte das zerrissene Parteibuch Mitarbeitern der Zentrale vor, mit Furcht im Gesicht: »Das Dreieck!«

Wenn orthodoxe Kommunisten nicht mehr weiter wussten, dann schrien sie um Hilfe. So war es 1953, als sowjetische Panzer halfen, den Arbeiteraufstand in der DDR niederzuschlagen. So war es 1956, als sowjetische Truppen die Regierung in Ungarn blutig entmachteten. Und auch 1968 riefen orthodoxe tschechoslowakische Kommunisten die Sowjetarmee um Hilfe, weil sie mit den Reformen ihres eigenen Parteiführers Dubček nicht einverstanden waren.

Im September 1988 schrieben Hund und andere Mitglieder der orthodoxen Minderheit in der SDAJ einen Hilferuf an den Parteivorstand der DKP. Darin hieß es über die angeblich untragbaren Zustände in der SDAJ und bei *Elan*: »*Ungeachtet der gesellschaftlichen Verhältnisse und des gesellschaftlichen Bewusstseins in unserem Land werden Teilaspekte der Politik der Sowjetunion herausgezogen und kommentarlos dargestellt (z. B. in der Elan), nach dem Motto: Der Leser ist ja nicht doof und wird sich schon selbst einen Reim drauf machen … Die DDR spielt in der Sozialismuspropaganda überhaupt keine Rolle mehr. Ihre Erfahrungen beim Aufbau des Sozialismus, der entwickelten sozialistischen Gesellschaft werden nirgends genutzt … In der Realität bedeutet das, dass sich in der SDAJ inzwischen weit verbreitet die Meinung gesetzt hat, dass es ja ganz normal sei, völlig unterschiedliche Positionen zu haben, und man müsse eben mal sehen, welche Position die Mehrheit der Mitglieder habe – außerdem gehe es jetzt darum, auszuprobieren, was richtig sei … Für uns ist ein Punkt erreicht, an dem es ohne das massive Eingreifen der Partei nicht mehr weitergeht.«*

Massiv eingegriffen wurde einige Monaten später auch in der Volksrepublik China. Im Juni 1989 schoss die Volksbefreiungsarmee auf das friedlich demonstrierende Volk. Ich weinte. Drei Jahre zuvor hatte ich China für *Elan* besucht. »*Als die Panzer vorbei waren, da lagen nur Leichen, da blieben nur Tote zurück, und es kamen sofort Soldaten, Polizisten, die Benzin draufgossen und die Leichen sofort verbrannten. So wollten sie die Spuren löschen, damit man nicht zählen und nicht wissen kann, wie viele Menschen ermordet wurden*«, zitierte ich jetzt in *Elan* eine Pekinger Studentin, die von der Nachrichtenagentur AP interviewt worden war. »*Und dann war ein Krankenwagen da. Drinnen saßen viele verletzte Studenten. Die Fahrer waren alle aus Angst weggelaufen. Dann hat ein Student gesagt: Ich kann fahren, ich fahre euch weg. Er ist eingestiegen. Als er gerade anfahren wollte, kam ein Polizist, ein Anti-Gewalt-Polizist, das ist eine Spezialeinheit, und hat erst einmal diesen Fahrer erschossen. Dann kamen weitere Polizisten in den Wagen, haben alle Studenten, die im Wagen saßen, erschossen. Einen vollen Wagen.*«

Knapp zwei Wochen nach dem Massaker von Peking trat in der Gesamtschule Dortmund-Scharnhorst der 10. Bundeskongress der Sozialistischen Deutschen Arbeiterjugend (SDAJ) zusammen. Ich gehörte zu den Delegierten. Alle Fraktionen hatten mobilisiert. Vor der roten Fahne auf der Tribüne kullerten bunte Luftballons. So versuchten die Erneuerer in der Verbandsführung, auch äußerlich von starren Formen abzukehren. Wie immer auf den Kongressen sangen wir »Dem Morgenrot entgegen«, die Hymne der kommunistischen Jugendbewegung. Auch ich stimmte mit ein. Doch nun fand ich grotesk, was wir als Jugendliche aus der reichen Bundesrepublik hier sangen, aufgewachsen in Eigenheimen und Reihenhäusern, mit DAK-Versicherung und BAföG. Der Duft von Patchouli mischte sich mit dem Rauch von Marlboro-Zigaretten:

*Wir haben selbst erfahren*
*Der Arbeit Frongewalt*
*In düstren Kinderjahren*
*Und wurden früh schon alt.*
*Sie hat an unserm Fuß geklirrt,*
*Die Kette, die nur schwerer wird.*
*Wir sind die junge Garde*
*Des Proletariats!*

Bei der letzten Strophe fassten alle ihre Nachbarn an den Händen, wie es Tradition war, zu einer Kette, die den ganzen Saal durchzog:

*Wir reichen euch die Hände,*
*Genossen all zum Bund!*
*Des Kampfes sei kein Ende*
*Eh' nicht in weiter Rund*
*Der Arbeit freies Volk gesiegt*
*Und jeder Feind am Boden liegt.*
*Vorwärts du junge Garde*
*Des Proletariats!*

Fast alle spürten: Der Feind, der bald am Boden liegt, waren die Genossen, denen sie hier feierlich die Hände reichten. Wir hassten uns gegenseitig, wir Erneuerer, von den anderen »Verräter« genannt, und die Bewahrer, von uns als »Betonköpfe« bezeichnet. Hier glichen wir der Kirche, fand ich jetzt: Mit anderen politischen Gruppen konnten wir zusammenarbeiten, doch Ketzer in den eigenen Reihen tolerierten wir nicht.

Herbert Mies, der Vorsitzende der DKP, spielte in seiner Grußrede auf die scharfen Konflikte an. Selbst der alte, dicke Funktionär, der 17 Jahre in der DDR gelebt hatte, feminisierte die Sprache. Mit seiner salbungsvollen, lauten Stimme deklamierte er: »Noch immer haben junge Sozialistinnen und Sozialisten – wenn auch nicht selten sehr schmerzhaft – den richtigen Weg gefunden. Sie haben ihn vor allem dann gefunden, wenn sie erkannt haben, dass dann, wenn sich junge Sozialistinnen und Sozialisten oder junge Kommunistinnen und Kommunisten verfeindet haben, immer ein lachender Dritter und leidtragender Vierter da waren. Die Gegner der Arbeiterjugend und des Sozialismus sind die Lachenden. Die Arbeiterjugend, die ganze Jugend aber sind die Leidtragenden. Über allen Streit, alle Abgrenzungen, auch über unversöhnliche Gegensätze hinweg sollten diese Erkenntnis und gemeinsames politisches Handeln nicht in die Brüche gehen. Auch das erfordert unsere Zeit, bei allen notwendigen Klarstellungen.«

Ich trat an eines der Mikrofone, die im Saal bereitstanden. »Herbert, wir haben gemeinsam, dass wir beide die Volksrepublik China besucht haben«, duzte ich den Parteivorsitzenden, wie unter deutschen Genossen üblich. »Und ich muss sagen, ich bin schockiert und erschüttert über das, was sich in diesen Tagen dort abspielt. Ich habe gerade aus den Nachrichten gehört, dass heute in China acht weitere Todesurteile gegen Jugendliche verhängt worden sind. Ich meine, dass dies uneingeschränkt unsere Solidarität mit den chinesischen Jugendlichen erfordert. Ich meine nicht, dass das das Ende des Sozialismus ist, aber es ist das Ende von vielen bisherigen Sozialismusvorstellungen. Ein Sozialismus ohne volle, uneingeschränkte Demokratie darf nicht mehr möglich sein! Dazu würde ich gern deine Meinung wissen.«

Herbert Mies antwortete: »Zunächst allen Respekt davor, dass die Zeit, da die Älteren die Jüngeren examinieren, endgültig vorbei ist und dass auf einem solchen Kongress sich auch zeigt, und das halte ich für gut, dass junge Sozialisten, junge Kommunistinnen und Kommunisten oder SDAJler den DKP-Vorsitzenden examinieren. Wenngleich ich um Verständnis dafür bitte, dass zu China viel zu sagen wäre, möchte ich als Erstes sagen: Ein sozialistisches Land wie China hat das Recht, seine sozialistischen Errungenschaften zu verteidigen, und zugleich die Pflicht ...«

Unruhe im Saal, Pfiffe.

»... und zugleich die Pflicht gegenüber der internationalen Arbeiterbewegung, mit aller Offenheit seine Schritte zu begründen, damit wir sie richtig und allseitig bewerten können.«

Mit der vorsichtigen Distanz im Schlusssatz äußerte sich der DKP-Vorsitzende differenzierter zum Massaker in China als manche deutsche Unternehmer, die den Terrorschlag gegen die Bürger von Peking rechtfertigten als »notwendig, um Chaos zu verhindern«.

Wie oft, wenn Deutsche konferieren, versank der Meinungsstreit auf dem SDAJ-Kongress in einer Geschäftsordnungs-Debatte. Wir Delegierten konnten uns nicht einigen, worüber wir diskutieren wollten. Sollte die maximale Redezeit fünf oder zehn Minuten betragen? Wollten wir gemeinsam beraten oder in Arbeitsgruppen? Auf Rede folgte Gegenrede. Initiativanträge jagten Grundsatzanträge. Das beschäftigte den Kongress anderthalb Tage.

Nach mehreren Abstimmungen darüber, ob wir abstimmen wollten, entschieden wir uns für eine Abstimmung. Auch bei der ging es nur um eine Formalie, aber eine, die das Kräfteverhältnis auf dem Kongress offenlegen würde. Sollte auf Grundlage von Antrag Nummer 3 diskutiert werden? Diesen Antrag hatten Hund, Betti und andere Anhänger einer harten Linie eingereicht, die Überschrift lautete: »Für die Rückkehr zu einem Jugendverband mit einheitlicher revolutionärer Weltanschauung, ohne buntes Mischmasch von allen möglichen Ideen.« Gegenposition war, die verschiedenen Anträge zu diskutieren, sich nicht von vornherein auf den einen oder anderen zu begrenzen, weil dies die Spaltung der SDAJ bedeutete.

Normalerweise hoben die Delegierten bei Abstimmungen ihre Karten und das Präsidium zählte. Doch vielleicht verzählte sich jemand, vielleicht schummelte das Präsidium? Deshalb schlug einer vor, bei der Frage, ob nur noch Antrag Nummer 3 diskutiert werden sollte, nach dem Hammelsprung-Verfahren abzustimmen: Alle verlassen den Saal; wer mit »Ja« stimmt, kommt zur linken Tür wieder rein; wer mit »Nein« stimmt, kommt zur rechten Tür wieder rein. Zähler, oder wie es bei uns jetzt hieß »ZählerInnen«, kritzeln einen Haken auf die Karten der Delegierten, wenn sie den Saal betreten, damit keiner zweimal abstimmen kann.

Wir debattierten zwei Stunden über dieses Abstimmungsverfahren – und stimmten schließlich genau so ab. Raus aus dem Saal. Rein in den Saal. Wirklich oder vermeintlich schummelte jemand. »Du hast bei dem die Karte nicht abgehakt!« Viel Tohuwabohu.

Schließlich verlas die Sprecherin der Wahlkommission das Ergebnis: »Dafür, auf Grundlage von Antrag Nummer 3 zu diskutieren: 242 Stimmen. Dagegen: 224.«

Die Betonköpfe johlten, klatschten frenetisch, schwenkten Banner mit dem Porträt von Ernst Thälmann, in einer Ecke stimmten sie die »Internationale« an.

Katja Bethge, eine Vertreterin unserer Erneuerer-Fraktion, rannte zum Mikrofon und erklärte, wie wir vorher hinter den Kulissen abgesprochen hatten: »Den Meinungspluralismus und die Eigenständigkeit könnt ihr uns nicht nehmen. Wir sind die halbe SDAJ und mündig. Viele Delegierte und auch ich werden jetzt ausziehen, um uns weiter zu beraten. Hier und so gibt es kein Weiterkommen. In unseren Landesverbänden, Kreisen und Gruppen werden wir so weiterarbeiten, wie wir es für richtig halten. Und ich fordere alle auf, die an diesem Punkt die SDAJ nicht spalten wollen, ebenfalls den Kongress zu verlassen. Damit machen wir den Kongress beschlussunfähig und verhindern so eine Spaltung, die sich sonst aus Wahlen ergäbe, bei denen die Minderheit ausgegrenzt wird.«

Wir Erneuerer verließen den Saal. Mir krümmte sich der Magen. Anderen liefen Tränen über das Gesicht, manche schluchzten laut – sowohl unter denen, die auszogen, als auch unter denen, die drin blieben. Die SDAJ hatte die letzten vierzehn Jahre meines Lebens ausgemacht. Nun brach sie entzwei.

Hund und Genossen freuten sich nicht lange über ihren Sieg. Vier Monate später meldete ihr Brötchengeber Konkurs an – die DDR war am Ende. Im Westen hatten ihn viele gefürchtet, einige wenige hatten auf ihn gehofft. Der »erste sozialistische Staat auf deutschem Boden« outete sich als Papiertiger. Er brach zusammen wie ein Trabi auf Geländefahrt im Urwald.

Der DKP-Vorsitzende Herbert Mies ließ sich krankschreiben, meldete sich per Brief ab mit den Worten: »Was ist der Infarkt eines Menschen gegen den Infarkt des Sozialismus?« Vorher entließ er innerhalb eines Tages alle 700 hauptamtlichen Funktionäre, schloss die Büros der DKP, wie auch der befreundeten Organisationen SDAJ, Marxistischer Studentenbund Spartakus, Junge Pioniere und Deutsche Friedensunion. In den nächsten Wochen stellten linke Verlage wie Pahl-Rugenstein und Plambeck ihre Tätigkeit ein, ebenso die 26 parteinahen Akzent-Buchhandlungen (ehemals collectiv-Buchhandlungen). In ihren besten Zeiten gehörten zum Medienimperium der DKP: 15 Zeitungen und Zeitschriften, 14 Verlage, eine Schallplattenfirma und ein Filmverleih. Die Gelder aus der DDR hatten die DKP und ihr Umfeld größer erscheinen lassen, als sie waren. Jetzt brach uns die finanzielle Abhängigkeit das Genick.

Hund verdiente seinen Lebensunterhalt nun als Taxifahrer. Fernsehsendungen enthüllten das Frontkämpfer-Training der DKP-»Militärorganisation«. Die Staatsanwaltschaft ermittelte auch gegen Hund. Er wurde später zu einer Bewährungsstrafe verurteilt.

Ich entschied mich, in einer Intensiv-Ausbildung Russisch zu lernen am Institut für russische Sprache in Bochum, genannt Russikum. Mich faszinierte, wie sich die Sowjetunion mit der Perestroika veränderte. Ich hatte Kontakte dort. Vielleicht konnte ich mich in Moskau niederlassen und von dort als Journalist berichten, damit beitragen zu dem großen neuen Aufbruch.

In jeder Welt herrschen eigene Gebote, am Russikum lautete eines: Nur Russisch sprechen! Die Lehrer unterrichteten in Russisch, duldeten nach den ersten Wochen keine deutschen Fragen mehr. Auch in den Pausen mit Kaffee und Marmorkuchen durften wir uns nur auf Russisch unterhalten.

Urige Gestalten kamen am Russikum zusammen. Fernsehkorrespondenten und Diplomaten bereiteten sich auf ihre zukünftige Aufgabe vor. Slawistik-Studentinnen suchten Praxis. Enthüllungsreporter wollten sich bei der Mafia einschleichen und Glücksritter Hufeisen aus der Sowjetunion importieren. Manche studierten einen Monat, andere ein halbes Jahr. Theoretische Hintergründe und Literatur wurden ausgeklammert, es ging um Sprechen, Sprechen und Sprechen.

Auf Russisch plauderte ich deshalb mit Friederike von Wolfenburg. Sie war eine schlanke, große Frau mit langen blonden Haaren, studierte Betriebswirtschaft, wirkte in ihren verwaschenen Jeans und ohne Schminke aber eher wie eine Geisteswissenschaftlerin. Ihr Studium setzte sie aus, um Russisch zu lernen, erst hier und dann an einer Hochschule in Moskau. Davon versprach sie sich für später eine Karriere im Büro eines deutschen Unternehmens in Russland. Friederike und mich verband der Traum, bei nächster Gelegenheit nach Moskau zu gehen.

Ich bekam einen Brief von Ira aus Rostow, der frechen Schülerin, die ich in *Elan* als das Gesicht der Perestroika bejubelt hatte. Sie studierte inzwischen an einer Pädagogischen Hochschule, schrieb in Englisch, da sie nichts von meinen Fortschritten in Russisch wusste.

*»Kürzlich war in Moskau ein großes Rockfestival. Ich war dort! Die Scorpions traten auf. Es war toll. Es waren noch andere Stars dabei, Bon Jovi, Ozzy, Aerosmith. Ich mag sie alle. In meinem Leben gibt es sonst keine großen Neuigkeiten. Hoffe, du kommst mal wieder in die UdSSR. Ich möchte auch gern in dein Land reisen und dort die Städte sehen und die Menschen kennenlernen. Mit den besten Wünschen, alles Liebe aus der UdSSR!*

*Ira*

*P.S.: Meine Mami sagt ›Hallo‹ zur dir. Bitte entschuldige meine Fehler.«*

Bei der Buchmesse in Frankfurt sah ich mich an den Ständen sowjetischer Verlage um. Ich hörte, der Moskauer Progress-Verlag veröffentliche Bücher in fast allen Sprachen der Erde, auch auf Deutsch. Konnte ich solche Bücher lektorieren? »Schwierig«, meinte der Leiter des deutschen Lektorats. »Das haben bisher nur Leute aus der DDR gemacht. Außerdem sind alle Stellen besetzt. Aber Sie können mal unseren Verlagsdirektor fragen – wenn Sie an ihn rankommen.«

Der saß im Hinterzimmer des Stands von Progress und trank grusinischen Cognac. »Natürlich können Sie bei uns arbeiten, Gospodin Geiges. Wir kennen doch Ihre Reportagen aus der *Elan*, wollten sie sogar schon als Buch veröffentlichen.« Per Handschlag vereinbarten wir Arbeitsbeginn im Januar 1990, also in wenigen Wochen.

Am 9. November fiel in Berlin die Mauer. Wenige Tage später fuhr ich mit dem Zug nach Karl-Marx-Stadt. Ich wollte Sandy finden.

Im Zug herrschte euphorische Stimmung. Ich freute mich mit den Menschen, die nun frei reisen durften. Was sie auf Sächsisch lallten, war schwer zu verstehen, aber so viel wurde klar: Sie kämpften nicht für einen besseren Sozialismus – sie wollten DM und Mercedes. Aus »Wir sind das Volk« war sehr schnell »Deutschland, einig Vaterland« geworden. Da setzte ich lieber weiter auf die Sowjetunion. Dort sprach Gorbatschow von einem neuen Sozialismus mit menschlichem Antlitz.

In Karl-Marx-Stadt suchte ich das Hotel »Kongress«, das mir empfohlen worden war. »Wo geht es ins Stadtzentrum?«, fragte ich einen Volkspolizisten. »Sie sind bereits da!«, antwortete er. Die Antwort verblüffte mich, denn ich dachte, ich sei auf einem Parkplatz in der Vorstadt. Zwischen den Häusern klafften Lücken, die noch nicht mal als Park genutzt wurden. Später erfuhr ich: Dies war eines der großen Probleme von Karl-Marx-Stadt, das bald wieder seinen ursprünglichen Namen Chemnitz erhalten sollte. Die Stadt nutzte die beschränkten Mittel, um das Wohnungsbauprogramm der DDR zu verwirklichen. Für die Entwicklung einer pulsierenden City blieb kein Geld mehr.

Obwohl wir keine Adressen austauschen durften, hatte mir Sandy an der Jugendhochschule eine gegeben. Sie hatte damals in der Salvador-Allende-Straße gewohnt, wie viele DDR-Bürger besaß sie keinen Telefonanschluss. Der Taxifahrer, der mich jetzt dorthin fuhr, erzählte, diese Straße liege im »Fritz-Heckert-Gebiet«. Fritz Heckert war mir ein Begriff, ein Bauarbeiter und Revolutionär (1884–1936), das »revolutionäre Vorbild«, um dessen Namen Sandys FDJ-Seminar gekämpft hatte, so, wie wir um den Namen Ernst Thälmanns. Mein Herz schlug höher: Lebt Sandy noch dort? Werde ich sie in wenigen Minuten sehen? In der DDR war es nicht leicht, eine neue Wohnung zu finden. Und das Fritz-Heckert-Gebiet gehörte zu den Plattenbausiedlungen, die die DDR in den 70er Jahren mit großem Propagandagetöse errichtet hatte. Anders als die Hälfte der Wohnungen in Karl-Marx-Stadt sonst verfügten diese dort über Bad und Dusche. Sandy wird ein solches Heim nicht aufgegeben haben. Ich hoffte immer mehr.

Als ich vor dem rot angestrichenen elfstöckigen Plattenbau ausstieg, stürmte ich sofort auf die vielen Klingeln mit den Namensschildern zu. Ich war nervös, blickte hin und her statt von oben nach unten oder von links nach rechts. Doch dann sah ich ihn – Sandys Familiennamen.

Die Wohnung lag im neunten Stock. Der Lift war kaputt oder es gab gar keinen, daran kann ich mich nicht mehr erinnern. Ich stürzte die Treppen nach oben. Schließlich hatte ich fast zehn Jahre auf diesen Moment gewartet.

Oben angekommen, öffnete eine ältere Frau mit dicken nackten Beinen, die unter einem geblümten Bademantel hervorschauten.

»Guten Tag, ist Sandy zu Hause?«, fragte ich, völlig außer Atem.

»Verduften Sie!« schimpfte die Frau mit sächsischem Akzent. Sie wollte wieder zumachen.

Ich war damals noch keiner, der Türen eintrat. Doch dies war mir zu wichtig, ich reagierte schnell genug, um meinen Fuß dazwischenzuschieben.

»Ich bin ein Studienkollege von der Jugendhochschule. Ich bin jetzt aus Dortmund angereist«, keuchte ich.

»Und was wollen Sie hier?«

»Sie wohnt doch hier? Sie hat mir diese Adresse gegeben.«

»In welchem Jahrhundert war das denn? Seit der Scheidung unterhalten wir keinen Kontakt mehr zu der Schnepfe!«

»Aber haben Sie eine Idee, wohin …«

»Die ist doch mit dem Russen durchgebrannt.«

Ich brauchte einige Sekunden, bis ich verstand. Offensichtlich sprach ich mit Sandys ehemaliger Schwiegermutter. Sie hatte sich von ihrem damaligen Mann getrennt, was mich eigentlich nicht überraschen sollte nach allem, was ich wusste. Und anschließend war sie mit einem Russen zusammen.

»Und wohin sind sie gezogen?«, fragte ich endlich.

»Na, zum Iwan. Hier konnte sie sich ja nicht mehr blicken lassen.«

Unvermittelt hob die Ex-Schwiegermutter ihr dickes rechtes Bein, wie ein Hund, der Pipi machen will, und trat mir auf den Fuß. Ich zog ihn zurück, schrie vor Schmerz. Sie knallte die Tür zu.

Hartnäckig, wie ich bin, klingelte ich noch ein paar Mal an diesem Nachmittag, doch es wurde nicht mehr geöffnet. Mit gemischten Gefühlen zog ich ab. Sandy lebte angeblich in der Sowjetunion. Die war deutlich größer als Karl-Marx-Stadt. Andererseits kannten sich Deutsche dort vielleicht untereinander. Und ich wollte ja sowieso nach Moskau, studierte bereits die Landessprache, hatte sogar schon eine Stelle dort. Ich sah in all dem eine Fügung des Schicksals.

Da man dem Schicksal oft nachhelfen muss, begann ich zu telefonieren und Briefe zu schreiben, um andere Jugendhochschulkollegen aufzuspüren. Über sie suchte ich nach weiteren Anhaltspunkten zum Verbleib von Sandy. Vielleicht kannte sogar jemand ihre sowjetische Adresse? Und warum sagte die Schwiegermutter, Sandy könne sich in Karl-Marx-Stadt nicht mehr sehen lassen?

# Wie ich zu Gorbatschow auswanderte

Am 10. Januar 1990 bezog ich ein Apartment in der Stadt, von der ich sicher war, dass hier die Signale für die Zukunft ausgesandt wurden, wieder einmal: Moskau, *uliza akademika Anochina, dom 30, korpus 4, wchod 3, 12. etasch, kwartira 809,* Straße des Akademikers Anochina, Haus 30, Gebäude 4, Eingang 3, 12. Etage, Wohnung 809. Unter dieser Adresse überließ mir der Progress-Verlag eine Dienstwohnung. In Moskau meinte »Haus« einen ganzen Block von Hochhäusern, die meist nicht einmal in einer Reihe standen, sondern im Kreis. Jedes Gebäude dieses »Hauses« trug eine separate Nummer. Was in den meisten anderen Ländern als Hausnummer zählen würde, bezeichnete in Moskau nur einen von mehreren Eingängen dieses Gebäudes. Das führte zu langen Adressen mit vielen Nummern, *koordinati,* Koordinaten, wie die Russen sagen, und hatte einen Nachteil: Man suchte lange nach den Häusern, genauer gesagt Gebäuden, genauer gesagt Eingängen.

Auch die Perestroika, die Umgestaltung in der Sowjetunion, war ein langer Prozess. Dieses Haus in der Straße des Akademikers Anochina zeigte beispielhaft, dass noch viel zu leisten war. Gebaut war es aus Platten im Stil der Breschnew-Ära, wie einheitlich zwischen Wladiwostok und Marzahn, weiß bemalt mit blauen Streifen, der Putz blätterte, Risse hatten Spinnennetze hineingezogen, die sich über mehrere Etagen erstreckten; die Geländer der Balkone waren aus Wellblech; um die Holztür am Eingang des Gebäudes zu öffnen, musste man einen Code eintippen, ein vergesslicher Hausbewohner hatte die geheimen Ziffern mit Kugelschreiber auf den Kasten geschrieben. Eine Betontreppe führte an der *deschurnaja* vorbei, der »Diensthabenden«, einer 70-jährigen Concierge sowjetischen Typs, sie wachte über sozialistische Sicherheit und Sauberkeit, nicht aber über Sauberkeit im Sinn von Hygiene. Im Lift stank es nach Urin. Nach verfaulten Äpfeln, totem Fisch und lebenden Ratten roch es aus grünen Müllschluckern auf den Etagen, in denen alle Abfälle nach dem Plumpsklo-Prinzip durch einen Schacht in die Tiefe stürzten.

Die Zwei-Zimmer-Wohnung sah nicht schön aus mit ihrem Linoleumboden und der grünen Blumentapete. Aber sie war möbliert, sogar ein Schwarz-Weiß-Fernseher mit unscharfem Bild gehörte dazu. Und sie war preisgünstig. Entsprechend dem Umrechnungskurs am Ende der Sowjetunion betrug die Miete zehn amerikanische Cent im Monat – warm! Ich war rundum zufrieden. Ich lebte nun wie ein echter Sowjetbürger, was für Ausländer ansonsten in dieser Zeit fast unmöglich war, sie wohnten abgeschottet in Ausländergettos mit Milizionär vor der Tür.

Die sowjetische Einheitsbauweise hatte, wie ich später erfahren sollte, auch Vorteile. Während es die gleich aussehenden Häuser erschwerten, jenes zu finden, das man suchte, so erleichterten sie es wiederum, sich innerhalb der Wohnungen zurechtzufinden – die sahen nämlich alle gleich aus. Man musste nicht peinlich fragen wie in anderen Ländern, etwa: »Entschuldigen Sie, wo befindet sich die Toilette?« Der Architekt, der den Schnitt für meine Wohnung entworfen hatte, hatte es gleich für ein Sechstel der Erde mit übernommen.

Ich arbeitete nun bei Progress, dem damals größten Verlag der Erde. Allerdings verstand ich die Begriffe »Größe« und »Arbeit« bald auf sowjetische Weise.

Der Progress-Verlag galt als der weltweit größte, weil er 1500 Mitarbeiter beschäftigte. Auch veröffentlichte er Bücher in mehr als 100 Sprachen. Schon vor anderen Medienunternehmen setzte Progress auf Diversifikation. So lieferte das Haus Verpackungspapier für indische Fischmärkte. Im Nachhinein kann man aber fragen, ob es sinnvoll war, dieses Papier erst zwischen Buchdeckel zu pressen, mit den gesammelten Reden Breschnews zu bedrucken und diese in Hindi zu übersetzen.

Die große Mitarbeiterzahl hing auch damit zusammen, dass Progress die Zwei-Tage-Arbeitswoche einführte, lange bevor westliche Gewerkschaften die 35-Stunden-Woche forderten. Die anderen drei Tage wurden »Bibliothekstage« genannt, das hieß, die Mitarbeiter verbrachten sie in Schlangen vor Lebensmittelgeschäften.

Mein Job bestand darin, Fehler zu korrigieren in Übersetzungen russischer Texte ins Deutsche. Die Fehler rührten von einer nicht ganz effektiven, aber politisch korrekten Arbeitsweise her. Bei Progress übersetzten nicht, wie sonst üblich, Muttersprachler in die Sprachen, in denen die Bücher erschienen, etwa Arabisch oder Deutsch. Denn solche Muttersprachler waren keine Sowjetbürger und damit politisch unzuverlässig. Deshalb übersetzten Russen in die Fremdsprache und »Stillektoren« wie ich merzten die Fehler aus. Damit alles seinen sozialistischen Gang ging, waren dahinter aber noch einmal russische, politisch zuverlässige »Korrekturlektoren« geschaltet, die die Fehler wieder einfügten. Etwa zehn Lektoren arbeiteten so ein halbes Jahr an einem Buch.

In der Bundesrepublik hatte ich für humane Arbeitsbedingungen gekämpft, gegen Stress und Monotonie. Von Stress waren die Mitarbeiter im sozialistischen Progress-Verlag weitgehend befreit. Eine gewisse Monotonie ließ sich jedoch nicht leugnen. Die begann schon, wenn ich morgens zum Dienst erschien, so um zehn oder halb elf, genau nahm man es damit nicht. Ich begrüßte den russischen Leiter des deutschen Lektorats jedes Mal mit »*kak djelo?*«, wörtlich »wie (gehen die) Dinge?« Der antwortete immer: »*Djelo idut, kontori pischut*«, »die Dinge gehen, die Kontore schreiben«. Russen neigen zu Übertreibungen. Die Dinge gingen nämlich gerade nicht und in den Kontoren schrieb niemand. Korrekt beantwortete der Lektoratsleiter meine zweite Frage: »Welche Arbeit liegt an?« – »Bisher noch keine. Warte ein bisschen, vielleicht kommt am Nachmittag etwas rein.« Die russischen Übersetzer, »Oberlektoren«, »Hauptlektoren«, »Korrekturlektoren« und »Hilfslektoren« beeilten sich nicht.

Sollte ich hier neuen Schwung hineinbringen? Als der ehemalige Kommunist und Verfechter einer »befreiten Arbeit«? Als der Deutsche, wo Deutsche doch die Arbeit brauchen wie die Luft zum Atmen? Ich wollte etwas leisten, wusste aber nicht, wo ich ansetzen sollte. Erneut fühlte ich mich bestätigt. Die Perestroika ist ein langer Prozess. Lethargie, Schlendrian und Zynismus saßen tief. Der Sinn dieser Arbeit im Progress-Verlag war nur schwer zu ergründen. Vor allem aber wurde sie so gut wie nicht bezahlt. Ich verdiente umgerechnet acht Dollar im Monat und gehörte damit zur höchsten Gehaltsklasse. Die Gehälter waren nicht geheim. Sie wurden in bar ausgehändigt, die Buchhalterin zählte die Scheine ab vor einer Schlange, in der sich alle Mitarbeiter anstellten. Ich lernte den realen Grundsatz des realen Sozialismus kennen: Die tun so, als würden sie uns bezahlen – und wir tun so, als würden wir arbeiten.

Ich setzte mich also zu den russischen Kollegen und trank Tee. Bald war auch schon wieder Zeit, sich in der Kantine für das Mittagessen anzustellen. Bis man die Kasse erreichte, dauerte es etwa zwei Stunden, weshalb die Abteilung immer zwei Leute vorschickte. Leider machten das die Abteilungen für Bücher auf Französisch, Japanisch und Suaheli auch so, weshalb 500 Leute vor einem warteten und nicht nur die 50, die man sah. Nachmittags »kamen« dann gelegentlich ein paar Seiten zum Redigieren, manchmal auch nicht.

Das gab mir Zeit, mich um einen Gast zu kümmern, der in meiner zweiten Moskauer Woche eintraf: Ira, die freche ehemalige Schülerin aus Rostow am Don. An sich hatte ich auf dieses Treffen lange gehofft, doch nun fiel es in eine ungünstige Zeit. Ich war noch erschüttert vom Zusammenbruch der kommunistischen Bewegung in Deutschland und verwirrt durch die feministischen Einflüsse. Auch träumte ich von Sandy.

Kurz dachte ich darüber nach, wie ich Ira triumphal empfangen konnte, besann mich dann aber auf meine Prinzipien. Ich wollte leben wie ein normaler Sowjetmensch, nicht wie ein privilegierter Ausländer.

Als ich sie am Flughafen Wnukowo abholte, überreichte ich ihr eine rote Rose statt eines Straußes – das konnte sie gerade noch akzeptieren. Doch dann quetschte ich mich mit ihr in einen überfüllten Linienbus, obwohl Taxis in dieser Zeit in Russland vergleichsweise günstig waren. Ich bestürmte sie mit Fragen nach den Perestroika-Umwälzungen am stillen Don, sie reagierte genervt: »Ich interessiere mich nicht für Politik.« Mein Fernseher mit verschwommenem Schwarz-Weiß-Bild und die von Kakerlaken besetzte Küche entsprachen nicht ihren Vorstellungen vom Wohnstandard eines Ausländers, ihre abschätzigen Blicke verrieten dies. Statt sie abends in ein Restaurant zu Kaviar und Champagner auszuführen, bot ich ihr eingefrorenes Hühnerfleisch aus der Dose an, das Einzige, was im Geschäft zu kaufen war. Öffner dazu gab es allerdings in ganz Moskau nicht, und schon gar nicht in meiner Wohnung. So musste schließlich spät nachts Iras Bruder, der auch in Moskau lebte, mit Frau und Öffner vorbeikommen. Ich wunderte mich, warum ihr Bruder mich fragte, wann ich seine Schwester heiraten würde. Um einen Skandal zu vermeiden, tat ich so, als würde ich nichts verstehen.

Ich überließ Ira das Bett und legte mich im Wohnzimmer aufs Sofa. Ich wälzte mich, dachte: Nur eine dünne sowjetische Wand trennt mich von der kecken Ira, die ich in *Elan* als das schöne Gesicht der Perestroika beschrieben hatte. Sie war klein wie die aufmüpfige Schülerin von damals, aber mittlerweile volljährig. Sie hatte mich, bevor wir schlafen gingen, angegrinst, mir zu verstehen gegeben: Sie war zu allem bereit. Und das trotz des wenig romantischen Empfangs. Sollte ich zu ihr hinübergehen? Doch was, fragte ich mich, würden die feministischen Frauenrunden dazu sagen? War das gleichberechtigte Liebe, wie ich sie in der *Elan* beschrieben hatte? Suchte Ira nicht einfach einen wohlhabenden Mann aus dem Westen, was ich als Linker verurteilen musste? Außerdem fühlte ich mich Sandy zur Treue verpflichtet. Ich wusste, das war albern: Unsere rein platonische Beziehung lag zehn Jahre zurück. Sandy konnte nicht behaupten, jemals wegen mir auf Sex mit anderen verzichtet zu haben, sie hatte es sogar vor meinen Augen getrieben. Es war völlig ungewiss, ob ich sie je wieder sehen würde. Aber vielleicht lebte sie in Moskau, nicht weit von mir? Es gab eine Chance. Würde ich Sandy nicht betrügen, wenn ich mit Ira schlief?

Wahrscheinlich wälzte sich auch Ira im Bett, vielleicht dachte sie: Der kommt die ganze Nacht nicht vorbei! Zwar habe ich ihn als Kavalier schon abgeschrieben. Aber er ist ein Ausländer, ich habe seinetwegen einen Flug von Rostow nach Moskau bezahlt. Und ich liebe das Leben, habe viel Spaß gehabt beim Sex mit meinen Kumpels aus der Heavy-Metal-Szene, er sollte mein erster Ausländer sein. Die sind phänomenal im Bett, habe ich gehört. Aber dieser Schlappschwanz versucht es nicht einmal!

Ira tapezierte die bilderlose Wohnung mit Postern der Scorpions, von Guns N' Roses und Def Leppard. Ansonsten lag sie 14 Tage auf dem Bett und rauchte. Schließlich fragte sie mich, ob ich es ihr übel nähme, wenn sie die Freundin eines anderen Ausländers würde, und ob ich ihr einen solchen vermitteln könne? Nach zwei Wochen nahm sie die deutschen Münzen, die ich auf den Tisch gelegt hatte, um meinen Geldbeutel zu entleeren, bedankte sich freundlich und zog aus. Sie heiratete später einen Lastwagenfahrer aus der englischen Grafschaft Essex, den sie über eine Partnervermittlung kennengelernt hatte.

Während sich der Westen und ich für Gorbatschow begeisterten, zügelten die Menschen in der Sowjetunion ihren Überschwang, auch meine Kollegen beim Progress-Verlag. Gorbatschows Glasnost, Offenheit, brachte Keime von Pressefreiheit, über die Verbrechen Stalins oder die Mafia durfte geschrieben werden. Gorbatschow entließ die DDR und die Völker Osteuropas in die Freiheit. Doch innerhalb der Sowjetunion reformierte er das marode sozialistische Wirtschaftssystem kaum, wenige halbherzige Schritte verschlimmerten das Leben sogar. Es funktionierte nichts mehr.

Die Lebensmittelgeschäfte gehörten ausnahmslos dem Staat. Sie sahen aus, als seien sie für eine antikommunistische Satire eingerichtet beziehungsweise gerade nicht eingerichtet worden. Die riesigen, schmucklosen Hallen standen leer. An manchen Tagen lagen zwei bis drei Waren verstreut in einem der Regale, ein paar Dosen Fisch oder eine Packung mit Haferflocken. Nur selten kam etwas Essbares herein, eine Sorte Schwarzbrot, *smetana*, saure Sahne, oder *pelmeni*, mit Fleisch gefüllte Teigklößchen. Dann bildeten sich Schlangen, manchmal mehr als hundert Meter lang, so dass sie sich in Spiralen durch den Laden quetschten. Manchmal wartete man Stunden in der Schlange, manchmal Tage! Die Schlangen entwickelten dafür eine Selbstorganisation, einige Wartende ergriffen die Initiative, legten Listen an, alle ein, zwei Stunden musste man dann vorbeikommen und sich melden, um den Platz in der Schlange nicht zu verlieren. Nicht immer ging es so organisiert zu, immer öfter prügelten sich entnervte Kunden um ihren Platz. Auch ich reihte mich in die Schlangen ein, getreu meinem Prinzip, ich wolle wie ein Sowjetmensch leben. Ich mied die *berjoskas,* wörtlich »Birklein«, die Intershops, in denen Ausländer für Devisen einkauften. Stundenlang für Milch, Brot oder einen Schreibblock anstehend, erwarb ich mir ein Gut fürs Leben: Geduld.

Meine russischen Kollegen spotteten sicherlich über mich, wenn ich gerade nicht mit ihnen in der Teerunde saß, und über Gorbatschow, wenn ich mit ihnen trank: Perestroika, der Umbau der Gesellschaft, gleiche der schrittweisen Einführung des Linksverkehrs auf den Straßen – wir fangen mit den Lastwagen an. Zynisch reagierten die Leute auf Gorbatschows Pathos, die Perestroika bringe *bolsche sozialisma,* mehr Sozialismus. Alle stöhnten: »Was? Noch mehr?«

Die Mangelwaren verschwanden durch den *tschjornij chod,* den »schwarzen Eingang«, *po blatu,* über Beziehungen. Jeder riss an sich, was er bekommen konnte, und tauschte es bei Bekannten gegen andere Waren ein. Die Regierung rationierte Grundnahrungsmittel, zum Beispiel Wodka. Auch ich bekam als sowjetischer Werktätiger *talonij,* Kupons auf Papier, so dünn, dass es mir schien, ich müsse sie nutzen, bevor sie sich in Luft auflösten. Mir stand eine Flasche Wodka pro Monat zu. Nun reichten mir aber die Wodka-Rationen aus, die ich als Gast bei russischen Freunden und Kollegen zwangsweise zu trinken bekam. Lieber hätte ich mal wieder eine Flasche Wein getrunken, den gab es in den Läden aber nicht zu kaufen. Mit einem Arbeitskollegen löste ich das Problem auf sowjetische Weise. Über einen Bekannten, der bei der Eisenbahn beschäftigt war, bekam er Weißwein aus Georgien. Er trank aber lieber Wodka. Der Kollege und ich entschieden uns zum Tausch.

Das war leichter gesagt als getan. Nachdem ich zwei Stunden in der Wodka-Schlange angestanden hatte und meinen Kupon vorzeigte, eröffnete mir die Verkäuferin, dass ich außerdem eine leere Flasche Wodka als Pfand abgeben müsste. Da ich noch keine besaß, kaufte ich eine leere Flasche auf dem Schwarzmarkt – zu einem Preis, höher als für die volle im staatlichen Laden. Damit stellte ich mich wieder in der Schlange an …

Mittlerweile war auch Friederike von Wolfenburg, meine Studienkollegin vom Russikum, in Moskau eingetroffen. Das Moskauer Institut für Eisenbahntransportingenieure bot Sprachkurse für Ausländer an, dort lernte sie weiter. Im Studentenwohnheim widersprach viel ihren westdeutschen Gewohnheiten: Aus der Dusche, die sie mit 30 Mitstudentinnen teilte, rann meist nur kaltes Wasser;

die Wohnheimtür wurde um 23 Uhr verschlossen, wer bis dahin nicht zu Hause war, musste draußen bleiben; die sowjetischen Mitstudenten warfen verschimmeltes Brot und Apfelreste aus dem Fenster, weshalb vor Friederikes Zimmer im ersten Stock eine Müllhalde vor sich hinstank.

Friederike sagte, sie brauche meine Geduld und meinen Humor, um den Alltag des Sozialismus zu bewältigen.

Über die deutsche Botschaft in Moskau suchte ich nach Sandy, fragte andere Deutsche nach ihr. Niemand hatte je von ihr gehört.

Während in meinem Bett in jener Zeit eher wenig passierte, steuerte ich beruflich auf einen Höhepunkt zu. Die feministische Zeitschrift *Eva* beauftragte mich, eine Reihe über Sexualität in der Sowjetunion zu schreiben: »Auf den Spuren von Alexandra Kollontai«. Die Redakteurinnen von *Eva* hatte ich kennengelernt, als *Elan* die Anti-Porno-Aktionen des feministischen Schwesterblatts unterstützte. Das Thema aus der Sowjetunion schlug ich selbst der Redaktion vor. Es war nicht leicht zu realisieren. »*U nas w strane seksa njet!*«, »In unserem Land gibt es keinen Sex«, hatte kurz zuvor eine sowjetische Teilnehmerin in einer »Fernsehbrücke USA–UdSSR« behauptet, als eine Amerikanerin nach Verhütungsmitteln und Aufklärung fragte. Linke und Feministinnen im Westen verehrten Alexandra Kollontai, eine Kampfgefährtin Lenins, als Vorkämpferin der freien Liebe und der Frauenemanzipation. Die meisten Leute in Moskau hingegen kannten sie nur in ihrer Eigenschaft als erste Botschafterin der Sowjetunion im Ausland.

Bei meinen Interview-Anfragen hagelte es Absagen. »Sex ist nicht das wichtigste Thema der Perestroika«, schrieben Bürokraten. Vielerorts musste ich zunächst einen Fragenkatalog einreichen. Als ein Parteisekretär darin Begriffe wie »Orgasmus« und »Kondom« las, sagte er: »Das geht nicht! – Das ist unmoralisch! – Solche Fragen sind in der Sowjetunion noch nie gestellt worden! – Das würde ich nicht einmal meine erwachsene Tochter fragen!« Doch ich bohrte hartnäckig und die Sowjetunion war im Umbruch.

Schließlich interviewte ich Jugendliche, Ärzte, Wissenschaftler und Frauenrechtlerinnen.

Eine Erkenntnis: Viele Paare in der Sowjetunion verhüteten anders als sonstwo auf der Welt, nicht mit Kondom, Pille oder Spirale. An solchen Verhütungsmitteln mangelte es zum einen, zum anderen wurde über ihren Gebrauch nicht aufgeklärt. Zum »Verhütungsmittel« Nummer eins wurde deshalb – die Abtreibung. Die Frauen, die ich befragte, hatten vier- bis fünfmal abgetrieben, manche mehr als zehnmal.

In einer Moskauer Klinik sah ich diese bittere Seite des sowjetischen Alltags. Für eine Reportage begleitete ich die 28-jährige Irina zu ihrer siebten Abtreibung. Als sie den Operationssaal betrat, lagen dort noch zwei andere Frauen. Auf dem Boden floss Blut. Ich war schockiert. Für Irina war es Routine, »andere Verhütungsmethoden sind auch nicht ungefährlich«, meinte sie. Sie legte sich auf den Operationstisch, machte die Beine breit. Die Ärztin begrüßte Irina nicht, sondern machte sich sofort ans Werk. Sie schabte den Fötus aus, ohne Irina zu betäuben. Irina schrie. Die Ärztin fauchte sie an: »Halt's Maul! Du hättest vorher aufpassen können!«

Abtreibungen ohne Betäubung waren üblich in der Sowjetunion. Nicht nur, weil es an Narkosemitteln mangelte. Sondern auch, weil die Schmerzen der Abtreibung als »gerechte Strafe für unmoralischen Sex« galten.

Abgetrieben wurde wie am Fließband. Nach acht Minuten schob eine Krankenschwester Irinas Bett aus dem Operationssaal. Es warteten bereits zwei neue Frauen. Irina ruhte zwei Stunden im Krankenhaus, fuhr dann mit dem Taxi nach Hause. Ihr Mann holte sie nicht ab, »es ist ja schon die siebte Abtreibung und nichts Besonderes«. Stattdessen begleitete ich sie, um für die Reportage auch bei ihr zu Hause Eindrücke zu sammeln. Ihr Mann war noch nicht heimgekehrt und meldete sich am Abend nicht einmal telefonisch. Irina versuchte vergeblich, ihn zu erreichen.

»Ist das die Befreiung der Frau durch den Sozialismus, für die wir gekämpft haben?«, fragte ich mich.

Bereits bekannt war mir der in dieser Zeit noch gültige Artikel 121 des Strafgesetzbuchs, nach dem »Geschlechtsbeziehungen zwischen Männern mit Freiheitsentzug bis zu fünf Jahren bestraft« wurden, was mich empörte. Über eine Mittelsfrau fand ich einen verfolgten Schwulen und traf ihn in dessen Wohnung. Als ich nach dem Interview meinen Block einpackte und aufstand, fragte der Schwule enttäuscht die Mittelsfrau: »Ich dachte, du lässt ihn mir für die Nacht.«

Für die Reportage-Reihe flog ich auch nach Estland, damals eine Sowjetrepublik, in der die Perestroika besonders viel verändert hatte. Ich hoffte, Vertreterinnen einer radikalen Frauenbewegung kennenzulernen. Stattdessen traf ich estnische Nationalisten, die sagten, die Frau solle an den Herd heimkehren und viele kleine Esten gebären.

Beim Kaffee im Hotel in der Hauptstadt Tallinn setzten sich zwei Prostituierte zu mir an den Tisch, Gastarbeiterinnen aus dem russischen Swerdlowsk (das mittlerweile wieder seinen ursprünglichen Namen Jekaterinburg trägt). Sie ließen sich von mir interviewen, feixten aber: »Wir können dir mehr bieten als nur ein Interview!« Mascha, die eine, war dicklich und schob den Busen vor sich her wie ein Pornostar. Mir gefiel die andere besser, Katja, schlank und mit lüsternem Blick.

Wir redeten aneinander vorbei. Ich schimpfte: »Die Prostitution versklavt die Frau, der Mann ergreift mittels Geld alle Macht über sie.«

Mascha erklärte, als Devisenprostituierte gehöre sie zu den Privilegierten in der Sowjetunion: »Ich kaufe Klamotten und Zigaretten, die sich kein anderer leisten kann, bekomme den besten Platz im Restaurant, während die anderen davor Schlange stehen.«

Ich wollte hören, wie die Armut sie in die Prostitution getrieben hat. Mascha sagte: »Ich habe von jung auf gespürt, dass ich Männer anziehe. Daraus wollte ich mehr machen. Für mich ist das ein Beruf wie jeder andere.«

Ich entwarf meine Vision von einer revolutionären Frauenbewegung, die auch die Sowjetunion befreien werde. Katja fragte: »Frauenbewegung mit welchem Ziel? Sex?« Sie hätten bereits einen illegalen Klub der Prostituierten gegründet, in dem sie sich über die besten Tricks bei Männern und über Pelzmäntel austauschten.

Ich referierte über Bisexualität, immer mehr progressive Frauen in der Bundesrepublik suchten Sex mit Frauen, um von Männern unabhängig zu sein. »Ich mache es manchmal auch mit Frauen«, sagte Katja. »Aber denen fehlt so ein Ding, das wir lieben.« Katja und Mascha schüttelten sich vor Lachen. Ich blieb ernst, dozierte: Frauen erreichen Orgasmus nicht durch Koitus, sondern vor allem dann, wenn ihre Klitoris stimuliert wird.

Ich brauchte Zitate über Gewalt gegen Körper und Seele, um die Leserinnen von *Eva* mit der Prostitution in der Sowjetunion zu erschrecken. Mascha und Katja hingegen wollten von mir gevögelt und dafür in amerikanischen Dollars bezahlt werden. Wir aßen gemeinsam Kotelett im Kiewer Stil und tranken *sowjetskoje schampanskoje*. Das brachte Katja und mich einander nahe. Nach der dritten Flasche hielt mich das Phantom Sandy nicht mehr davon ab, mit Katja ins Bett steigen zu wollen. Auch sie wollte und kam mir entgegen. Es war kurz vor Mitternacht, ein anderer Freier nicht in Sicht, und sie fand mich wohl putzig. Sie senkte den Preis auf 50 Dollar, auf 30 Dollar, schließlich auf 10 Dollar.

Das war mit mir nicht zu machen. Auch wenn sie den Preis auf einen Dollar gesenkt hätte – gegen Geld mit einer Frau zu schlafen, das widersprach meinen Prinzipien. Ich betrachtete das als schlimmste Ausbeutung der Frau. »Ich möchte dich nicht entwürdigen«, sagte ich der verständnislos Dreinblickenden.

Die Kollegen bei Progress, so hörte ich später, amüsierten sich über mich, den Linken aus Deutschland, der mit revolutionärem Ernst und ohne Humor den sexuellen Zustand der Sowjetunion examinierte, ohne dabei eine der Gelegenheiten für Sex zu nutzen.

Was Friederike von Wolfenburg und mich zusammenschweißte: die Hassliebe zu der Welt um uns herum. Wer in einem fremden

Land lebt, entwickelt eine Hassliebe sowohl zum Gastland als auch zum eigenen Land, dessen Schwächen und Stärken man aus der Ferne schärfer sieht. Russen hasst und liebt man noch mehr als andere Völker. Friederike und ich konnten uns gut darüber unterhalten, trafen uns oft, wurden zu Seelenverwandten.

Unsere russischen Freunde und Bekannten, Arbeitskollegen und Kommilitonen waren liebenswerte Menschen. Die Russen, grob und unfreundlich zu Unbekannten, umarmten Bekannte mit einem Überschwang an Gefühlen. Sie scheuten keine Mühe, einem Freund oder Verwandten zu helfen. Obwohl Essen in dieser Zeit knapp war, beschenkten sie Friederike und mich mit Hähnchen oder Kaffee, die sie über Beziehungen aufgetrieben hatten. Sie halfen mir mit ihren Kontakten bei Reportagen, dabei brachte es ihnen nur Ärger nach dem Motto: »Du hängst mit dem deutschen Sex-Monster zusammen?«

Völlig aus sich heraus ging die russische Seele bei Ess- und Trinkgelagen, zu denen ich nun fast jeden Abend eingeladen wurde. So leer die Läden waren, so voll waren die Tische zu Hause. Jeder hatte seine Beziehungen, und die Freundschaft gebot, den Gast zu mästen. Zuerst gab es *sakuski*, kleine Vorspeisen, und Suppen wie Borschtsch aus roter Beete und Rüben, als Hauptspeise Kotelett mit Kartoffeln und Salat oder *soljanka*, einen leckeren Eintopf mit Rinderbrust, gekochtem Schinken, geräuchertem Speck und Gewürzgurken, in den saure Sahne verrührt wurde. Danach wurde Konfekt gereicht und dazu wahlweise Kaffee oder Tee. Aus Gläsern groß wie Zahnputzbecher tranken wir Wodka und sprachen minutenlange Toasts auf das Treffen, die Gesundheit, alle Anwesenden, ihre engeren und weiteren Verwandten, die deutsch-russische Freundschaft, den Frieden und eine bessere Zukunft. Vom Glauben an Letztere waren die Russen allerdings nicht beseelt, wie die Anekdoten bezeugten, die sie an den Abenden erzählten. Etwa die »Fragen an Radio Jerewan«. Eine dieser Anekdoten, aus einem angeblichen Neujahrsprogramm des fiktiven Radiosenders:

»Was für ein Jahr wird das neue Jahr?«

»Ein mittleres.«

»Was bedeutet das?«

»Das neue Jahr wird schlechter sein als das vergangene – aber besser als das Jahr, das folgen wird.«

Um solche privaten Abende zu vereinbaren, aber auch um dienstliche Treffen zu organisieren, hatten sich die nicht sehr praktischen Russen ein kompliziertes System ausgedacht. Das Schreckenswort für mich hieß *soswonitsja*, »sich zusammentelefonieren«. Niemals machten Russen einen festen Termin aus. Planten sie am Dienstag ein Treffen für Donnerstagabend, vereinbarten sie: »Lass uns am Donnerstagmorgen um 8 Uhr zusammentelefonieren.« Bei diesem Telefontermin legte man einen nächsten Telefontermin für Donnerstagabend um 18 Uhr fest. Bei dem wurde dann das eigentliche Treffen für 20 Uhr festgesetzt, nicht ohne die Bitte: »Ruf noch mal an, wenn du bei unserer Metrostation ankommst.«

Dieses Verfahren wäre schon in einem entwickelten Land mit modernen Telefonen umständlich. Was es zu dieser Zeit absurd machte: Die Telefone in Russland funktionierten oft nicht. Die meiste Zeit waren sie besetzt, innerstädtische Telefongespräche kosteten nichts, Leute unterhielten sich stundenlang am Telefon, und oft nutzten mehrere Mietparteien gemeinsam einen Apparat. Erreichte man schließlich jemanden, eine Stunde nach dem vereinbarten Telefontermin, ergab sich ein weiteres Problem: In der Sowjetunion war die Sitte unbekannt, Arbeitskollegen oder Mitbewohnern etwas auszurichten. War die gesuchte Person gerade aus dem Haus oder nur kurz aus dem Zimmer, hörte man ein barsches »Ist nicht da!« und der Hörer wurde aufgeknallt.

In einer Zeit, in der die meisten Russen nichts zu arbeiten hatten, beschäftigten sie sich mit einem Geflecht aus Telefonterminen, um ein paar private Treffen zu vereinbaren. Ich kritzelte meinen Kalender voll mit solchen Telefonterminen.

Auch die sowjetischen Kaufhallen folgten dem im Land allgemein gültigen Grundsatz: »Warum einfach, wenn es auch kompliziert geht?« Statt eine Kasse am Ausgang einzurichten oder dort zu bezahlen, wo man die Ware kauft, gab es oft separate Kassen mitten im Geschäft. Für einen Einkauf, aufgrund des Warenmangels ohnehin erschwert, musste ich viele sinnlose Wege zurücklegen. Etwa: mich in der Schlange am Milchstand anstellen, um nach dem Preis für Milch zu fragen. Dann in die Schlange an der Kasse einreihen, sagen: »Milch, drei Rubel«, und einen Bon mit dem entsprechenden Aufdruck kaufen. Damit wieder am Milchstand anstehen und das Zettelchen gegen eine Tüte Milch tauschen. Am Brotstand die gleiche Prozedur …

Wenn in der Sowjetunion ein Kaufhaus brannte, waren die Kunden hoffnungslos verloren. Zwar gab es viele Ausgänge, bis auf einen waren aber alle verschlossen. Woanders auf der Welt wurden Türen gebaut, um sie zu öffnen, im sozialistischen Moskau, um sie abzuschließen, und zwar für immer. Und das galt nicht nur für Kaufhäuser, sondern auch für Hotels, Bahnhöfe, Flughäfen, Parks …

Als Kommunist hatte ich behauptet, der Sozialismus spare Energie. In Moskau erlebte ich das Gegenteil. Eine Fernheizung erhitzte alle Wohnungen der Stadt, auch meine. Die sowjetischen Heizkörper besaßen keinen Knopf zum Regulieren, das wäre zu viel der Individualität gewesen. Deshalb heizten sie mit voller Kraft laut Staatsplan vom 1. Oktober bis zum 1. Mai, auch wenn draußen schon die Sonne brannte. Der einzige Weg, um die Temperatur selbst zu beeinflussen, war, das Fenster zu öffnen.

Umgekehrt merkte ich im Mai: Aus dem Wasserhahn floss kein warmes Wasser mehr. Ich tippte auf einen vorübergehenden Defekt, bis mich die Nachbarn aufklärten. In Moskau wird jedes Frühjahr das warme Wasser abgestellt, einen Monat lang! Erklärt wird dies mit »prophylaktischen Reparaturen«, wobei noch kein Mensch herausgefunden hat, was da so lange repariert wird. Einen Monat musste ich, wie die anderen Moskauer, Wasser auf dem Herd erhitzen, bevor ich badete.

Ich fragte mich angesichts des allgegenwärtigen Irrsinns oft: Was davon hat der Sozialismus sowjetischen Typs verursacht, was wird sich mit der Perestroika ändern? Und was ist dem irrationalen Charakter der Russen zuzuschreiben? Schon im 19. Jahrhundert hatte der russische Schriftsteller Fjodor Tjutschew gesagt: »Russland ist mit dem Verstand nicht zu begreifen!«

Als Weltanschauung herrschte in Russland auch in sowjetischen Zeiten nicht der Marxismus-Leninismus vor, sondern der Aberglauben. Wenn ich etwa einen Gast an der Tür begrüßte, sprang dieser zurück wie vom Teufel gebissen. Viele Russen glaubten nämlich, ein Handschlag über die Türschwelle brächte Unglück.

Weniger amüsierten Friederike und mich absurde Verschwörungstheorien, die viele Russen erzählten und tatsächlich glaubten. Weil einige Anführer der Bolschewiki jüdischer Herkunft waren, seien die Juden für die Oktoberrevolution und das nachfolgende Unglück verantwortlich. Einige russische Nachfolger von Joseph Goebbels entwickelten Rassetheorien, wonach Lenin von einer jüdischen Großmutter abstammte. Ich hatte mich als Linker und Antifaschist engagiert, Friederike war eher unpolitische Absolventin eines westdeutschen Gymnasiums. Aber die Schrecken der deutschen Geschichte prägten uns beide – und so empörte uns der Antisemitismus in Russland.

Friederike regte noch etwas anderes auf: die russischen Frauen. »Ehe, Liebe, Sex – für die sind das nur Mittel, einen Pelzmantel oder eine Wohnung in guter Lage zu bekommen«, behauptete sie. Über ihre Hochschule hatte sie mittlerweile viele russische Bekannte gewonnen. »Die reden nur über Männer – und immer unter dem Aspekt: Wer hat was geschenkt? Wer hat welches Einkommen, welche Beziehungen? Wer kann welche Zukunft bieten? Am begehrtesten sind im Moment Ausländer, die heiraten die von der Stelle weg.«

Am meisten schimpfte Friederike über Lena, eine Französisch-Übersetzerin. Die hatte sich von ihrem ersten Mann scheiden lassen, lebte mit ihrer vierjährigen Tochter bei den Eltern. Laut Friederike war Lena »Nymphomanin, die schläft mit jedem, mit ihrem ehemaligen Dozenten von der Hochschule, mit einem Typen aus dem Außenministerium, gleichzeitig mit dessen Fahrer …« Immer gehe es dabei auch um Gefälligkeiten wie einen Auslandsreisepass oder ein paar Stiefel. Lena habe ihr gesagt: »Wer mich fickt, soll dafür bezahlen.«

Die Kommunisten in der Sowjetunion verteidigten all das, was ich in der Bundesrepublik bekämpft hatte: einen autoritären Staat, ein starkes Militär, eine konservative Moral. Wie Rechte im Westen schürten sie Hass gegen Minderheiten und Ausländer.

Kommunisten im Westen opferten sich auf, um ihr Ideal einer besseren Gesellschaft zu erreichen. In der Sowjetunion hingegen schlossen sich skrupellose Menschen der Kommunistischen Partei an, die von der Korruption profitieren und ihre eigene Karriere fördern wollten.

Ein Vertreter dieser Spezies im Progress-Verlag war der zuständige Funktionär für die Betreuung der ausländischen Mitarbeiter. Da ich weiter in diesem Unternehmen als Mitarbeiter eingeschrieben war, benötigte ich die Stempel und Unterschriften dieses Funktionärs, wenn ich mein Visum verlängerte, heim nach Deutschland flog und sogar für Reisen innerhalb der Sowjetunion. Der Funktionär ließ mich und die anderen Ausländer spüren: Euch stehen keine Rechte zu, das ist eine Gnade, die ich euch gewähre. Nicht nur wegen seines Vollbarts, sondern vor allem durch sein arrogantes Auftreten wirkte er wie der letzte Zar von Russland. Im Unterschied zu dem ließ er sich seine Gnade aber bezahlen, mit 100-Dollar-Scheinen und Salamander-Schuhen.

Der Kommunismus, der in seinem Endstadium das Geld abschaffen wollte, machte alles käuflich. Die GAI, die Straßenverkehrspolizei, stoppte in Moskau unbescholtene Autofahrer und ließ sie erst wieder frei, wenn sie ein Bestechungsgeld entrichteten. Umgekehrt wurden Hunderte Fußgänger jährlich zu Tode gefahren von Rowdys, die keinen Führerschein gemacht hatten, sondern ihn sich für 200 Dollar bei der GAI gekauft hatten. Das war kein Fehlverhalten einzelner untergeordneter Beamter, sondern hatte System. In einer Pyramide mussten die kleinen Beamten einen Teil ihrer Bestechungsgelder nach oben abgeben.

Auch im sechsten Jahr von Gorbatschow war die Sowjetunion von einer freien, offenen Gesellschaft weit entfernt. Ich träumte von Demokratie bei gleichzeitigem Gemeineigentum an Produktionsmitteln, »damit keiner den anderen ausbeuten kann«. Jetzt merkte ich, dass eine Gesellschaft ohne Eigentum nicht frei sein kann. So waren etwa private Copy-Shops verboten. Wenn ich im Progress-Verlag eine Seite Text kopieren wollte, musste ich, wie die anderen Mitarbeiter auch, einen Antrag stellen an die »Erste Abteilung« – so hieß offiziell die Sektion des Geheimdienstes KGB, die es in jedem größeren Unternehmen gab. Auch Faxe durften nur mit Genehmigung der Ersten Abteilung verschickt werden. Es dauerte ein bis zwei Tage, bis sie eine Fotokopie oder ein Fax genehmigte. Beschleunigen ließ sich dies nur mit Bestechungsgeschenken, gewöhnlich US-Dollar oder Wodka. So mussten die russischen Mitarbeiter auch bezahlen, wenn sie privat etwas kopieren wollten, etwa Rezepte aus einem Kochbuch. Die Spitzel des KGB lebten gut in der Sowjetunion und brachten es auch nach Untergang des Reichs zu höchsten Ehren.

Wollte man von der Sowjetunion ins Ausland telefonieren, musste man dies damals beim Fernamt anmelden, auf die Verbindung wartete man mindestens zwei Stunden. Doch nie kam mir das Warten so lange vor wie bei einem Anruf nach Kopenhagen. Meine Recherchen über das Schicksal von Sandy hatten endlich etwas Neues gebracht: Ein anderer Studienkollege von der Jugendhochschule schrieb mir, unser dänischer Mitstudent Henrik habe Karin geheiratet, eine andere FDJlerin aus dem Seminar Karl-Marx-Stadt. Vielleicht wussten die beiden etwas über Sandy?

Henrik war überrascht, meine Stimme am Telefon zu hören, auch noch aus Moskau. Schließlich hatten wir seit mehr als zehn

Jahren nicht miteinander gesprochen. Wir tauschten uns aus. Dann fragte ich nach Sandy. »Karin hat noch mehrere Jahre Kontakt zu ihr gehabt«, antwortete Henrik. Ich konnte es nicht erwarten, seine Frau zu sprechen.

Auch sie konnte sich an mich erinnern, war überrascht und zugleich erfreut, von mir zu hören. Ich kämpfte mit mir: Einerseits wollte ich höflich sein und mich mit ihr über ihr Leben unterhalten, sie hatte mittlerweile drei Kinder mit Henrik. Andererseits interessierte mich vor allem, was mit Sandy weiter passiert war. Karin erzählte mir, was sie wusste:

Hund hatte an der Kaderschule in einem Moment der Liebe die revolutionäre Wachsamkeit vergessen und Sandy seine westdeutsche Adresse gegeben. Sie schrieb ihm viele Briefe. Ihn interessierte ihr weiteres Schicksal nicht. Obwohl er keinen ihrer Briefe beantwortete, stellte sie einen Ausreiseantrag in die Bundesrepublik. Sie wurde aus der FDJ ausgeschlossen und »zur Bewährung in die Produktion geschickt«. Als Kassiererin musste sie in einer Kaufhalle arbeiten, wie die Supermärkte in der DDR genannt wurden. »Sie hatte alles verloren, ihre Liebe, ihre Arbeit, ihren Traum von einem besseren Sozialismus«, sagte Karin. Dann wanderte sie nach Dänemark aus und hörte nichts mehr von Sandy. Dass diese in die Sowjetunion umgesiedelt sein soll, erfuhr Karin erst von mir. Sie konnte also im Moment nicht weiterhelfen, versprach aber, sich bei gemeinsamen Bekannten zu erkundigen.

Sollte ich Hund fragen? Vielleicht hatte er den Kontakt wieder aufgenommen? Ich konnte es mir nicht vorstellen, und meine Wut auf ihn war größer denn je. Er hatte das Leben von Sandy zerstört. Doch sie zu finden war mir wichtiger als alles andere.

Hund konnte ich über ehemalige Genossen leicht aufspüren. Als ich ihn am Telefon erreichte, sagte er:

»Mit dir spreche ich nicht.«

»Warum das denn?«

»Weiterhin aus politischen Gründen.«

Dann legte er auf. Mich stimmte das traurig. Ich vermutete

aber, dass Hund nichts wusste, schließlich war Sandy ihm nicht wichtig gewesen.

In meine mechanische Schreibmaschine tippte ich Pläne für Medienprojekte mit dem Ziel, die Welt zu verändern und die Frauen aus dem Patriarchat zu befreien. Ich nahm Kontakt zum sowjetischen Fernsehen auf. Die Redakteure fragten, welche Erlöse in US-Dollar zu erwarten seien. Eine Moskauer TV-Agentur, die ich kennenlernte, plante eine Reihe über russische Kultur für das deutsche Fernsehen. Sie lud mich zur Mitarbeit ein. Ich könne die Sendung sogar moderieren, müsse nur noch einen deutschen Fernsehsender finden, der das ausstrahle. Ich dachte, dies kann der Anfang sein für das große Medienprojekt.

In Deutschland sprach man in diesen Tagen viel über *Knall*, eine neue Fernsehsendung, die in Berlin produziert wurde. Sie brachte jeden Abend aktuelle Filmbeiträge zu brisanten Themen, die Moderatorin sprach auch live mit den Korrespondenten in verschiedenen Städten Deutschlands und aus allen Teilen der Welt. Da ich in Moskau lebte, hatte ich die Sendung nie gesehen, aber einiges über sie gehört. Wie der Name schon sagte, war sie etwas knallig. Andererseits hatte sie sich mit Beiträgen gegen Neonazis auch einen guten Namen gemacht.

Ich ermittelte die Telefonnummer des Korrespondenten von *Knall* in Moskau. Er hieß Martin Hund. Hund war frisch in Moskau eingetroffen und wohnte im Hotel, im »Kosmos«. Schon an seinen ersten Abenden war er fast täglich live auf Sendung. Aufgrund der Zeitverschiebung von zwei Stunden zwischen Moskau und Berlin hieß dies: spätabends. Ich vereinbarte mit ihm ein Treffen in der Lobby des »Kosmos« für 23 Uhr.

Diese Nacht stürmte es in Moskau, die Stadt gefror bei 30 Grad unter null. Schon bei besserem Wetter kein Dressman, streifte ich nun mehrere Lagen Kleidung übereinander. Auf dem Weg zur U-Bahn krachte ich mehrmals auf das glatte Eis. Die Kälte klirrte, meine Nase und Stirn froren ein. Wie ein Verbrecher zog ich die

Wollmütze übers Gesicht, weshalb meine Brille anlief, ich sah nichts mehr. So kam ich verspätet in Martin Hunds Hotel an.

»Wir duzen uns«, waren seine ersten Worte. Das war mir angenehm, hier glich das Privatfernsehen der linken Bewegung. Hund war, stellte sich heraus, wie ich 30 Jahre alt, zwei Meter groß, sah etwas staksig aus, wirkte aber in seinem lässigen Sakko reifer als ich.

Hund verblüffte, gestand er mir später, dass ein Mensch wie ich *Knall* moderieren wollte. Das durften nur modelartige junge Frauen. Ich aber stotterte und war gekleidet wie ein sibirischer Bauer. Hund lachte über das Angebot des russischen Fernsehens, von mir überbracht, Balalaika-Gedudel und Donkosaken in *Knall* zu zeigen. »Wie der Name schon sagt – wir berichten über Atomexplosionen, untergegangene Passagierschiffe und Serienkiller.«

Hund entsetzte sich über meine Absicht, mit dem Fernsehen die Menschen aufzuklären und die Gesellschaft zu verändern. »Wir sind nicht die ARD, wo Missionare die Rundfunkgebühren missbrauchen, um ihre Privatmeinung unters Volk zu bringen. Wir gehen mit unserer Kamera dorthin, wo sonst keiner hinkommt, decken Missstände auf, ohne sie zu kommentieren.«

Letzteres versöhnte mich mit Hund, der trotz seiner vielen »Neins« freundlich und nicht arrogant wirkte. Die Welt zu zeigen, wie sie ist, das erinnerte mich an Egon Erwin Kisch, den rasenden Reporter, der mir ein Vorbild war. Hund hatte recht, die Zuschauer bildeten sich ihre eigene Meinung, man musste sie ihnen nicht mit erhobenem Zeigefinger vorschreiben. Das hatte schon bei *Elan* nichts gebracht und zu Lügen geführt. Wenn *Knall* mir ermöglichte, über die Wahrheit zu berichten und nichts als die Wahrheit, dann ist das doch klasse! Und wenn ich dann Skandale enthüllte, werden die Zuschauer von selbst die richtigen Konsequenzen ziehen. Auch so veränderte ich die Welt. Und *Knall* hatte Millionen Zuschauer.

Hund äußerte sich beeindruckt darüber, dass ich Russisch sprach, er selbst konnte kein Wort. Auch interessierte ihn meine

Artikelserie über Sex in der Sowjetunion. *Knall* zeigte gern Beiträge zu diesem Thema, das steigerte die Quote. Nicht zu viel, um das Image der Sendung nicht zu demolieren, aber ein Sex-Beitrag pro Sendung war fein. Hund wühlte nicht so gern in diesem Milieu, gestand er, das könne er mir überlassen, falls ich bei *Knall* mitarbeiten würde.

»Schau dich hier um«, sagte er. Ich hatte mich bisher auf das für mich so wichtige Gespräch mit dem Fernsehmann konzentriert, zu dem ich zu spät gekommen war. Erst jetzt bemerkte ich, dass durch die Eingangshalle des »Kosmos« Dutzende junger Frauen stöckelten, meist in Zweiergruppen, alle größer als 1,80 Meter, in Miniröckchen und Hotpants, in knappen T-Shirts, aus denen ihre gewaltigen Brüste quollen. Sie wackelten mit ihren Pos und blickten sehnsüchtig zu jedem Mann, auch zu Martin Hund und mir. Die Nutten bevölkerten auch die Bar in der Lobby. Hotelgäste hingegen schien es kaum zu geben. Gelegentlich bahnten sich einzelne Männer einen Weg durch das Gedränge von Prostituierten, westliche Geschäftsleute im Anzug und kurzgeschorene dunkelhaarige Männer aus den Kaukasus-Republiken der Sowjetunion im Ledermantel. Die Nutten suchten Augenkontakt, riefen »Hallo« und berührten Männer am Unterarm. In der Bar saßen einige schon mit Freiern zusammen, die sie an der Taille umfassten. Die ganze Lobby war ein großer Menschenmarkt, eine Fleischbeschau. Hund zwinkerte mir zu: »Eine Menge Geschichten hier.«

Er bot mir an, frei bei *Knall* mitzuarbeiten, probeweise, neben meiner Arbeit für den Progress-Verlag, wo ich nur zwei Tage pro Woche ins Büro musste.

Eine der Geschichten in jenem Jahr hieß »Mickymaus statt Marx und Engels – die Perestroika entlässt ihre Kinder«. Hinter dem Titel, der mir zu sensationell klang, verbarg sich ein interessantes Thema: Wurden die Kinder anders erzogen infolge von Gorbatschows Reformen? Mein Freund Sascha studierte Pädagogik und arbeitete in den Semesterferien als Betreuer in einem Pionierlager, wie die Ferienlager für Kinder hießen. Mit der Pionierorganisation kannte ich mich aus, auch die SDAJ in der Bundesrepublik hatte einen Kinderverband aufgezogen. Sascha und ich vereinbarten die Filmarbeiten für den 19. August 1991, ich »leierte einen Dreh an«, wie sie bei *Knall* sagten. An die neue Sprache musste ich mich noch gewöhnen. »Telefonieren wir uns noch einmal zusammen?«, fragte Sascha in russischer Gewohnheit. »Nicht nötig«, winkte ich genervt ab und scherzte: »Wir kommen auf jeden Fall – es sei denn, an dem Tag wird Gorbatschow gestürzt.« Sascha lachte.

Am Morgen des 19. August frühstückte ich schon um Viertel nach sechs, denn ich wollte früh zum Dreh außerhalb Moskaus fahren. Wie immer hörte ich Radio zum Frühstück. Der Sprecher erzählte etwas vom Kampf gegen Chaos und Anarchie. Der Verfall der Moral müsse gestoppt werden. Wahrscheinlich zitierte er aus einem Aufruf konservativer Schriftsteller, dachte ich, die verfassten in letzter Zeit öfter solche Pamphlete. Mich wunderte nur, dass diese Klagen heute nicht kritisch kommentiert wurden. Plötzlich fügte der Sprecher mit drohender Stimme hinzu: »Ich erinnere daran, wir verlesen den Aufruf an das sowjetische Volk, verbreitet von der Nachrichtenagentur TASS.«

Mich beunruhigte: Warum fällt kein einziges Wort darüber, von wem dieser Aufruf stammt? Warum wird er von der amtlichen Nachrichtenagentur verbreitet? Dann folgte der Satz, der mich erschrocken zusammenfahren ließ: *»Im Zusammenhang mit der krankheitsbedingten Amtsunfähigkeit von Michail Sergejewitsch Gorbatschow gehen gemäß Artikel 127, Absatz 7 der Verfassung der UdSSR die Vollmachten des Präsidenten auf den Vizepräsidenten der UdSSR, Gennadij Iwanowitsch Janajew, über. Gezeichnet: Gennadij Iwanowitsch Janajew.«*

Ich sprang zum Fernsehen, denn ich wollte wissen, was dort berichtet wurde. Um diese Zeit moderierte gewöhnlich eine hübsche Journalistin aus einem Wohnzimmer heraus das sowjetische Frühstücksfernsehen. Doch das Programm war abgesetzt. Stattdessen leierte ein Sprecher mit ausdrucksloser Miene seinen Text herunter: »*Das Land geht unter im Strudel von Gewalt und Gesetzlosigkeit. Niemals in der Geschichte des Landes wurden Sex und Gewalt in solchem Ausmaß propagiert, mit der Folge, dass Gesundheit und Leben zukünftiger Generationen in Gefahr geraten. Millionen Menschen fordern Maßnahmen gegen die Hydra des Verbrechens und die empörende Unmoral … Wir rufen alle wahren Patrioten und Menschen guten Willens dazu auf, den Wirren unserer Zeit ein Ende zu bereiten. Wir fordern alle Bürger der Sowjetunion dazu auf, ihre Pflicht gegenüber dem Vaterland anzuerkennen und das Staatskomitee für den Ausnahmezustand in der UdSSR bei seinen Anstrengungen, das Land aus der Krise zu führen, nach Kräften zu unterstützen.*«

Das Fernsehen wiederholte diesen Text von nun an den ganzen Tag, unterbrochen nur durch Szenen aus dem Ballett *Schwanensee* von Tschaikowski.

Ich stürzte mich ans Telefon, rief Hund an: »Gorbatschow ist gestürzt! Ein Putsch!« Hund wollte es zuerst nicht glauben, lallte aber schließlich schlaftrunken: »Komm sofort ins Studio! Ich rufe alle anderen an.«

Auf dem Weg zu *Knall* erlebte ich in der Metro eine gespenstische Atmosphäre. Fast niemand sprach, die Menschen wichen den Blicken ihrer Nachbarn ängstlich aus.

Stunden später besetzten Truppen die Stadt. Die Putschisten verhängten einen Haftbefehl gegen den russischen Präsidenten Boris Jelzin, doch er entkam. Seine Anhänger errichteten Barrikaden, um das Weiße Haus zu verteidigen, den Sitz des russischen Parlaments. Während Martin Hund im Studio die aktuellen Berichte fertigstellte, ging ich mit dem Team zu den Barrikaden. Auf dem Kutusowskij Prospekt streckte ich den Panzern die geballte Faust entgegen. Diese Geste des Widerstands brachte nichts, drückte aber meine Wut aus über die Gewalt, welche von einer Ideologie ausging, die ich selbst jahrelang vertreten hatte. Die Widerstandskämpfer verschanzten sich inzwischen hinter umgestürzten Bussen. Ich fürchtete, wieder könnten Hunderte oder Tausende sterben, wie 1989 in China.

Hund, der das Bürogebäude nicht verlassen hatte, tönte mittags im Studio herum: »Ich habe Geschichte gemacht. In meinem Live-Gespräch habe ich als Erster den Ausdruck Putsch geprägt für das, was hier passiert. Jetzt folgen mir alle, sogar die Nachrichtenagenturen.« Ich fand das albern. Altkommunisten und Militärs putschten, das sah jeder und hatte nicht Hund erfunden.

Auf der anderen Seite tat mir Hund auch Leid. Die gelegentlichen Live-Auftritte der Korrespondenten in *Knall* waren nicht seine Stärke. Und während des Putsches wurde er mehrmals am Tag live zugeschaltet in die Sondersendungen von *Knall.* Angst verzerrte sein Gesicht, als er in die Kamera blickte. Ständig zupfte er nervös an seiner Krawatte, obwohl diese korrekt gebunden war. Immer wieder fragte er zurück: »Bin ich gut zu sehen?« – »Ist das Licht okay?« – »Soll ich näher an die Kamera?« Als er schließlich auf Sendung war, verhaspelte er sich, verwechselte Gorbatschow mit Jelzin und sagte abends um 20 Uhr »guten Morgen«. Seine Augen blinzelten im Takt seines Herzklopfens.

Ich unterstützte ihn manchmal, indem ich Telefonkontakt zum Regieraum in Berlin hielt. Viele dort beneideten Hund wegen seines interessanten Korrespondentenplatzes und freuten sich umso mehr über seine Versprecher. »Dieses Arschloch«, hörte ich einen Redakteur während der Live-Schaltung im Regieraum brüllen, ein anderer spottete: »Jetzt streicht er sich bestimmt gleich wieder übers Haar.« Gelächter schallte über die Telefonleitung von Berlin nach Moskau.

Als Hund nach der Live-Schaltung entspannt den Kollegen in Berlin von seinem gefährlichen Leben in Moskau erzählte, verhöhnten die ihn: »Du verlässt das Studio doch überhaupt nicht! Welche Gefahren? Dass du an einem defekten Kabel der Kaffeemaschine vom Strom erschlagen wirst?«

So angestachelt, ging Hund am nächsten Tag mit mir zum Weißen Haus. Trotz Verbots versammelten sich dort hunderttausend Menschen, demonstrierten gegen die kommunistischen Putschisten und für den russischen Präsidenten Jelzin. Die freie und spontane Atmosphäre und die lockere Kleidung der überwiegend jungen Leute erinnerten mich an die Demonstrationen der Friedensbewegung in der Bundesrepublik. Aber die Demonstranten hier trugen keine roten Fahnen, wie meine Genossen und ich damals, sondern die weiß-blau-rote des alten, neuen Russland. Sie demonstrierten nicht mit den Kommunisten, sondern gegen sie.

Hund lernte bei mir schnell drei Wörter: »*Putsch nje proidiot*«, »der Putsch kommt nicht durch«. Damit sprach er dann Demonstranten an, hielt ihnen das Mikrofon unter die Nase, und sie antworteten wie erhofft: »Nein, die Putschisten kommen nicht durch, sie sehen, wir sind ganz viele hier, wir werden die Demokratie verteidigen.« Dies wurde mehrmals wiederholt, denn Hund legte Wert darauf, dass er im Bild zu sehen war, während er die Frage stellte, sogar auf Russisch! Er fauchte den Kameramann an, als ihm schien, sein Gesicht wäre nicht deutlich erkennbar gewesen oder er habe auf den Bildern ungeschickt gewirkt. Als diese Bilder im Kasten waren, ging Hund ins Studio zurück, verabschiedete sich bei mir mit: »Den Rest kannst du ja allein drehen.«

An diesem zweiten Tag des Putsches fuhr ich für eine Stunde zum Progress-Verlag, wo ich formal immer noch angestellt war, obwohl es kaum noch Arbeit gab. Mich interessierte die Reaktion der Kollegen dort. Einige saßen vor dem Radio und hörten die unzensierten Nachrichten der »Deutschen Welle« oder der »Stimme Amerikas«. Andere hingegen arbeiteten plötzlich hektisch und erklärten, endlich werde »Ordnung« geschaffen. Noch ahnte keiner von ihnen, der Putsch könne am nächsten Tag zusammenbrechen.

In dieser Nacht schliefen Hund, die russischen Mitarbeiter von *Knall* und ich im Studio. Gerüchte schwirrten durch die Stadt, und viele fürchteten, die Putschisten würden ihren Pekinger Vorbildern folgen, im Schutz der Dunkelheit das Weiße Haus stürmen und die Demokratie im Blut versenken.

Eine Stunde nach Mitternacht rief Sascha an, mein Freund, der mir beim Filmbericht über das Kinderlager helfen wollte. Er gehörte zu den Demokraten, die das Weiße Haus verteidigten. »Die ziehen hier Panzer zusammen«, schrie er. »Es werden immer mehr!« Der Kameramann und ich eilten zum Weißen Haus, Hund hielt sich im Studio bereit für eine mögliche Live-Schaltung.

Morgens um 1.30 begannen die Panzer mit dem Angriff. Mein Kameramann Sergej filmte, wie sie von der Unterführung am Kalinin-Prospekt in Richtung Weißes Haus rollten. Plötzlich feuerten die Panzer in die Luft, Sergej und ich duckten uns. Junge Männer versuchten die Panzer zu stoppen, stellten sich ihnen in den Weg, warfen Decken auf die Sehschlitze der Fahrer und sprangen auf die Panzer, um die Luken zu öffnen. Die Soldaten schossen um sich, überrollten einen Mann mit dem Panzer. Sie töteten drei Demonstranten in dieser Nacht.

Einer von ihnen war Dima Komar, 22 Jahre alt. Später interviewte ich für einen Filmbericht seine Eltern. Ihr Sohn wurde als Wehrpflichtiger nach Afghanistan geschickt, überlebte den Krieg. Nie hätten sie gedacht, er würde einmal auf Moskaus Straßen fallen. Sein Vater war selbst Major der Sowjetarmee – »nun schäme ich mich dafür, in dieser Armee gedient zu haben«. Die Eltern verloren in dieser Nacht nicht nur ihren Sohn, sondern auch den Glauben an die Sowjetunion und den Sozialismus. Die Mutter wusste nicht, dass Dima auf den Barrikaden kämpfte, als sie in der Nacht einen Anruf bekam: »Ihr Sohn ist im Leichenschauhaus Nummer 67.«

»Was macht er da?«, fragte sie verwirrt.

»Tot ist er«, fauchte der Beamte und knallte den Hörer auf die Gabel. Als ich die Familie besuchte, sah ich Dimas Motorradhelm. Dima hatte von einem Motorrad geträumt und dafür gespart. Sein Leben hatte nicht gereicht, diesen kleinen Traum zu verwirklichen.

In dieser Nacht schloss die erregte Menge die Schützenpanzer ein. Nach einigen Stunden befahlen die Offiziere den Rückzug. Sie erkannten: Ein Kampf ums Weiße Haus hätte Tausende von Menschenleben gekostet. Sie verweigerten der alten Garde der Partei den Gehorsam. Den korrupten chinesischen Generalen hatte 1989 dieser Mut gefehlt.

Beim Putsch hatte ich mich gut geschlagen. Den Progress-Verlag konnte ich verlassen, meine Zukunft bei *Knall* war gesichert. Die Arbeit hatte mir Spaß gemacht. Ich war stolz darauf, für eine erfolgreiche Sendung wie *Knall* über ein solches Ereignis zu berichten, das den Lauf der Weltgeschichte veränderte.

Vier Monate später hörte die Sowjetunion auf zu existieren. Ich verlor eine weitere Hoffnung. Die Perestroika hatte den Sozialismus nicht humanisiert, sondern ihn abgeschafft. Russland wurde ein kapitalistisches Land wie auch schon das vereinigte Deutschland, nur auf niedrigerem Niveau.

Präsident Jelzin erlaubte seinen Bürgern per Erlass, alles zu verkaufen, was sie wollten, an jedem beliebigen Ort. Auf einen Schlag verwandelte sich ganz Russland in einen großen Basar. Waren, die jahrelang gehortet worden waren, kamen zum Verkauf. Die Gehwege wurden zu Supermärkten. Jugendliche und Rentnerinnen boten auf Kisten oder ausgebreiteten Zeitungen Klamotten und Schokoladenriegel an. Von einem Tag auf den anderen war alles zu haben. Das Einzige, woran es den Leuten mangelte, war Geld. Jeder versuchte, mit allen Mitteln reich zu werden oder zumindest zu überleben. Mord, Mafia und Prostitution, die schon vorher zum russischen Alltag gehörten, breiteten sich explosionsartig aus. Der »wilde Osten« war geboren – und lieferte endlos Geschichten für *Knall*.

# Quotennutte im Moskauer Rotlichtmilieu

In der Zeitung *Moskowskij Komsomolez*, Moskauer Komsomolze, stieß ich auf folgende Anzeige: »Unabhängige Mädchen mit Sexappeal, 18 bis 24 Jahre alt, für Nachtklub in Deutschland gesucht.« Ich wollte in *Knall* enthüllen, wer dahinter steckt. Aber wie? Unter der Annonce stand eine Telefonnummer. Doch wahrscheinlich würden sich die Hintermänner aus dem Rotlichtmilieu nicht filmen lassen.

So erwog ich folgenden Plan: Eine junge Moskauerin geht für uns zum Schein auf das Angebot ein. Aber half das weiter? Zwar konnte sie bei einem Treffen mit den Zuhältern Informationen sammeln, aber das brächte noch keine Bilder, die den Frauenhandel beweisen. Konnte die junge Frau eine Kamera mitnehmen, in der Tasche versteckt? Das schien mir zu gefährlich. Würde die Kamera entdeckt werden, wäre die Informantin verloren. Ich stellte mir unter den Inserenten Killer der Mafia vor. Selbst wenn die Verbrecher nicht merkten, dass sie heimlich gefilmt wurden, befürchtete ich doch, sie würden die Informantin vergewaltigen, »einreiten« für das Bordell.

Aus Sicherheitsgründen sollte also ein Mann mitgehen, ein angeblicher Freund oder Bruder der Nachtklub-Bewerberin. Doch begleiteten Männer eine Frau zu solch einem Treffen? Würden die Frauenhändler nicht Verdacht schöpfen?

Sollte die Frau allein hingehen, musste ich sehr genau prüfen, wen ich in dieses Abenteuer schickte. Für dieses Projekt war nicht jede zu gebrauchen. Die Frau musste selbstbewusst und intelligent sein und auch bei Gefahr kühlen Kopf bewahren. Sie sollte hübsch sein und Körpermaße aufweisen, die den Zuhältern gefielen. Dann würde sie vielleicht in die engere Auswahl gelangen und so auch die deutschen Hintermänner kennenlernen.

Schließlich fand ich über Bekannte eine mutige Frau, die diese Voraussetzungen erfüllte: Vera, 22 Jahre alt und Jungmanagerin in einem Import-Export-Unternehmen, sah so gut aus, dass sie bei jedem Schönheitswettbewerb einen der vorderen Plätze belegt hätte. Schon im ersten Gespräch erlebte ich sie zudem als eine Frau, die sicherlich auch in schwierigen Situationen überlegt reagieren würde.

Vera wählte die Telefonnummer, die in der Annonce angegeben war.

»Sind Sie sich darüber im Klaren, dass die Arbeit in einem Nachtklub mit Konsumption verbunden ist?«, fragte eine barsche Männerstimme am anderen Ende der Leitung.

»Konsumption, was soll das sein?«, erkundigte sich Vera.

»Nun, Prostitution«, lautete die Antwort. »Alles klar?«

Vera und mich erstaunte die Offenheit der Schlepper gegenüber Unbekannten am Telefon. Deutsche Zeitungen und Zeitschriften verbreiteten Geschichten, wonach Menschenhändler russischen Mädchen vorgaukelten, sie könnten in Deutschland tanzen, kellnern oder putzen. Vor Ort würden sie dann zur Prostitution gezwungen. Aber zumindest diese Herren nahmen kein Blatt vor den Mund.

Was ebenfalls überraschte: Erprobt werden sollten die angehenden Prostituierten nicht im Schlafzimmer einer konspirativen Wohnung, sondern im Hotel »Intourist«, rund 200 Meter vom Roten Platz entfernt. Dort sollte sich Vera am Donnerstag um 15.30 Uhr beim Türsteher melden, von dem erfahre sie alles Weitere.

Zum Schein ging Vera auf das Spiel der Schlepper ein. Die Auswahl des Treffpunkts machte das Risiko kalkulierbarer. Ich entwarf folgenden Plan: Statt des russischen Kameramanns von *Knall* wirkte Bill Dickson, ein englischer Kollege, an der Reportage mit. Aufgrund seiner sportlich-westlichen Kleidung und seines Oxford-Englisch würde man ihn für einen Touristen halten, wenn er durch die Hotelhalle schlenderte. Filmen konnte er mit einer Videokamera für Amateure. Er würde beobachten, wohin der Türsteher Vera führte, und ihnen unauffällig folgen. Als weiterer Beschützer und Beobachter würde ich selbst in der Halle sein. Im Idealfall warteten die Frauenhändler und einige Bewerberinnen am Eingang des Hotels ein paar Minuten auf Nachzüglerinnen, und Bill konnte sie zusammen aufnehmen. Würde Vera allein in ein Hotelzimmer geführt, konnte sie behaupten, ihr sei schlecht, und zur Toilette rennen. Für alle Fälle würde vor dem Hotel ein Fahrer mit einem Fluchtwagen bereitstehen.

Am Donnerstag, dem Tag des Tests, schlenderten Bill und ich nervös durch die Hotelhalle. Ging unser Plan auf? Oder kam womöglich alles ganz anders? Was taten wir, wenn die Menschenhändler merkten, dass sie gefilmt wurden, und zwar keineswegs von einem Amateur? Vielleicht war es auch nur ein Trick, dass die Zuhälter den Hoteleingang als Treffpunkt nannten. Vielleicht zwängten sie Vera in ein Auto und entführten sie in einen anderen Teil der Stadt?

Der vereinbarte Zeitpunkt war schon fünf Minuten überschritten – und von Vera noch keine Spur. Scheiterte der zigfach durchdiskutierte Plan an der verständlichen Furcht der Kandidatin?

Nachdem ich ein einige Minuten gespannt gewartet hatte, kam sie dann doch. Ich wusste, ich musste mich unauffällig verhalten, schielte aber trotzdem aufgeregt zu den Hotelwächtern hinüber. Moskauer Hotels waren normalerweise für Russen verschlossen, wenn diese kein Zimmer gebucht hatten, doch die Türsteher winkten die Bewerberinnen, die auf der Liste der Menschenhändler standen, einfach durch. Bill filmte dies unbemerkt.

Der Wächter führte Vera ins Café des Hotels. Dort saßen bereits vier Moskauer Schönheiten, dem Aussehen nach Schulabgängerinnen, neben einem etwa dreißigjährigen Herrn in dunklem Anzug und Krawatte. Die Mädchen trugen Mini-Röcke und enge Blusen, so dass Beine und Busen gut erkennbar waren – der Mann am Telefon hatte dies so gefordert.

Die jungen Moskauerinnen posierten im Café vor dem Herrn, der sich ihnen als Peter Klein vorstellte, Geschäftsmann aus Berlin. Der Deutsche kommandierte die attraktiven Frauen herum: Tanze ein bisschen! Lüpfe deinen Rock! Seine Dolmetscherin filmte dabei. Die Mädchen machten willig mit. Für sie verkörperte der Herr aus Deutschland ihre Hoffnung, in den goldenen Westen zu gelangen.

Noch mehr als die Mädchen freuten sich Bill und ich am Nebentisch, aber wir verstanden es, unsere Freude zu verbergen. Bill hantierte scheinbar planlos mit seiner Video-Kamera herum, wie ein Tourist, der seine Aufnahmen vom Kreml checkt. So bekam er Bilder von allem, was sich in diesen Minuten im »Intourist« abspielte.

Peter Klein holte weiße Blätter aus seinem Aktenkoffer, auf denen er eifrig notierte, was ihm bei der Fleischbeschau auffiel. Er wirkte nicht wie ein Zuhälter, sondern eher wie ein aufstrebender Jungmanager. Er vertraute den Kandidatinnen an: 70 Konkurrentinnen seien im Rennen, so viele junge Russinnen hätten sich auf die Zeitungsannonce gemeldet. In einem dreitägigen Vorstellungsmarathon würde er alle Kandidatinnen begutachten – für den Nachtklub eines Freunds in Berlin. Der Nachtklubbesitzer würde schließlich acht Bewerberinnen auswählen.

Wie das Berliner Bordell hieß, in dem sie arbeiten sollten, verriet Peter Klein nicht. Doch er begeisterte sich so für Vera, dass er ihr seine Visitenkarte überreichte. Danach leitete er als Geschäftsführer eine Firma »Unternehmensagentur für Osthandel GmbH« mit Sitz in der Berliner Kantstraße.

Ich hatte einen Ansatz, um in Berlin weiterzurecherchieren. Und ich konnte eine runde Geschichte filmen für *Knall*: Konspirative Treffen in Moskau, dubiose deutsche Geschäftsleute als Mittelsmänner, Huren in Berlin, den ganzen Kreislauf des Rotlicht-Business zwischen Russland und Deutschland, oder, wie es bei *Knall* hieß, »den modernen Sklavenhandel«.

Gemeinsam mit Hund flog ich nach Deutschland. Die Prostituierten-Story in Berlin war ein wunderbarer Anlass, mich den Kollegen bei *Knall* und dem aus Österreich stammenden Chefredakteur Beppo Zanderl vorzustellen. Einen ganzen Monat sollte ich in der Berliner Zentrale verbringen.

Bei *Knall* ging es zu wie in einer Weinkelterei. Sekretärinnen, Hausmeister und Praktikantinnen schleppten hellgrüne Trauben kistenweise ins Büro von Chefredakteur Zanderl. Um ihn am Arbeiten zu halten – Zanderl konnte nicht sprechen, ohne gleichzeitig Weintrauben zu kauen.

Beppo Zanderl war lange Blattmacher bei einer Illustrierten. *Knall* leitete er erst seit Kurzem, sein Vorgänger war gefeuert worden, weil er den TV-Managern Mangel an neuen Ideen vorgeworfen hatte.

An seinem ersten Arbeitstag, so erzählten die Kollegen, hatte der Österreicher auf einer Mitarbeiterkonferenz seine Philosophie verkündet. Die Zuschauer wollen Blut, Sperma und Tränen sehen. Seine neue Linie bezeichnete er als »Face-Lifting« für *Knall*.

Hinter seinem Rücken tuschelten und witzelten die Redakteure über Zanderl. Er verzapfte platte Ideen vom Fernsehen und war ein Analphabet in TV-Dingen, anfangs kannte er nicht einmal elementare Fachbegriffe wie MAZ für magnetische Bildaufzeichnung oder SNG für *satellite news gathering*. Plump machte er eine Moderatorin an, einmal fiel ihm auf dem Flur eine Schachtel Kondome aus der Hose. Er terrorisierte die Sekretärinnen mit seinem Weintraubenwahn und brüllte, wenn ihn die Verdauung plagte. Er kannte keine Manieren, tunkte bei Büfetts seinen Finger in den Soßentopf und schleckte ihn ab, aß im Restaurant anderen Leuten vom Teller.

Den Redakteuren hörte er nicht zu. Er lud mich bei diesem Besuch in sein Büro, angeblich um mich kennenzulernen. Doch stattdessen telefonierte er mit einem österreichischen Rennfahrer, beanstandete gleichzeitig bei der Sekretärin die Weintrauben und ließ sich die Quoten vom Vortag bringen, in mehreren Kopien, persönlich markierte er die Diagramme in roten, grünen und blauen Farben. Die Kopien waren ihm teils zu dunkel, teils zu hell. »San zu blöd zum Kopieren«, schrie er die Sekretärin an, zuckte auf und rannte selbst zum Kopiergerät. Als er den Raum verlassen hatte, meinte sie: »Jetzt macht er bestimmt wieder den Kopierer kaputt.«

Alle spotteten über Zanderl – nur einer nicht: Martin Hund. Als ich über das Treffen mit dem Chefredakteur witzelte, wies Hund mich mit ernstem Gesicht zurecht: »Deine Überheblichkeit ist fehl am Platz. Jawohl, Zanderl kann telefonieren und sich gleichzeitig mit Leuten im Büro unterhalten – und produziert dabei am laufenden Band tolle neue Ideen!«

Martin Hund sah in dem Chefredakteurs-Wechsel eine Chance für seine Karriere. Er musste sich nicht verstellen, hatte es verinnerlicht, sich so zu verhalten, wie es ihm nützte. Mit Zanderl streifte er durch das Büro, zwei Schritte hinter dem Chefredakteur, die Arme auf dem Rücken verschränkt. Er nickte heftig, wenn Zanderl über Teller mit Kuchenresten auf Schreibtischen schimpfte oder im Schnitt anwies, eine Blutlache in dem Filmbeitrag fünf Sekunden länger stehen zu lassen. Hunds Nicken erinnerte mich an meinen ehemaligen Genossen Kalle, der mit Decknamen Hund geheißen hatte.

Mich stieß das Verhalten von Beppo Zanderl und Martin Hund ab, doch ich verstand: Wie bei jeder anderen Fernsehsendung hing auch bei *Knall* alles von der Quote ab, das Einkommen des Chefredakteurs, die Ehre der Reporter und vor allem aber, ob die Sendung eine Zukunft hatte oder nicht. Scherzhaft bezeichneten sich meine neuen Kollegen deshalb als »Quotennutten«.

Konstruktiver als das skurrile Treffen mit Zanderl verlief das mit den beiden Redaktionsleitern, die ihm unterstellt waren, einem 24-Jährigen und einem 28-Jährigen. Ich stellte meine Geschichte vor. »Wenn das ein echter Schrat ist, mit Goldkettchen und so, dann könnte das was werden«, meinte der ältere. »Und die Mädels müssen natürlich auf den Tischen tanzen und ordentlich was auf der Brust haben. Wir sind ja hier beim Fernsehen und nicht beim Radio.«

Der jüngere Redaktionsleiter ergänzte: »Was mich bei der Geschichte etwas stört: Die Mädchen gehen offenbar freiwillig nach Deutschland. Außerdem sind sie volljährig. Du solltest in Berlin unbedingt auch eine 16-Jährige finden, die in Moskau in die Disco ging, dort von der Mafia betäubt wurde und in einem deutschen Bordell wieder aufgewacht ist. Die muss das richtig schön erzählen, damit der Zuschauer mit ihr bibbert und nicht während der Sendung ein Bier aus dem Kühlschrank holt. Wie sie sich weigerte, mit den Freiern ins Bett zu gehen, wie die Zuhälter sie dann prügelten und vergewaltigten, das muss plastisch rüberkommen.«

»Schön ist hier der deutsche Bezug«, lobte der ältere Redaktionsleiter. »Ausländische Geschichten, in denen keine Deutschen auftauchen, haben wir nicht so gern, die will keiner sehen. Das hatten wir gerade wieder bei der Bosnien-Reportage, handwerklich gut gemacht, aber die Quote ging in den Keller.« Die Redaktionsleiter nahmen das Thema in ihren Plan auf, unter dem Titel: »Sklavenhandel der Neuzeit – wie die Russenmafia Moskauer Schönheiten nach Berlin entführt«.

Gut gefielen mir die einfachen Redakteure und Reporter bei *Knall.* Sie sahen ihre Arbeit und die Sendung mit Humor. Gleichzeitig schafften sie Unglaubliches, filmten in Folterkellern der Mafia und spürten Menschen mit zehn Augen auf. Das war ein verschworener Haufen, wie die Berufsrevolutionäre früher. Wie bei den SDAJlern beschränkten sich auch bei den *Knall*ern die privaten Beziehungen auf andere Mitglieder des eigenen Haufens. Das war angesichts der Arbeitszeiten nicht anders möglich. Die Redakteure verbrachten auch die Abende und Wochenenden im Büro, wenn sie nicht gerade auf Dreh waren. Einige Mitarbeiter der Sendung hatten vor ihrem Eintritt in die Redaktion Freunde gehabt, manche waren sogar verheiratet. Aber diese Beziehungen wurden nach einiger Zeit meist gelöst und durch Affären, Liebesbeziehungen und Ehen innerhalb von *Knall* ersetzt.

In der Kantine von *Knall* aß ich öfter mit Kati, einer Redakteurin aus der ehemaligen DDR. Wir fühlten einander verbunden durch ähnliche Erfahrungen, redeten viel darüber. Kati wirkte wie eine Reinkarnation von Sandy auf mich. Das zog mich umso mehr an, als die Chancen schwanden, die echte Sandy wiederzufinden. Zunehmend trafen Kati und ich uns auch nachts in der Weinstube neben dem *Knall*-Gebäude.

Dabei plauderten wir sehr offen miteinander. Sie berichtete von ihrem festen Freund, einem *Knall*-Redakteur, mit dem sie zusammenwohnte, und ihrem Lover, einem *Knall*-Kameramann. Ihr Freund sei nett, aber langweilig. Der Sex mit dem Lover errege sie, aber reden könne sie mit dem nicht. Gelegentlich hole sie sich auch Partner für One-Night-Stands. Wir sprachen über alles, nur nicht über unser Verhältnis zueinander. Mich erregten ihre Geschichten und mich beeindruckte, mit welchem Selbstbewusstsein sie mit Männern umging.

Ich freute mich, wenn Kati mir ein Blatt Papier auf den Tisch gelegt und von Hand groß darauf notiert hatte: »*Liebe Grüße! Bin jetzt gleich wieder drehen, vielleicht telefonieren wir um 22 Uhr. Kati.*« Oder wenn ich in meinem Postfach eine Karte mit einem Aquarell fand, »Bewahre das Licht«, und auf der Rückseite hatte Kati geschrieben: »*Als Dankeschön für einen wunderschönen Abend voller Harmonie und Vertrauen. Du bist mein liebster Freund. Danke dafür, deine Kati. PS: Ich möchte, dass wir uns niemals verlieren!*«

Aufgrund der erwähnten langen Arbeitszeiten feierten die *Knall*-Redakteure meist unter sich, dies aber reichlich, also mit viel Alkohol und lange, da die Feten auch immer erst um zehn oder elf Uhr begannen. Anlässe fanden sich stets, der Geburtstag eines Kollegen, eine gute Quote der Sendung am Vortag oder ein Jubiläum von *Knall* (zwei Jahre, 225. Sendung, zehntes Mal mit Marktanteil von mehr als 20 Prozent und so weiter). Am kommenden Montag war wieder eine solche Fete, wegen des Geburtstags eines Redaktionsleiters. Dort wollte ich meine Freundschaft mit Kati vertiefen. Vorher drehte ich noch in Berlin für die Prostituierten-Geschichte.

Ich musste Bilder im Milieu filmen und eine Prostituierte aufspüren, die aus Russland unter falschem Versprechen nach Deutschland gelockt und zur Prostitution gezwungen worden war. Zunächst versuchte ich mich als Gast in Nachtklubs. Dort wollte ich eine entführte Russin finden und dann zu einem Interview an einem anderen Ort überreden. Ich stellte fest: Wenn man sich hier noch nicht auskennt, gibt man viel Geld aus, ohne Sex zu bekommen, geschweige denn ein Interview oder eine Drehgenehmigung. Die professionellen Damen machten einen großen Teil des Geschäfts, indem sie sich vom Kunden zu Champagner für 300 DM die Flasche einladen ließen. Da ich nicht zur Sache kam, sondern stattdessen über entführte Russinnen palaverte, war ich schnell 2400 DM los, für Small Talk mit deutschen Bardamen, ein paar Streicheleinheiten und Champagner, den ich am nächsten Tag erbrechen musste. Zum Glück blieb mein Kopf klar genug, um im letzten Moment das Einlaufen von Wasser in den Whirlpool zu verhindern, das mich weitere 1400 DM gekostet hätte.

*Knall* gab mehr Geld für Spesen als andere Fernsehsendungen, aber ich wollte es nicht übertreiben. Außerdem war mir die Abrechnung peinlich. So entschied ich mich für eine andere Taktik. Die einschlägigen Seiten der *BZ* und anderer Berliner Blätter waren voll mit Kleinanzeigen, in denen sich »rassige Russinnen« anboten oder ein »Top-Duett aus Moskau«. Mein Plan B: Als angeblicher Freier eine der angegebenen Telefonnummern anwählen, die Prostituierte in mein Hotel bestellen und ihr dann eröffnen, ich zahle dir das Geld, aber statt Sex gibst du mir ein Interview. Gesagt, getan!

Die erste Nutte war eine Polin. Sie behauptete zwar, eine Russin zu sein, wie ihr von der Agentur aufgetragen, sprach aber kein Russisch. Ich schickte sie wieder weg, rief erneut bei der Agentur an: Ich könne nur mit Russinnen! Die Dame in der Agentur entschuldigte sich. Innerlich wunderte sie sich bestimmt über die merkwürdige Veranlagung, doch der Freier ist König. Sie versprach Abhilfe, noch in der nächsten halben Stunde. Tatsächlich, 20 Minuten später klopfte eine etwa 20-jährige Frau an meine Zimmertür, die fließend Russisch sprach. Sie nannte sich Natascha und kam aus Moskau, was sie durch gute Kenntnisse der Metro-Routen bewies. Ihr Gesicht war hübsch, sie hatte rotes, lockiges Haar, einen sportlich-kräftigen Körper. Gekleidet war sie mit einem Strickpullover und einfachen Jeans. »Wir geben uns bewusst unauffällig, wegen der Rezeption, du verstehst?« Sie freute sich, auf einen Russisch sprechenden Deutschen zu stoßen, ein solcher Freier sei ihr in Deutschland noch nie begegnet.

Als sie sich an meinem Gürtel zu schaffen machte, sagte ich, ich wolle ein Interview statt Sex. Ihr bis dahin freundlich-lachendes Gesicht verdüsterte sich.

»Bist du verrückt? Was glaubst du, was die mit mir machen?!«

»Klar«, gab ich mich verständnisvoll, »ich kenne mich aus mit der Russenmafia, habe einige Filme darüber gedreht. Ich weiß, was dir droht! Wir verfremden dein Gesicht.«

»Ihr verfremdet mein Gesicht. Was redest du für einen Müll?«

»Ich meine, wir können am Schnittgerät einen Fleckenteppich über dein Gesicht legen, auch den Ton verzerren, damit keiner deine Stimme erkennt.«

»Versprechen kannst du mir vieles, aber wer weiß, was ihr nachher macht?«

»Wenn du mir nicht vertraust, können wir dich auch von hinten filmen, dann sieht garantiert keiner dein Gesicht. Der Kamera- und der Tonmann warten schon in der Lobby, ich muss die nur holen, dann können wir loslegen!«

»Kommt nicht in Frage! Was soll ich in diesem Interview überhaupt erzählen?«

»Wie sie dich nach Deutschland gebracht haben, wie sie dich zwingen, auf den Strich zu gehen!«

»Nach Deutschland gebracht habe ich mich selbst, mit dem Zug. Und mich zwingt hier keiner zu irgendetwas. Diese Arbeit macht mir Spaß. Wenn sie mir nicht passt, kann ich dieses Zimmer verlassen und woanders hingehen.«

Ich war überzeugt: Natascha log, weil sie Angst vor den Zuhältern hatte. »Aber sicher kennst du andere Frauen, die die Mafia zur Prostitution zwingt«, versuchte ich, das Gespräch voranzubringen.

»Warst du schon einmal in Moskau?«, entgegnete sie höhnisch.

»Ich habe dir vorhin erzählt, ich lebe in Moskau.«

»Aber offenbar spazierst du mit verbundenen Augen durch die Straßen. Sonst wüsstest du, dass dort Zehntausende Frauen auf den Strich gehen. Und jede von ihnen würde tausendmal lieber hier in Berlin anschaffen, als dort mit Händlern aus dem Kaukasus zu ficken. Die Mafia ist nicht dumm. Warum sollte sie für teures Geld Leute nach Deutschland zwingen und riskieren, dass sie abhauen, wenn die Freiwilligen Schlange stehen?«

Ich wollte kein Interview mehr, da die Aussagen nicht zu *Knall* passten. Obwohl Natascha ihre 200 DM, inklusive Fahrgeld, schon bekommen hatte, drängte sie: »Willst du jetzt mit mir ficken oder nicht?« Als ich ablehnte, zog sie verärgert ab.

In einem billigen Klub in Bernau bei Berlin fand ich schließlich Marina, eine Prostituierte aus der Ukraine, die sich mit mir für den nächsten Tag in einem Straßencafé verabredete. Auch sie hatte Angst, vor der Kamera zu sprechen, selbst wenn das Gesicht verfremdet würde. »Wenn das rauskommt, machen meine Zuhälter Ärger, nicht nur mir, sondern auch meinen Verwandten in der Ukraine.«

Die Zuhälter hatten ihr den Pass weggenommen, berichtete sie. Sie war also wirklich in ein kriminelles Milieu geraten. Der Sex mit fremden Männern ekelte sie, sie gab sich nicht so lebensfroh wie das Callgirl Natascha in Berlin. Sie habe sich das nicht so schwer vorgestellt. Doch auch sie hatte vorher gewusst: Sie sollte in Deutschland anschaffen. Die Geschichte von »zwangsverschleppten« Mädchen hielt sie für Blödsinn.

Wiederholt suchte ich für andere Filme von *Knall* »Opfer der Menschenhändler-Banden«, fand sie aber nie. Ich fragte mich, warum. Weil sich alle fürchteten? Oder spannen hier verschiedene Gruppen an einer Legende, die aus unterschiedlichen Gründen interessierte: Zeitschriften und Fernsehen, da Menschenhandel als investigatives Thema gilt, ein Bericht über Prostitution an sich aber als Auflagen- oder Quotenschinderei; Hilfsorganisationen, für die der Kampf gegen Menschenhandel den Sinn ihres Daseins ausmacht und die dafür vom Staat finanziell gefördert werden; Anwälte, die bei Razzien festgenommene ausländische Prostituierte vertreten und ihnen raten, sich als Entführungsopfer auszugeben, vernünftigerweise, weil sich die Frauen sonst selbst strafbar machen wegen illegaler Einreise und unerlaubter Arbeit?

Ich erinnerte mich an die Geschichte über Prostitution, die ich in *Elan* geschrieben hatte. Dort musste ich aus ideologischen Gründen »beweisen«: Die Prostituierten werden zu ihren Diensten gezwungen. Bei *Knall* ging es nicht um Ideologie, sondern um Quote. Dazu brauchte die Sendung Geschichten über Personen, die Mitleid erregen. Die Prostituierte, die einfach nur Geld verdienen will, passte da nicht. Als *Knall* von einem wöchentlichen zu einem täglichen Senderhythmus umstellte, jammerte einer der Redaktionsleiter: »Leider ist die Wirklichkeit manchmal nicht schlimm genug, um eine tägliche Sendung zu füllen.«

Erfolgreicher verlief der andere Teil meiner Recherche in Berlin. Ich fand die »Unternehmensagentur für Osthandel GmbH« und drang mit meinem Team in das Büro ein. Ich wollte Peter Klein vor laufender Kamera zur Rede stellen. Nur – der war leider noch in Moskau.

Stattdessen stieß ich auf die freundliche Mitgeschäftsführerin, die sichtlich schockiert war über die Vorwürfe gegen Klein. Sie glaubte sie schließlich, da Kleins private Moskauer Telefonnummer in ihrem Adressbuch identisch war mit der Nummer in der Anzeige. »Er will wohl das schnelle Geld verdienen auf diese beschämende Art und Weise«, sagte sie resigniert. Drei Tage später, verriet sie, sollte Klein aus Moskau zurückkehren. Sie versprach, ihn nicht vorzuwarnen.

Gemeinsam mit einem Kamerateam von *Knall* fing ich Klein auf dem Flughafen Berlin-Tegel ab. Nachdem Klein, wieder in Anzug und Krawatte, mit seinem Gepäckwagen den Zoll passiert hatte, sah er uns vor sich. Verwirrt schaute er um sich. Er wusste nichts davon, dass sein Deal aufgeflogen war, dass der vermeintliche Tourist mit der Amateurkamera am Nebentisch im Moskauer Hotel vom Fernsehen kam. Jetzt richteten sich unzweideutig eine TV-Kamera und ein Mikrofon auf ihn.

»Herr Klein, wie viele Frauen haben Sie in Moskau eingekauft?«, fragte ich.

»Ich habe Frauen eingekauft?«, erwiderte Klein und blickte mich unsicher an, wie ein Lausejunge, der auf frischer Tat ertappt wurde. »Das halte ich für ein Gerücht.«

»Was haben Sie zum Beispiel am 5. März im Hotel Intourist gemacht?«

»Da habe ich –«, stammelte er, »– habe ich ein paar Gespräche geführt.«

»Was für Gespräche, über was denn?«

»– aber sonst ist eigentlich nichts –«

»Worüber waren diese Gespräche?«

»Also, darüber –«, er senkte den Kopf und hüstelte – »möchte ich mich nicht mit Ihnen unterhalten.«

Aus meiner Jackentasche zückte ich die Zeitung mit der Nachtklub-Annonce und fragte: »Wollen Sie bestreiten, dass das Ihre Moskauer Dienstnummer ist?«

Ohne auf die Zeitung zu schauen, gab er zu: »Das bestreite ich nicht, auf keinen Fall.«

»Und was steht da? Dass Frauen für einen Nachtklub gesucht werden!«

»Das steht da. Aber das ist nicht das – also wir haben nicht – gut, das brauchen wir hier nicht zu bereden.«

Klein lief los, versuchte im Gewühl zu verschwinden.

Wir rannten ihm hinterher. Ich fragte, wie viel Geld er für dieses Geschäft bekäme.

»Lassen Sie mich jetzt in Frieden, sonst werde ich ausfällig«, rief Klein genervt und stieg in ein Taxi.

Unmittelbar nachdem *Knall* die Sendung ausgestrahlt hatte, wurde Klein als Geschäftsführer der »Unternehmensagentur für Osthandel GmbH« gefeuert.

Mein Film über den »Menschenhändler« erreichte die höchste Quote in *Knall* seit Jahresanfang. Die Kollegen waren begeistert. Besonders freute mich natürlich Katis Lob. Auch die Presse schrieb positiv, eine Fernsehzeitschrift schwärmte: »Enthüllende Reportage über den Einkauf hübscher Russinnen in Moskau für einen Zuhälter in Berlin. Einfallsreich und hartnäckig erarbeitet. Klasse!« Ich, einst der beste *Elan*-Verkäufer, war jetzt Quotenkönig von *Knall*! Gut für die Fete, bei der ich in meinem Verhältnis zu Kati weiterkommen wollte.

Pinot Grigio floss, dazwischen auch Champagner. In allen Redaktionsräumen wurde gefeiert. Um ein Uhr morgens stimmte ich mit ein, als einige Kollegen die »Internationale« sangen. Viele hier waren mal links gewesen und kannten den Text. Zum Refrain reckten wir die Fäuste.

Leider fand nicht nur ich Kati toll, so dass ich bald wieder in meine Feten-Außenseiterposition abdriftete. Anders als früher pirschte ich mich aber immer wieder an sie heran, bis sie mich anzischte: »Kannst du nicht auch mal mit anderen reden?«

Die Atmosphäre war versext. Martin Hund, der ebenfalls noch in der Zentrale zu tun hatte, knutschte eine blonde Praktikantin, die sich an der Wand rekelte und dann auf dem Sofa ihre Beine spreizte. Der ältere, 28-jährige Redaktionsleiter vögelte eine andere Praktikantin auf seinem Schreibtisch, ihn störte auch nicht, dass die Controllerin sie anglotzte und schimpfte, das fände sie eine »riesige Sauerei«.

Um vier Uhr morgens bemerkte ich, wie Kati die Party verließ. Ich stürzte zum Lift, schaffte es gerade noch hinein – leider auch Martin Hund. Da er dabei war, wusste ich nicht mehr genau, was ich sagen sollte. Hund ergriff als Kavalier die Initiative: »Kati, ich bring dich mit dem Taxi nach Hause.« Ich hörte nur noch von beiden: »Tschüs, Adrian!«

Konnte es sein, dass sie … Nein, sagte ich mir. Kati hatte mir einmal erzählt, sie halte Martin Hund für einen Schleimer. Und die beiden hatten den ganzen Abend kein Wort gewechselt, soweit ich beobachtet hatte.

Am nächsten Tag fiel mir auf: Hund wirkte zerknirscht, Kati zappelte nervös durch die Redaktion und war dann ganz verschwunden. Ob das Gutes oder Schlechtes zu bedeuten hatte?

Ein paar Tage später sprach ich Kati darauf an. »Ich hatte noch Riesenstress mit Hund«, sagte sie. »Ich vergaß meinen Armreif in seinem Badezimmer – und am Nachmittag kam seine Freundin vorbei.«

Ich war platt. Erst sagte ich gar nichts, dann: »Und?«

»Wir haben es gerade noch rechtzeitig geschafft, den Armreif rauszuholen. Aber er hat mich angebrüllt, ich solle besser aufpassen.«

»Eh, hei-heißt das –?«

Kati legte ihre Hand auf meine. »Adrian, tut mir leid. Ich hab' mich hinterher auch geärgert. Wahrscheinlich habe ich in der Nacht zu viel Pinot Grigio getrunken. Auch war ich sauer, weil er vorher Bianca geknutscht hat, diese Praktikantin, da wollte ich ihn selbst haben. Übrigens ist Hund im Bett eine Niete.« Sie dachte kurz nach, grinste und korrigierte sich: »Nee, stimmt nicht, eigentlich war's ziemlich gut.«

Nachdem ich nach Moskau zurückgekehrt war, flog ich mit unserem Kameramann Sergej in die Stadt Semipalatinsk, Kasachstan, wo das Militär zu sowjetischer Zeit Atombomben getestet hatte.

Jetzt war Kasachstan keine Sowjetrepublik mehr, sondern ein unabhängiger Staat, und die Testgelände in der Steppe wurden in- und ausländischen Journalisten vorgeführt.

Ein verbeulter Ikarus-Bus brachte uns, etwa 50 Journalisten, zu einem Dorf zwei Stunden von Semipalatinsk entfernt, in dem Opfer der Atomtests vorgestellt werden sollten. Die Führer der Sowjetunion hatten sehen wollen, wie stark die Sprengkraft ist, wie groß die Vernichtung. Bewusst wurden die kasachischen Steppenbewohner dabei der Strahlung ausgesetzt.

Die baumlose, wasserarme Ebene in ihrem endlosen Graubraun erschien mir wie das Ende der Welt. Schließlich erreichten wir das Dorf, eine Gruppe von einstöckigen, schlecht verputzten Ziegelhäusern. Viele Bewohner in dem Dorf litten unter Behinderungen, die durch die Atombomben-Tests verursacht waren. Ein Mädchen hatte drei Hände, einem Jungen fehlten die Augen – statt Pupillen hatte er von Geburt an knollengroße Eiterbeutel. Als ich später die Bilder von einer Fernsehagentur aus nach Berlin überspielte, rannten die amerikanischen Mitarbeiterinnen der Agentur angeekelt aus dem Raum. Einige Monate darauf gab es bei *Knall* eine Dienstanweisung: Schreckliche Geschichten ja, aber keine zu schrecklichen Bilder, weil uns sonst die Zuschauer wegzappen und die Quote sinkt.

Mit dem Kameramann Sergej besuchte ich in dem Dorf die Familie der 9-jährigen Bajan. Ihr waren die Haare ausgefallen, sie hatte eine Vollglatze. Sie traute sich nicht auf die Straße. Im Ort gab es nur eine Perücke der örtlichen Laienspielgruppe, aus Besenhaar. Ich hatte vorher von dem Fall gehört und dem Mädchen eine Perücke aus echtem Haar mitgebracht. Die gastfreundlichen Kasachen luden uns zum Mittagessen ein. Als Ehrengast reichten sie mir entsprechend der Tradition des asiatisch-muslimischen Volkes den Kopf eines Hammels. Ich musste das Tier vor allen zerlegen. Neben mir saß Sarina, die 18-jährige Schwester von Bajan. Wie alle Dorfbewohner war sie einfach gekleidet, trug einen langen Jeansrock und einen Baumwollpullover sowjetischer Produktion sowie eine Schapka auf dem Kopf, denn die Hütte war unbeheizt. Ihr Gesicht offenbarte asiatische Schönheit.

Als ich mich später vor der Tür verabschiedete, fragte sie mich, ob ich sie nicht heiraten wolle – auf Russisch, das sie in der Schule gelernt hatte, ihre Muttersprache war Kasachisch. Ich hatte schon gehört, dass das Bekenntnis zum Islam bei den meisten Kasachen eher äußerlich war, aber dieser Heiratsantrag von einer Frau in der kasachischen Steppe verblüffte mich doch, zumal ich sie vor einer Stunde zum ersten Mal gesehen hatte. Ich log: »Das tut mir leid, aber ich bin schon verheiratet.«

»Das macht gar nichts, ich kann deine zweite Frau werden, dann hast du eine Frau in Deutschland und eine in Kasachstan«, entgegnete sie. Ich entschuldigte mich, ich würde Kasachstan am nächsten Tag verlassen. Sarina, die mich nicht mehr überraschen konnte, schlug vor: »Wir können jetzt zusammen in die Steppe hinauslaufen und dort miteinander schlafen. Da kann uns keiner sehen.« Der Journalisten-Bus stand allerdings schon abfahrbereit.

Am Abend fiel mir im Hotel die *deschurnaja* auf, die Etagenfrau. Genauer gesagt fielen mir ihre Beine auf. Sie wachte am Eingang zum Flur, wie auf allen Etagen in allen Hotels sowjetischen Typs eine *deschurnaja* wachte. Meist waren dies ältere Frauen in Arbeitskittel mit verbiestertem Gesicht. Aber diese war höchstens 20 und sehr hübsch. Vor allem trug sie eine schwarze sexy Netzstrumpfhose.

Ich setzte mich neben sie. Sie war Russin, wie mehr als ein Drittel der Bevölkerung in Kasachstan. Sie machte mir Komplimente, noch nie habe sie einen Ausländer getroffen, der so gut Russisch sprach. Ich machte ihr Komplimente über ihre Augen und ihr Gesicht. Sie hieß Oksana. Ich gab ihr meine Visitenkarte, sie schrieb mir ihre Telefonnummern auf, dienstlich und privat.

Als wir am nächsten Tag auf dem Flughafen Schlange standen beim Check-in, fragte mich Sergej, der Kameramann:

»Hast du die *deschurnaja* gesehen, die süße Schnecke?«

»Ja, die sah nett aus.«

»Heute morgen kam sie zu mir ins Zimmer, brachte frisches Teewasser. Ich lag noch im Bett. Ich habe sie am Arm gepackt, zu mir reingezogen und so richtig durchgevögelt. Erst hat sie sich gewehrt, geschrien, nachher hat sie wild gestöhnt. Als sie sich verabschiedete, hat sie mich geküsst, von sich aus.«

Auf dem Rückflug von Semipalatinsk nach Moskau ließ ich die gesammelten Nächte zwischen Bogensee und Semipalatinsk Revue passieren. Die Beziehungen zwischen Frauen und Männern, so schien es, folgten weder den Ideen von Alice Schwarzer noch dem Handbuch *Grundlagen der marxistischen Ethik* von A. F. Schischkin. Es ging drunter und drüber. Macht und Besitz spielten eine Rolle, mal mehr und mal weniger, mal bewusst und mal unbewusst. Ich fragte mich: Was war schlimm daran, solange Erwachsene sich freiwillig vereinigten? Männer und Frauen diskutierten gemeinsam auf Sitzungen in der Firma, gingen zusammen ins Restaurant, berührten sich beim Tanzen. All das war akzeptiert, in vielen Kulturen auch das Küssen. Warum sollte gerade Sex ausgeklammert sein? Drückte sich der Mensch nicht dabei am besten aus? War die herrschende Moral nicht überholt, ein Überbleibsel aus den Zeiten vor Pille und Kondom, als jeder Geschlechtsakt zu einer Schwangerschaft führen konnte?

Doch mit der wahren Liebe ist es am schönsten, entgegnete ich mir dann. Ich dachte wieder einmal an Sandy.

»Sex in Sibirien« hieß eine neue Story für *Knall*. In der Gebietshauptstadt Omsk mit einer Million Einwohnern öffnete »Aphrodite« ihre Pforten, die erste Striptease-Schule der Stadt. *Knall* betonte die politischen Dimensionen, »wilde Marktwirtschaft, arme Russinnen haben nichts zu verkaufen als ihren Körper«.

Die sibirische Umgebung bot das passende Ambiente, um die Geschichte mit Witz und Augenzwinkern zu erzählen. Gründerin von »Aphrodite« war eine Regisseurin, die vorher Heldenmärsche zum Jahrestag der Oktoberrevolution inszeniert hatte und nun ein neues Auskommen suchte. Die zehn Stripperinnen trainierten in der Turnhalle der örtlichen Grundschule. Die kugelrunde 60-jährige Hausmeisterin hatte nichts dagegen, verteidigte aber insoweit sibirische Zucht und Ordnung, als sie die Herren aus dem Saal verwies, auch mich, Sergej und den Wachmann der Strip-Truppe, der vorher im KGB gedient hatte.

Mich belustigte das, der Rauswurf störte mich nicht, ich hatte schon genügend Bilder vom Training im Kasten. Und am Abend zeigten die Mädchen noch einmal ihren Busen, beim Auftritt in einem örtlichen Restaurant. Ich konzentrierte mich bei den Interviews auf die Stripperin Nadja, ledige Mutter eines acht Monate alten Sohns. Sie erfüllte die Anforderungen des Fernsehens, Mitleidseffekt, hübsches Gesicht, langes blondes Haar, schöner schlanker Körper mit einem aufregenden Po.

Als wir am Nachmittag auf einem Markt filmten, um die hohen Fleisch- und Schuhpreise zu illustrieren, hatte Nadja noch einen männlichen Begleiter. Doch der war am Abend anderweitig unterwegs, und Nadja schien mein Werben zu gefallen.

Im Hotel wollten die allgegenwärtigen Wächter verhindern, dass Nadja mit mir aufs Zimmer ging, aber ich sagte ihnen, es sei »dienstlich« und nur »kurz«. Nadja streifte sofort ihre Kleidung ab, was sie den ganzen Tag geübt hatte, und legte sich ins Bett.

Ich ließ mir Zeit, küsste ihre Brüste, leckte ihre Klitoris. Sie streichelte mir dabei das Haar. Dann legte ich mich auf sie, drang mit langsamen Stößen in sie ein, wurde dann immer schneller. Vor meinen Augen wechselten die Bilder, es war mir, als würde ich all die verpassten Gelegenheiten nachholen.

Meine platonische Freundin Friederike ahnte nichts von meinem nächtlichen Abenteuer in Omsk. Doch als ich ihr den Filmbeitrag »Sex in Sibirien« zu Hause auf dem Videogerät vorspielte, empörte sie sich: »Für so etwas gibst du dich her?«

»Das war ein engagierter Beitrag. Wir wollten zeigen, wohin die Not die Menschen in Sibirien treibt«, verteidigte ich mich.

»Das glaubst du doch selbst nicht. Da ging es doch nur um Titten und Ärsche.«

»Das darfst du so nicht sehen. Wenn ich meine Idee im Fernsehen rüberbringen will, brauche ich auch interessante Bilder. Sonst schaut nämlich keiner zu.«

»Von deiner Idee hat keiner etwas mitbekommen. Einige werden während deines Films gewichst haben.«

Ich ließ mich nicht davon abbringen, dass es ein kritischer Film war. Auch meine Lieblingskollegin Kati hatte das gesagt. Aber ich wünschte mir doch, in Zukunft weniger Beiträge mit Titten und Ärschen zu drehen.

Immerhin, *Knall* bezahlte ordentlich. Es war nicht leicht, Journalisten zu finden, die die deutsche Sprache beherrschten, einen Film spannend aufbauten und gleichzeitig bereit waren, im Dreck zu wühlen. Das erhöhte unseren Marktwert. Ich, der ehemalige Kommunist, verdiente nun mehr als ein Professor, Arzt oder Architekt.

Auch meine Garderobe veränderte sich. Bisher kannte ich nur Pullover, T-Shirt und Jeans. Jetzt trug ich öfter rotes Jackett und bunte Krawatte, wie viele Korrespondenten von *Knall* bei ihren Live-Auftritten im Fernsehen.

Damit hinkte ich Hund hinterher. Der pflegte sein Äußeres mehr denn je. Er erschien wie aus einem Männer-Modemagazin entsprungen: Brioni-Anzug in Anthrazit, goldene Manschettenknöpfe, Gravati-Schuhe. Er trug eine Rolex und schrieb mit einem Montblanc-Füller. Für jeden Wochentag hatte er eine andere Designerbrille. Einmal wöchentlich ging er zum Friseur, mal Locken, mal Pomade, mal Kurzhaarschnitt. Und er kaufte sich einen Jaguar.

Es zahlte sich für Hund aus, seinem jeweiligen Herrchen treu zu dienen. Der gelernte Bäcker mit Hauptschulabschluss hatte sich bei *Knall* vom Kabelträger zum Korrespondenten hochgedient, was niemand auf die Qualität seiner journalistischen Arbeit zurückführte. Chefredakteur Zanderl schwärmte: »Hund ist der kommende Mann.«

Im Moskauer Studio von *Knall* kriselte es zwischen Hund und den russischen Mitarbeitern. Er sprach kein Wort Russisch außer *dobroje utro*, »guten Morgen«, bemühte sich auch nicht, es zu lernen. Er hatte noch nie von dem Schriftsteller Bulgakow gehört, den die Russen verehren, und er kannte auch nicht den Dokumentarfilm über die Selbstverbrennungen von Frauen in Usbekistan, über den in dieser Zeit alle sprachen. Aber er beschimpfte die Russen als »Idioten« und »faule Säcke«, fühlte sich selbst als der beste Kenner Russlands und der anderen ehemaligen Sowjetrepubliken.

Den Kameramann belehrte er, wie das Licht auf der Kamera zu setzen wäre. Dem Fahrer griff er in die Gangschaltung. Einen Fahrer entließ er, weil dieser nach dem Aufbau der mobilen Satelliten-Anlage für eine Live-Schaltung Rückenschmerzen verspürte und nicht auch noch den Wagen ausladen wollte. Als 300 Dollar aus der Kasse verschwunden waren, machte Hund den auch für Finanzen zuständigen Producer verantwortlich, obwohl er diesem keine Schuld nachweisen konnte. Er drohte ihm: Ich gebe dir zwei Möglichkeiten zur Auswahl – entweder ich zeige dich bei der Miliz, der russischen Polizei an, oder du kündigst von dir aus. Da sich der Producer nicht mit der korrupten Miliz einlassen wollte, ging er von selbst.

Als ein 60-jähriger Mitarbeiter mit Krebsverdacht im Krankenhaus lag, stoppte Hund die Gehaltszahlungen an ihn.

Auch bekamen die russischen Mitarbeiter mit: Hund interessierte sich wenig für den Inhalt seiner Berichte, dafür umso mehr, wie er »rüberkam«. Nach jeder Sendung rief er Bekannte in Deutschland an und fragte: »Wie sah ich aus? Saß die Krawatte richtig? War ich gut zu verstehen? Wie oft wurde mein Name erwähnt?«

Da einige der russischen Kollegen kein Deutsch oder Englisch sprachen, vertrat ich sie manchmal als eine Art Betriebsrat gegenüber Hund, etwa wenn sie einen freien Tag wollten oder um einen Vorschuss baten, weil ihrer Familie das Geld ausgegangen war. Hund verbat sich dieses Engagement: »Halt dich da raus!«

Mich nervte an Hund, dass er sich immer als Koautor für meine Geschichten »anbot«, wobei die Koautorenschaft darin bestand, dass er dem Beitrag seinen Namen gab und sich mit Mikrofon ins Bild stellte. So wollte ich einen der martialischen Einsätze der Sonderpolizei-Einheit OMON gegen die Mafia mit der Kamera begleiten. Ich nutzte meine Beziehungen bei OMON, sollte über die nächste Razzia informiert werden. Wochenlang wartete ich auf den Telefonanruf und verließ Moskau nicht. Schließlich entschloss ich mich doch zu anderen Filmarbeiten zwei Stunden von Moskau entfernt, drehte einen Beitrag über die Armut der Bauern auf dem Lande. Als wir gerade die Kamera aufgebaut hatten, kam der Anruf auf dem Mobiltelefon, das damals noch groß und schwer wie ein Aktenkoffer war: OMON rückt aus, du kannst mit deinem Team mitkommen. Ich rief den Producer in Moskau an, bat ihn, mit dem zweiten Team schon einmal vorzugehen.

»Sag aber Hund nichts davon, der mischt sich sonst wieder ein«, meinte ich.

»Das ist jetzt peinlich«, meinte der Producer. »Ich habe das Telefon auf laut gestellt, und Hund hat mitgehört.«

Dieser Vorfall verbesserte die Beziehungen zwischen Hund und mir nicht. Hund hielt mich von nun an für eine »fiese Ratte«. Er wusste nicht, dass ich einmal den Decknamen »Ratte« geführt hatte.

Wenn Ausländer wie ich russischen Freunden erzählten, sie fänden es in ihrem Lande spannend, seufzten die: »Für euch ist das doch wie ein Horrorfilm. Da erschreckt man sich, genießt den Kitzel, und anschließend geht man wieder nach Hause. Wir aber sitzen immer in diesem Horrorfilm.« *Uschas*, »Schrecken«, war in dieser Zeit eines der meistgebrauchten Wörter in Russland.

Aber nicht nur Ausländer verließen die Horror-Aufführung nach einiger Zeit. Die schönsten und gruseligsten Darstellerinnen heirateten Männer aus dem internationalen Publikum und zogen ebenfalls gen Westen. »Rausheiraten« war ein großer Trend unter Russinnen – und natürlich ein Thema für *Knall*.

Ich filmte bei einschlägigen Agenturen. Auch erinnerte ich mich, wie Friederike sich immer über ihre Bekannte Lena ereiferte, die »Nymphomanin, die mit jedem schläft«. Die hatte ihr erzählt, sie strebe mit ihrem aktuellen Freund folgende Variante an: Sie heiraten ins Ausland, und zwar beide, er eine Frau, sie einen Mann, dann kommen sie beide nach Paris oder Berlin. Für *Knall* eine schöne Geschichte.

So lernte ich endlich Lena kennen. Sie trug ihr kurzes schwarzes Haar leicht gewellt. Ihre Lippen schminkte sie immer knallrot. Sie blickte mich mit gierigen Katzenaugen an. Ich führte sie aus in die neuen vornehmen Restaurants an der Moskwa, wo livrierte Kellner Fondue und Champagner servieren und Pianisten spielen. Der zweite Abend endete bei mir zu Hause. Lena ließ sich gern von mir ausziehen. Wir liebten uns auf dem Linoleumboden. Das war hart, aber aufregend. Lenas Mund schmeckte nach Zigaretten, sie war Kettenraucherin. Zwischendurch unterbrachen wir, um aus einer ebenfalls auf dem Boden stehenden Martini-Flasche zu trinken.

Wir trafen uns von nun an regelmäßig zu Sex und Martini. Lena fiel immer etwas Neues ein. In einem Fahrstuhl drückte sie das »Stop«-Schild, der Lift blieb zwischen zwei Etagen stehen. Dann öffnete sie meinen Gürtel. Ich streifte ihr das schwarze Höschen ab, das sie unter ihrem Lackminirock trug, und steckte es in meine Hosentasche. So vögelten wir stehend im Lift. Unten polterten Leute mit den Fäusten gegen die Tür. Lenas Stöhnen übertönte den Krach.

Lena zog mich sexuell an, doch ihre Ansichten und ihr Auftreten stießen mich ab. Obwohl sie in einfachen Moskauer Verhältnissen lebte, gab sie sich wie eine Gräfin. »Wenn ich verreise, logiere ich grundsätzlich nur in Fünf-Sterne-Hotels«, behauptete sie. »Und wenn das Hotel meinem Standard nicht entspricht, inszeniere ich einen Skandal und nehme mir ein anderes.« Sie war allerdings erst einmal verreist, nach Thailand, eingeladen von einem Mann, den sie selbst als »Banditen« bezeichnete. Im Moment war die Beziehung zu ihm unterbrochen, da er gerade zu 15 Jahren Gefängnis verurteilt worden war. Lena wusste angeblich nicht, für welches Delikt. »Ich interessiere mich nicht dafür, wie Männer ihr Geld verdienen. Mich interessiert nur, ob sie welches haben.« Einfache Dinge ekelten sie, etwa Pizzerien. »Man lädt doch eine Dame nicht zu einer Pizza ein«, entrüstete sie sich, als ich mit ihr einmal Pizza essen wollte. Sie tanzte in einer Disco, in die man nur mit Klubkarte eingelassen wurde, Jahresbeitrag 500 US-Dollar. Eine angemessene Summe, wie sie fand. »Ich möchte ja nicht mit Pionieren herumhüpfen«, meinte sie, anspielend auf die Kinderorganisation Leninpioniere.

Oft mussten wir als Reporter von *Knall* zu Angehörigen von Verbrechensopfern. Chefredakteur Zanderl nannte das »Witwen schütteln«.

In Sankt Petersburg fasste die Polizei einen Serienkiller, der zwölf Kinder im Alter zwischen sechs und zehn Jahren ermordet und zerstückelt hatte. Kameramann Sergej und ich besuchten die Eltern der siebenjährigen Tanja. Sie war das letzte Opfer, Polizisten hatten ihre Leiche vor drei Tagen in der Wohnung des Verbrechers gefunden. Die Eltern waren am Boden zerstört, sie heulten, konnten keinen Satz formulieren. Über Handy rief ich Hund in Moskau an.

»Du, das ist schwierig hier, die weinen ununterbrochen und sagen nichts.«

»Das ist doch geil«, entgegnete Hund. »Am besten wäre, wenn die Mutter vor laufender Kamera zusammenbricht. Genau das brauchen wir: *emotion, emotion, emotion*, wie Herr Zanderl immer richtig sagt.« Er sprach das *emotion* Englisch aus, mit österreichischem Akzent. »Sag dem Sergej, er soll ganz dicht draufhalten, mit Fokus auf die Tränen.«

»Aber eine gewisse Rücksicht –«

»Wir sind hier beim Fernsehen und nicht bei der Heilsarmee.«

»Was soll das, wenn die nichts sagen?«

»Du musst die richtigen Fragen stellen. Sag dieser Mami mal, sie soll sich vorstellen, sie hätte eine Knarre in der Hand und vor ihr stünde der Mörder ihrer Tochter. Was würde sie dann tun?«

»Damit hetzen wir zur Selbstjustiz auf!«

»Vergiss deine missionarischen Ideen. Du musst immer an den Zuschauer denken! Unsere Zuschauer malochen tagsüber am Fließband oder auf dem Baugerüst und sitzen abends erschöpft vor dem Fernseher, in kurzer Hose, Unterhemd und mit einer Bierdose in der Hand. Die wollen keinen sozialpädagogischen Klimbim hören. Die wollen wissen, wie die Alte sich am Mörder ihrer Tochter rächt.«

»Ich schaue, was sich machen lässt. Übrigens haben mir die Eltern schon ein Foto der kleinen Tanja gegeben, in Schuluniform mit weißen Rüschen.«

»Nur ein Foto? Du musst dir alle Fotos aus dem Familienalbum sichern!«

»Spinnst du? Tanja ist gerade gestorben, die Fotos sind das Letzte, was ihnen von ihrer Tochter geblieben ist. Die kann ich ihnen doch nicht wegnehmen!«

»Und ob du kannst! Sonst kommen in einer halben Stunde die Leute von *Explosiv*, und die Fotos laufen dann morgen bei denen. Frag auch, ob die die Tochter nicht auf Video gefilmt haben. Bewegte Bilder kommen immer besser als Fotos. Wir können dann rüberblenden von Bildern, wie die Kleine schaukelt, zu ihrem Sarg auf der Beerdigung. Das gibt einen geilen Effekt.«

»Ich glaube nicht, dass die eine Videokamera besitzen, das sind arme Leute.«

»Versuchen, immer versuchen! Du bist vor Ort, du musst das Beste rausholen. Ich kann mir hier nur den Mund fusselig reden. Übrigens, sicherheitshalber: Lass dir einen Wisch unterschreiben, dass sie exklusiv mit uns reden und mit keinem anderen. Als Honorar dafür kannst du ihnen eine Stange Zigaretten geben, das reicht hier in Russland.«

Ich interviewte die weinende Mutter, begann mit der Standardfrage beim »Witwen schütteln«: »Was fühlen Sie jetzt?«, verzichtete auf die Frage nach der Selbstjustiz und filmte die Fotos in der Wohnung ab, um sie der Familie nicht wegzunehmen.

In Sankt Petersburg wohnte ich im »Astoria«, in jener Zeit dem besten Hotel am Platz, 1912 erbaut, 1991 vollständig renoviert, mit Ausblick auf die Isaakskathedrale. Die Portiers trugen rote Mäntel und Zylinder. In der Hotelbar rekelten sich wie in fast allen russischen Hotels ein Dutzend Damen, die Kameramann Sergej als *profsojus* bezeichnete, wörtlich »Gewerkschaft«, was wieder eine schwer nachvollziehbare russische Ironie war.

Alle waren sehr schön, groß und, wie sich im Gespräch herausstellte, gebildet, die meisten studierten an der Uni oder hatten schon eine Hochschule abgeschlossen. Manche trugen Hotpants, andere Leggins, die einen Miniröcke so kurz, dass der Slip hervorschimmerte, die anderen Abendkleider, die an eine Oscar-Verleihung erinnerten, mit freien Rücken und Trägern, die die Brüste nur knapp bedeckten.

Sergej ging schlafen, ich blieb allein in der Bar. Sollte ich oder sollte ich nicht? Neben der lüsternen Lena liebte ich inzwischen, mehr oder weniger oberflächlich, andere Frauen, stürzte mich in Affären und One-Night-Stands. Doch mit einer Prostituierten hatte ich es noch nie getrieben. Prostituierte, das waren für mich die Frauen, die in der Hamburger Herbertstraße oder im Rotlichtbezirk von Amsterdam hinter Schaufenstern saßen. Nie würde ich mich mit denen einlassen. Zwar waren die Zeiten vorbei, in denen ich das aus politischen oder moralischen Gründen verurteilte. Dazu kannte ich mittlerweile das Milieu zu gut. Wenn erwachsene Frauen freiwillig so ihren Lebensunterhalt verdienten und Männer Geld ausgaben für ein bisschen Spaß, warum nicht? Aber mich reizten Prostituierte nicht, ich scheute auch das Risiko. Außerdem waren viele Prostituierte im Westen wenig attraktiv. Hingegen in Sankt Petersburg flirteten sie wie die Weltmeister und sahen aus wie Models. Andererseits: Mit Gefühl hatte das bei denen auch nichts zu tun, die betrieben ein kaltes Geschäft. Während ich an meinem Bier nippte, folgte mein Blick einer dunkelblond Gelockten in superkurzem blauem Jeansröckchen, sie trug Strapse und kniehohe schwarze Schnürstiefel mit hohen Absätzen. Sie beugte sich bei einem Mann mit bodenlangem schwarzem Ledermantel und kurzen schwarzen Haaren über den Tisch, dem Aussehen nach einem Hotelgast aus einer der Kaukasus-Republiken der ehemaligen Sowjetunion. Als sie so ihren Hintern rausstreckte und ihre kräftigen Brüste fast aus dem knappen T-Shirt fielen, wägte ich nicht mehr ab, sondern fühlte spontan: »Die fick ich jetzt und nicht der!«

Zwar war sie nicht die Schönste von allen hier in der Bar, hätte man sie fotografiert und die unbewegten Bilder verglichen. Doch wie jemand redet und die Augen bewegt, trägt mehr bei zu seiner Attraktivität als die Größe von Mund oder Nase. In ihrem Charme schlug sie alle, wobei viele mit ihr konkurrierten, die auch etwas zu bieten hatten. Vielleicht trieben mich auch Besitzstreben und Eifersucht, schließlich war gerade ein anderer Mann an ihr dran. Als der Kaukasier zauderte, gelang es mir, Augenkontakt zu ihr aufzunehmen. Sie stöckelte sofort auf mich zu und setzte sich zu mir an den Tisch.

»*Wy skutschajetje?*«, fragte sie, was sowohl bedeutet »Langweilen Sie sich?« als auch »Sehnen Sie sich nach jemandem/etwas?« Ich schmeichelte ihr, wie könne ich mich nicht nach jemandem sehnen, wenn ich so eine Schönheit wie sie vor mir habe. Sie lachte, bedankte sich, stellte sich als Dascha vor und lobte mein Russisch.

Schnell kam sie zur Sache: »Welche Pläne hast du für heute Nacht?«

»Welche Pläne hast du denn?«

»Das läuft hier so: Du sagst mir deine Zimmernummer, und ich folge dir zehn Minuten später. Das kostet dann 200 Dollar pro Stunde.«

»200 Dollar sind aber happig. 100 Dollar, okay, das ist auch eine Menge Geld.«

»Gehandelt wird hier nicht. Das ist der Tarif im Astoria, dies ist das beste Hotel der Stadt. Die würden nicht zulassen, dass ich die Preise kaputt mache.«

Sollte ich die Sache abbrechen? Hier ging es nicht um Gefühl, sondern nur um Geld. Andererseits war diese Frau wirklich klasse, ich würde mich die ganze Nacht ärgern, wenn ich sie jetzt wegschickte. Ich nannte ihr meine Zimmernummer.

Genau zehn Minuten später klopfte Dascha an meiner Tür, eine russische Hure mit deutscher Pünktlichkeit. Ich umarmte sie. Ich streichelte ihre Brüste, die sich noch unter dem T-Shirt verbargen. Dazu machte ich ihr Komplimente, mit ihrer Figur und ihrem charmanten Auftreten könne sie Model werden. Sie lachte und bat um die 200 US-Dollar. Nachdem ich bezahlt hatte, schnürte ich ihre Stiefel auf, zog ihr das T-Shirt über den Kopf und öffnete den Büstenhalter mit einem Griff, weshalb sie anerkennend sagte: »Viel Erfahrung!« Sie selbst knöpfte ihre Strapse auf und streifte die schwarzen Strümpfe ab. Als ich ihre Brust küsste, wehrte sie mich sachte ab: »Ich möchte zuerst duschen.«

Nach Dascha duschte auch ich. Sie lag auf dem Bett, in das weiße Laken eingewickelt. Ich stürzte mich auf sie. Sie stöhnte, spielte Erregung vor. Und sie spielte sie gut. Ich küsste ihren Hals und ihr Gesicht. Ihre Hand griff nach meinem Glied. Als es steif war, schnappte sie in ihrer Handtasche nach einem Kondom und zog es mir über. Sie nahm mein Glied in ihren Mund und blies mir einen.

Da ich schon sehr erregt war, aber nicht sofort kommen wollte, strich ich ihr über den Kopf und führte ihn weg vom Penis. Mit beiden Händen umfasste ich Daschas Hüften und drang in sie ein.

Beim Vögeln unterhielten wir uns. Mich interessierte, wer sie war. Und Reden half mir, den Akt zu verlängern. Sie studierte in Sankt Petersburg Psychologie, wollte aber später in der Werbebranche arbeiten.

»Warst du schon einmal im Ausland?«, fragte ich.

»Nein, aber ich würde gern reisen.«

»Wohin?«

»Am liebsten nach Deutschland natürlich!«

Ich stieß immer heftiger in sie hinein. Sie schrie, imitierte einen Orgasmus. Dann wechselten wir die Position. Ich wollte unter ihr liegen, konnte so ihren schönen kräftigen Busen besser sehen. Wieder umfasste ich ihre Hüften, sie ritt wild auf mir. Ich erhob meinen Oberkörper, nuckelte an ihren Brustwarzen.

»Gefällt dir das?«, fragte ich.

»Ja, sehr«, antwortete sie.

»Warum?«

»Weil du mir gefällst.«

Das sagt die zu jedem, dachte ich. Trotzdem hörte ich es gern. Ich umarmte sie heftig, wir rollten uns, dann saß ich oben. Bald ergoss ich mich in sie.

Wir lagen noch eine Weile umschlungen auf dem Bett und unterhielten uns. Seit zehn Monaten schaffte Dascha in diesem Hotel an, um so Studium, Klamotten und Essen zu finanzieren. »Ich bin über Bekannte reingekommen. Es ist schwierig, in das Kollektiv hier aufgenommen zu werden.« Mich amüsierte der Begriff »Kollektiv« in diesem Zusammenhang. Ich erinnerte mich, wie wir an der Jugendhochschule Wilhelm Pieck »Kollektiv« definiert hatten als »sozialistische Produktionsgemeinschaft zur Erreichung gemeinsamer Ziele«. Dascha erzählte weiter: »Das ist ein Prestigejob, in diesem Hotel kehren die besten Gäste ein. Bewerberinnen stehen Schlange. Die Mama nimmt nur Mädchen, die sehr gut aussehen, groß sind, gute Manieren und hohe Kultur haben.«

Mit »Mama« meinte sie die Chefin des Prostituierten-Kollektivs, also die »Puffmutter«, wobei der Begriff »Puffmutter« weder zu einem Kollektiv noch zu einem Fünf-Sterne-Hotel passte. Pro Nacht müsse sie 120 Dollar an das Hotel bezahlen, sagte Dascha. Das Geschäft sei hart, in manchen Nächten finde sie keinen Freier, in anderen versuche sie deshalb zwei oder drei zu kriegen, um die Verluste auszugleichen. Junge Frauen, die nicht im Hotel wohnten und nicht zum »Kollektiv« gehörten, würden am Eingang von den Portiers abgewiesen.

»Das Leben in Sankt Petersburg ist sehr teuer geworden«, sagte sie, als hätte ich von ihr verlangt, sich für ihren Job zu rechtfertigen. Sie sah plötzlich aus, als kämen ihr gleich die Tränen.

»Dascha, wovon träumst du, was willst du in deinem Leben erreichen?«

»Gute Arbeit, Familie, Kinder.« Und ungefragt behauptete sie: »Russische Männer wissen die Schönheit der Frau nicht zu schätzen.«

Dascha fragte mich, ob sie mich wiedersehen könne. Gern würde sie von mir nach Deutschland eingeladen werden. »Deutsche Ehemänner genießen ein sehr hohes Ansehen hier in Russland, sind fleißig, zuverlässig, saufen nicht so viel wie unsere.«

Als ich Dascha an der Tür verabschiedete, küsste sie mich auf den Mund, sagte auf Deutsch: »Tschüs!« Ich hatte gelesen, westliche Nutten küssen nicht auf den Mund. Nach dem Erlebnis mit Dascha schien mir, die Huren im Osten seien sinnlicher und nicht so abgebrüht.

Ein Anruf aus Kopenhagen riss mich aus meinem wilden Leben. Karin war dran, die ehemalige FDJlerin aus Karl-Marx-Stadt. Endlich hatte sie über Bekannte eine Telefonnummer von Sandy bekommen. Eine Telefonnummer in Moskau!

Ich dachte, dies sei ein schräger Traum oder ein schlechter Scherz. Doch ich war hellwach und es war nicht der 1. April. »Wirklich, das stimmt«, beteuerte Karin. Sie wisse nur nicht, ob die Nummer noch aktuell sei. Die Bekannte habe vor zwei Jahren das letzte Mal mit Sandy telefoniert. Sie sei mit einem Russen verheiratet, viel mehr habe die Bekannte nicht erzählt.

Sofort wählte ich die Nummer. Natürlich nahm niemand ab. Und das blieb so, obwohl ich es zu allen möglichen und unmöglichen Zeiten versuchte.

Erst nach drei Wochen, an einem Vormittag, hörte ich eine Stimme. Und obwohl sie Russisch sprach, wurde mir sofort klar: Es war Sandy!

Sie stammelte verwirrt, konnte drei Minuten nicht einordnen, wer ich war. Bis sie sagte: »Adrian, was machst du in Moskau?« Statt sie zu fragen, wie sie lebte, beging ich einen großen Fehler. Auf ihre Frage hin quasselte ich los, über meine Arbeit als Fernsehreporter, mein Interview mit Jelzin und Partys mit dem exzentrischen Parteiführer Schirinowski, meinen Kriegseinsatz in Tschetschenien und Russenmafia-Geschichten. Ich dachte, das würde sie beeindrucken. Als ich mit meinem Redeschwall zu Ende war, sagte sie: »Mit Journalisten sollte ich besser keinen Kontakt pflegen. Rufe mich bitte nicht mehr an.« Und legte auf.

Ich zitterte am ganzen Körper. Nach langjähriger Suche hatte ich sie endlich gefunden. Und sie wollte nicht mit mir sprechen, weil sie nichts mit Journalisten zu tun haben wollte. Was hatte sie gegen Journalisten?

Sofort wählte ich die Nummer wieder. Sie nahm nicht ab. Wenn sie bei späteren Anrufen abnahm, legte sie sofort wieder auf, sobald sie meine Stimme hörte. Nach drei Wochen war die Nummer abgemeldet.

Es wurde immer schwieriger, Auslandsthemen in *Knall* unterzubringen. Beppo Zanderl meinte, die bringen keine Quote. Als in Ruanda mehr als eine Million Menschen niedergemetzelt wurden, schickte Beppo Zanderl kein Fernsehteam hin: »Des interessiert hier kanen, mir san ja kane Buschtrommel.« Moskau lag im mittleren Bereich, auch weit weg, aber die Leute sehen europäisch aus. Es galt: Eine Million Tote in Afrika – kein Thema. Hundert Tote in Russland – ein Beitrag von drei Minuten. Penis-Operation in Düsseldorf – Sondersendung!

Als in Moskau der Rassismus wuchs und afrikanische Studenten der »Patrice-Lumumba-Universität für Völkerfreundschaft« auf offener Straße krankenhausreif geschlagen wurden, schlug ich einen Beitrag zu diesem Thema vor. Kurz zuvor hatte ein Film über eine Frau, die von Skinheads verprügelt worden war, eine schlechte Quote erreicht. Der ältere Redaktionsleiter schrieb per Fax zurück:

*»Da bei uns der Grundsatz gilt, dass Neger nicht laufen und Prügelopfer auch nicht, können wir uns auch für die Kombination nicht recht begeistern.«*

Ich rief den Redaktionsleiter an und wollte mit ihm absprechen, wie wir über die russischen Präsidentenwahlen berichten.

»Was jucken mich die Wahlen!«, kläffte er. »Das sind doch immer die gleichen Bilder, Leute werfen einen Zettel in die Urne, der Präsident fährt in der schwarzen Limousine vor. Das hat der Zuschauer tausendfach gesehen.«

»Wir können es interessanter gestalten«, argumentierte ich. »Der Nationalist Schirinowski prügelt sich in Talkshows mit seinen Widersachern. Der Pharma-Millionär Wladimir Brynzalow, ein anderer Kandidat, zeigt gern seine goldenen Toiletten und steht in Unterhose vor dem Kleiderschrank, um seine Anzüge für 5000 Dollar vorzuführen.«

»Nö, lass mal«, meinte der Redaktionsleiter. »Das interessiert unsere Zuschauer nicht.«

Eine halbe Stunde später rief er zurück, mit aufgeregter Stimme: »Hier läuft gerade über den Ticker: In Nowosibirsk hat ein Kannibale seine Nachbarin verspeist. Fliegt sofort da runter!«

Ich dachte in den nächsten Wochen darüber nach. Es war Zeit, mein Leben zu verändern. Sandy wollte mich nicht treffen. Die Arbeit nervte mich. Sollte ich etwas Neues anfangen? Gelernt hatte ich nur zwei Berufe, Revolutionär und Journalist. Und Revolutionäre waren nicht mehr gefragt. Sollte ich zurück nach Deutschland gehen? Nach dem wilden Russland hätte das einer Rückkehr in den Kindergarten entsprochen. Sollte ich in ein neues Land aufbrechen? Lateinamerika reizte mich. Aber was sollte ich dort als Reporter tun, wer interessierte sich dafür in Deutschland, wie konnte ich dort meinen Lebensunterhalt verdienen?

Ich erinnerte mich an meine Reise nach China für *Elan*. Das Reich der Mitte hatte mich fasziniert, eine völlig andere Kultur. Alle redeten jetzt über China, das Land wurde wirtschaftlich und politisch zunehmend wichtiger. Und es nannte sich sozialistisch, wenn die Führung auch von einem »Sozialismus mit chinesischen Besonderheiten« sprach. Sie öffnete das Land zum Westen und ließ Marktwirtschaft zu. Vielleicht das erfolgreichere Modell als Russland, um das Leben der Menschen zu verbessern?

Ich informierte mich über Sprachschulen in China. In den letzten Jahren hatte ich genug angespart, konnte eine Ausbildung bezahlen und ein Jahr nicht arbeiten. Andere erklärten mich für verrückt: Wie kannst du die gute Stelle bei *Knall* aufgeben? Ich dachte nicht in Sicherheitskategorien und Rentenansprüchen. So viel revolutionäre Haltung hatte ich mir bewahrt. Und vor allem: Das Leben musste spannend bleiben.

Während ich so über meine Zukunft sinnierte, rief mich der ältere Redaktionsleiter aus Deutschland an: »Gerade melden die Agenturen, eine Deutsche ist in Moskau ermordet worden, gemeinsam mit ihrem achtjährigen Sohn – auf grausamste Weise, Sauna von außen abgeschlossen, sie sind erstickt.«

»Gibt es schon Vermutungen, was dahinter stecken könnte?«, fragte ich.

»Wahrscheinlich ihr russischer Ehemann. Ein zum Tycoon aufgestiegener Mathematiklehrer, dem enge Mafiakontakte nachgesagt werden. Er handelt mit Diamanten. Wahrscheinlich wusste sie zu viel.«

»Hört sich nach einer aufregenden Geschichte an. Leider wird man ihn nie überführen, er schmiert die Polizisten und Richter«, gab ich mich als Experte. »Weiß man, wo die Deutsche ursprünglich herstammt und wie sie nach Russland kam?«

»Nur die kargen Angaben, die die Polizei herausgibt: Danach heißt sie Sandy M. und kommt aus Chemnitz, der ehemaligen Karl-Marx-Stadt.«

Seit Jahren berichtete ich über Morde und Mafia. Doch nun war jemand verwickelt, den – die Frau, von der ich seit Jahren träumte, ja, sollte ich sagen, die ich liebte – aber nein, sicherlich wurden viele Mädchen in Karl-Marx-Stadt damals Sandy genannt. Und M.

konnte alles Mögliche heißen: Maier, Müller, Mahler. Wie ein Feuerwehrmann beim Alarm rannte ich die Treppen hinunter. Im Auto warteten bereits Kameramann Sergej und der Fahrer, die ich, noch am Telefon, hektisch angeschrien hatte. Wir rasten zum Leichenschauhaus Nummer 2, wo laut Agenturmeldung die Leiche der Sandy M. sich befinden sollte.

Als wir dort ankamen, erklärte ich dem Gerichtsmediziner stotternd mein Anliegen.

»Wir sind hier überfüllt, Sie wissen ja, viele Familien holen ihre Angehörigen nicht ab, weil sie das Begräbnis nicht mehr bezahlen können«, sagte er. »Eine Deutsche, das sagt mir nichts. Im Tod sehen sie alle gleich aus. Kommen Sie mit in den Keller.«

Sergej folgte ihm mit laufender Kamera, dahinter ich. Auch das war das Russland jener Jahre. Die Gesellschaft löste sich auf, ohne Genehmigung oder Absprache kam man fast überall rein. Als TV-Reporter profitierte ich davon, doch in diesem Moment kam es mir gruselig vor.

Der Gerichtsmediziner öffnete eine quietschende Stahltür. Es stank nach Tod. Dutzende Leichen lagen kreuz und quer auf dem Boden, Männer mit verzerrten Gesichtern, nackte Frauen ineinander verhakt, Babys mit offenen Augen. Ich filmte nicht das erste Mal in einer russischen Leichenhalle, deshalb war ich von den katastrophalen Zuständen nicht überrascht. »Sehen Sie sich um«, sagte der Gerichtsmediziner, als sei er Verkäufer in einem Möbelgeschäft. »Die Alte da vorne ist mit Kopfschuss getötet worden, vielleicht ist es die.«

»Nein, sie ist in der Sauna erstickt, gemeinsam mit ihrem Sohn«, ich versuchte, mich zusammenzureißen.

»Ach, dann sind es wahrscheinlich die hier!«

Bevor ich Sandys weißes Gesicht und ihren erstarrten Körper erblickte, sah ich ihre goldblonden Locken, die mir schon beim ersten Mal aufgefallen waren, als sie das Lied von der roten Fahne gesungen hatte, die schön wird, wenn sie der Richtige trägt.

Sergej ging mit der Kamera dicht an ihr Gesicht, wie wir

das immer von ihm verlangt hatten. Ich stürzte aus der Leichenhalle.

Ich flog nach Berlin, um den Beitrag in der Zentrale von *Knall* zu schneiden. Im Kommunismus »scheint die Sonn' ohn' Unterlass«, hatten wir in der »Internationale« gesungen. Jetzt weinte ich ohne Unterlass. Ich hätte es ablehnen sollen, einen Film zu machen über die Frau, die ich geliebt hatte, wie mir jetzt klar war. Doch bis zu diesem Moment folgte ich meinem Pflichtgefühl, durch meine schweizerisch-protestantische Mutter anerzogen und von meiner leninistischen Jugend geprägt. Auch war ich mit Sandy nicht verwandt, sie war nicht einmal meine Freundin gewesen. So meinte ich, mich nicht weigern zu können. Schließlich war dies eine wichtige Geschichte für *Knall.*

Eine Kollegin aus Berlin hatte die »Witwen geschüttelt«, also Verwandte und Bekannte von Sandy so lange bequatscht, bis sie sich weinend vor die Kamera stellten. Mit bedrücktem Gesicht wartete ich im Vorzimmer von Chefredakteur Beppo Zanderl, er wollte mit mir sprechen, dringend, hieß es. Er war gerade im Haus unterwegs.

Sekretärin Irmgard Petzke stellte eine Kiste Weintrauben auf seinen ansonsten leeren Schreibtisch. Petzke war Zanderls vierte Sekretärin in diesem Jahr. Die erste hatte er entlassen, weil sie Weintrauben mit Kernen gekauft hatte, er aß nur kernlose. Die zweite kam fünf Minuten zu spät vom Weintrauben-Einkauf zurück. Die dritte wurde in eine Nervenklinik eingeliefert.

Auch Antonia Maider, eine Wiener Journalistin und Bekannte Zanderls, wartete im Vorraum auf ein Treffen. »Da Beppo is a oita Spezi von mir«, sagte sie. Ich hatte die Erfahrung gemacht: Alle österreichischen Journalisten kannten sich und waren miteinander befreundet – und die meisten von ihnen arbeiteten in Deutschland, gewöhnlich in leitender Position.

Zanderl brach in sein eigenes Vorzimmer ein, schrie »San zu blöd zum Filmen« und rannte, ohne sonst etwas getan zu haben, wieder hinaus. Sekretärin Petzke reagierte mit einem breiten, freundlichen Lächeln amerikanischer Art, zeigte ihre weiß blinkenden Zähne. Antonia Maider sagte mit anerkennendem Blick: »Guat, wie's mit dem Beppo umgehen. Kommen's aus am Heilberuf?«

Heilpraktische Fähigkeiten brauchte Sekretärin Petzke an diesem Tag auf jeden Fall. Denn Beppo Zanderl war gar nicht gut drauf. Die Konkurrenzsendung *Explosiv* hatte Sandys Mutter interviewt. Meine Kollegin dagegen hatte nur entfernte Tanten bekommen und einen Mann, der mit Sandy den Kindergarten besucht hatte und so unverständliches Sächsisch sprach, dass er untertitelt werden musste.

Im Gespräch mit mir besserte sich die Laune von Chefredakteur Zanderl merklich, obwohl ich stotterte und heulte. »Baba, baba«, hustete er, Weintrauben schmatzend, ins Telefon, als ich noch auf seiner Couch saß. Er sprach nicht mit seinem Vater, der Wiener sagt »Baba« an Stelle von »Servus« zu engen Vertrauten. Dem Anrufer, offenbar einem alten Spezi, erzählte er von den Bildern aus dem Moskauer Leichenschauhaus. Mit ihnen war das Abendprogramm von Knall gerettet.

Sekretärin Petzke klopfte, brachte Zanderl, wie von ihm bestellt, ein Print des Fernsehbilds, das Sandy und ihren Sohn auf dem Boden der Leichenhalle ineinander verhakt zeigte. Zanderl stolzierte durch die Redaktion, zeigte jedem das Foto: »Des is da Woahnsinn, des is da Woahnsinn! Erstickt in da Sauna mit dem Rotzbuan. A urgeile Gschicht!«

Ich meldete mich krank, zum ersten Mal in meinem Arbeitsleben. Ein weiterer Fehler, wobei ich nicht weiß, ob ich in der Redaktion etwas hätte ändern können. Als ich abends die Sendung einschaltete, begann sie, wie immer, mit der schnellen Erkennungsmelodie von *Knall* und dem üblichen, wie aus einem Maschinengewehr schießenden ersten Satz des Eingangstrailers, der heute lautete: »Die Mafiahure aus Sachsen ...«

»Ihr seid Schweine«, waren meine ersten Worte, als ich in der Redaktion anrief, ich rang um Atem. Der ältere der beiden Redaktionsleiter erwiderte mit ruhiger Stimme: »Nimm's nicht so ernst. Du weißt doch, wie Zanderl den Chefredakteur von RTL hasst. Die hatten Sandy als armes Opfer dargestellt. Da mussten wir gegenhalten.«

Als Kommunist hatte ich gelernt: Die Pressefreiheit in der Bundesrepublik ist die Freiheit von Springer, Burda, Bauer und einigen anderen Medienmogulen. War die Pressefreiheit auch die Freiheit der von ihnen angestellten Chefredakteure, ihre Privatfehden republikweit auszutragen? Wegen des Konkurrenzkampfs zweier Chefredakteure verlor Sandy jetzt auch noch ihre Ehre. Und ich war daran beteiligt!

Mein bisheriges Leben löste sich auf. Der Kommunismus war tot. Meine Fernsehbeiträge hatten die Welt nicht verändert, zumindest nicht zum Besseren. Und Sandy lag im Leichenschauhaus Nummer 2 der Stadt Moskau. Ich wählte den Ausweg, der mir im Moment als der nächstliegende erschien: Ich bereitete meinen Umzug in das Land vor, das weit weg war und eine boomende Zukunft versprach – die Volksrepublik China.

# Als Langnase unter Chinesen

Als ich in China ankam, änderte ich erst einmal meinen Namen. Ich hieß jetzt Jia Jiesi. Alle Ausländer, die in der Volksrepublik leben, brauchen einen chinesischen Namen. Die Schriftzeichen werden in die Aufenthaltserlaubnis eingetragen. Sie ermöglichen es Chinesen, den Ausländer mit einem Namen anzureden, den sie auch schreiben können. Da in China jeder Name etwas bedeutet, werden positiv besetzte Schriftzeichen gewählt, die im Idealfall ähnlich klingen wie der westliche Name. Letzteres ist weitläufig zu verstehen, wie der Vergleich von Geiges und Jia Jiesi zeigt (ausgesprochen: Dsja Djese). Die meisten Chinesen fühlen sich, wenn ich mich ihnen vorstelle, an die Zahnpasta Jia Jieshi erinnert (ausgesprochen: Dsja Dsjesche), so nennt sich die amerikanische Marke Crest in der Volksrepublik. Damit ist gleich für Gelächter und Gesprächsstoff gesorgt. Mein erster Chinesischlehrer, der mir den Namen gab, fand ihn dennoch passend. Denn »jia« heißt »ausgezeichnet«, »jie« »herausragend« und »si« »denken«, alles Dinge, die mich charakterisieren, zumindest nach Meinung meines damaligen Lehrers.

Ich studierte Mandarin, Hochchinesisch, an der New Asia University. Die sollte einmal, so sagte ihr Rektor, das »Harvard des Ostens« werden. Bis dahin war allerdings noch ein langer Marsch zurückzulegen. Die Sprachenschule logierte auf dem Gelände einer Baufirma, das durch zwei Plastikblumen geringfügig verschönert wurde. Auf dem Schulhof waren frisch gewaschene Bettlaken zum Trocknen aufgehängt. Täglich hämmerten und bohrten Gastarbeiter aus der chinesischen Provinz, so dass mit einem großen Sprung nach vorn zu rechnen war. Daneben lief der Unterricht. Zwanzig ausländische Studenten wurden von ungefähr gleich vielen chinesischen Werktätigen betreut – Direktoren, Lehrern, Managern, Putzfrauen und einem Fahrer. Auch acht chinesische Studenten waren eingeschrieben, sie lernten Englisch. Sie träumten auch von Harvard, allerdings vom Original im amerikanischen Cambridge – sie hatten wenig Lust, zu warten, bis das Harvard des Ostens fertig gebaut war.

Für mich bot die Schule eine interessante Möglichkeit zum *xia hai*, »Eintauchen ins Meer« – so nannte man in China das Absteigen von ehemaligen sozialistischen Staatsbediensteten in die Tiefen des privaten Handels. Und so könnte man auch die Versuche von ausländischen Geschäftsleuten, Journalisten und Kulturinteressierten bezeichnen, Schätze zu bergen in einem Land mit fremdartigen Tönen und unbekannten Schriftzeichen.

Mit Erfolg ins Meer eingetaucht war Lu Bisong, ein bekannter Linguist und einst Rektor einer führenden staatlichen Sprachenhochschule. Er gründete die New Asia University und betrieb sie quasi als Privatunternehmen. Seine alten Verbindungen kamen ihm zugute. In einem Land, in dem Erziehung bis dahin Monopol des Staats war, genehmigten ihm Behörden die Privatschule. Er zog einige der besten Lehrer des Staatsinstituts zu sich herüber. Für 2250 US-Dollar Jahresgebühr bekam ich zwanzig Stunden Unterricht pro Woche. Für zwölf Dollar pro Stunde nahm ich zusätzlich Einzelstunden.

Gegenüber den herkömmlichen Angeboten von Chinas staatlichen Hochschulen hatte die Privat-Uni mehrere Vorzüge: Sie nahm Bewerber unbürokratisch auf und gestaltete die Studienzeiten flexibel. Weltreisende, Hausfrauen, Generaldirektoren und Studenten hieß sie gleichermaßen willkommen. Anfänger ohne Vorkenntnisse nahm sie ebenso auf wie Sinologen. Jeder lernte in einer seinem Kenntnisstand entsprechenden Gruppe – falls nötig, wurde eine neue gebildet. Während die staatlichen Sprachinstitute gewöhnlich zwanzig Studenten in einer Klasse unterrichteten, waren es an der Neuen Asiatischen Universität nur drei bis sieben, da nur wenige die Schule kannten.

Das war ideal für mich, so konnte ich viel sprechen. Den Studienkollegen aus Japan und Korea fiel es leichter, die Schriftzeichen zu lernen, die für mich anfangs Kunstwerken glichen. Die koreanischen und die meisten japanischen Schriftzeichen unterscheiden sich von den chinesischen, aber die Studenten verstanden das Konzept. Mir hingegen fiel das Reden leichter als ihnen. Die Aussprache wird in China mit Hilfe des *pinyin* unterrichtet, der lateinischen Umschrift des Chinesischen. Auch chinesische Kinder lernen das hochchinesische Mandarin oder *putonghua*, die »allgemeine Sprache«, heutzutage mit Hilfe unseres ABC. Die chinesischen Schriftzeichen werden unterschiedlich ausgesprochen, je nachdem, wo man in China hinkommt. Jede Region, manchmal jede Stadt spricht ihren eigenen Dialekt, und diese Dialekte weichen so stark voneinander ab wie in Europa die verschiedenen Sprachen. »Auf Wiedersehen« etwa heißt in Peking *zai jian*, in Shanghai *zai wei* und in Hongkong *joi gin*. Damit die Leute sich untereinander verständigen können, erklärte die Regierung das *putonghua*, das dem Pekinger Dialekt gleicht, zur Staatssprache. Bis dahin waren die Schriftzeichen das Einzige, was alle Chinesen verband, weshalb sie auch als »Chinas zweite große Mauer« bezeichnet werden. Mittlerweile gibt es aber bei den Schriftzeichen einen Unterschied: Auf dem chinesischen Festland vereinfachte nach der Revolution eine Rechtschreibreform die Schriftzeichen. In Hongkong und Taiwan dagegen werden weiter die traditionellen, noch komplizierteren Zeichen gepinselt.

Was mir wie anderen Ausländern die Aussprache des Chinesischen erschwerte: Das Mandarin oder *putonghua* kennt vier verschiedene Töne, hoch und gleichbleibend, steigend, fallend-steigend und fallend. Die Silbe *ma* etwa kann je nach Aussprache

»Mutter«, »Hanf«, »Pferd« oder »fluchen« bedeuten. Wer in China höflich sein will, muss korrekt aussprechen.

Nach einem Jahr Eintauchen ins kalte Wasser der Sprachenhochschule konnte ich mich, wie andere Absolventen, beruflich und privat ohne Dolmetscher verständigen. Das war erstaunlich. Selbst Mao Zedong wurde von den meisten Chinesen nicht verstanden, weil es ihm an Kenntnissen des Mandarin mangelte, er sprach den Dialekt seiner Heimatprovinz Hunan. Erst heute beherrschen die meisten Chinesen die Staatssprache, dank besserer Schulen, vor allem aber, weil das Fernsehen das Mandarin bis ins letzte Dorf bringt.

In der Nähe der New Asia University gab es ein Zwei-Sterne-Hotel, dessen Name auch das Motto der Schule hätte sein können: »Booming City Hotel«. Wer ganz tief ins chinesische Meer eintauchen wollte, konnte in der Schule selbst wohnen, für vier Dollar die Nacht (Doppelzimmer ohne Toilette). Ich lebte im Studentenhotel *Yujing Dasha*, »Reiches Hauptstadt-Hochhaus«, das mir das beste Preis-Leistungs-Verhältnis bot. 10 Dollar die Nacht, das Zimmer mit Dusche, WC, Fernseher, Telefon, Klimaanlage und Kühlschrank wurde jeden Tag geputzt, dazu gab es einen kostenlosen Shuttle-Bus zum College. Gründer war ein Jungunternehmer mit einer findigen Geschäftsidee: Chinas erste Studentenunterkunft mit Warmwasser rund um die Uhr, bei der nicht um elf Uhr nachts die Eingangstür verschlossen wurde, wie sonst im Land üblich.

Wer neu in China lebt und die Sprache noch wenig beherrscht, dem kommt es so vor, als begegneten Chinesen Fremden mit Kälte und hielten Abstand zu ihnen. Dieser Eindruck kann sich später ins Gegenteil verkehren. In China gilt es als schlechte Manier, Gefühle welcher Art auch immer direkt zu zeigen. Das hat auch angenehme Seiten, hier wird nicht gleich gemosert wie in Deutschland, wenn man im Gedränge versehentlich einen anderen am Ellbogen berührt oder mit schwerem Koffer etwas langsam aus dem Zug aussteigt.

Aber, frisch dort eingetroffen, fiel mir auf, dass wenige mich anlächelten, die meisten Leute mieden sogar den Augenkontakt. Eine junge Chinesin allerdings grüßte mich immer freundlich, wenn wir uns zufällig begegneten. Sie arbeitete bei einem »Beratungsunternehmen für den Studienaustausch mit dem Ausland«, das wusste ich vom Schild an dem Zimmer, aus dem sie kam, die Firma war Untermieter der Schule.

Diese junge Frau schien verrückt zu sein wie ihre Heimatmetropole Shanghai. Jeden Tag trug sie andere Kleidung, vom Jeans-Anzug bis zum Kleid von Chanel war alles dabei. Sie wechselte die Frisur, mal Kurzhaarschnitt, mal Locken, mal wilde Strähnen, mal eine Perücke mit Haar bis zum Po. Selbst ihre Augenfarbe änderte sie, von Natur schwarz wie bei allen Chinesen, färbten unterschiedliche Kontaktlinsen ihre Iris mal blau, mal grün. Sie schien etwa 25 Jahre alt zu sein und war fast so groß wie ich, damit in ihrem Land weit über dem Durchschnitt. Sie hatte die Maße eines Models.

Völlig überrascht war ich, als sie mir eines Tages von sich aus die Hand schüttelte und auf Englisch sagte: »Übrigens, ich heiße Cindy.«

Während wir Ausländer chinesische Namen führten, kam es bei jungen Chinesen in Mode, sich zusätzlich zu ihrem Namen einen englischen Namen zuzulegen. »Cindy« war eine gute Wahl im Vergleich zu gebräuchlichen Varianten wie »Sunshine« und »Handsome«. Wie sich in dem ersten kurzen Gespräch herausstellte, hatte Cindy ein Englischstudium abgeschlossen und arbeitete jetzt als Assistentin für den internationalen Studentenaustausch. Ihre aufgeworfenen roten Lippen lächelten freundlich und etwas verschmitzt.

Leider tauschten wir keine Telefonnummern aus. In den folgenden Wochen lief sie mir auf dem Flur nicht über den Weg. In ihr Büro hineinplatzen und nach ihr fragen wollte ich nicht, das konnte sie in eine peinliche Situation bringen. Ich grübelte viel über diese Frau nach, die mir wie eine Fata Morgana erschienen und dann wieder verschwunden war.

In Shanghai erlag ich, der ehemalige Kommunist, dem Charme des Kapitalismus. An der Promenade Bund leuchteten die renovierten alten und wieder als solche benutzten Bankgebäude nachts heller als am Tag. Am gegenüberliegenden östlichen Ufer des Huangpu-Flusses, der Sonderwirtschaftszone Pudong (*dong* für Osten), waren auf ehemaligen Reisfeldern Wolkenkratzer entstanden, höher als in Manhattan. Dort strahlte die »Perle des Orients«, der höchste Fernsehturm Asiens mit seinen pinkfarbenen futuristischen Glas- und Betonkugeln, den die Shanghaier Schriftstellerin Wei Hui als einen »stählernen, gen Himmel ragenden Penis« bezeichnet hat.

Im traditionellen Stadtteil Puxi westlich des Huangpu (*xi* heißt Westen) verbanden sich Wolkenkratzer in phantasievollem Design mit französischen Kolonialbauten. Wie die Shanghaier selbst drängte ich mich durch die Menschenströme auf der Huaihai-Straße, der vornehmen Einkaufsallee des alten Shanghai, wo jetzt aufreizend gestylte Schönheiten flanierten, ein Ohr immer ans Handy gepresst. Ich begann meine Spaziergänge an den modernen Shopping-Tempeln wie Times Square und Hong Kong Plaza, ging vorbei an den Schaufenstern der teuren Boutiquen und Juweliere, hin zum gotischen Bau des französischen Kaufhauses Le Printemps und zum Parkson Department Store, vor dem Models die neueste Gesichtscreme und Orangensaft promoteten, und weiter zum Xiangyang-Markt. Dort betrachtete ich die Raubkopien von Gucci-Taschen, wühlte an den kleinen Ständen durch Handy-Hüllen in Qipao-Form und anderen Krimskrams. Shanghai hatte seine koloniale Vergangenheit abgeschüttelt, in der Franzosen, Engländer, Amerikaner und später Japaner die Stadt beherrschten. Am Eingang einiger Parks hatte damals gestanden: »Zutritt für Hunde und Chinesen verboten.« Shanghai war in den alten Zeiten aber auch eine kosmopolitische Stadt gewesen, in der Chinesen und Ausländer gemeinsam Geschäfte machten und einander liebten, in der russische Emigranten und von den Nazis verfolgte Juden Zuflucht fanden. Der Versuch Maos während der Kulturrevolution, die

Shanghaier zum Hass gegen Ausländer umzuerziehen, war gründlich misslungen. Shanghai war wieder eine Stadt geworden, in der sich Ost und West trafen.

Erst nach einem Monat sah ich Cindy wieder. Sie sei beruflich viel unterwegs gewesen, sagte sie. Dann flüsterte sie mir zu: »Bald verlasse ich diese Firma. Ich gebe dir meine E-Mail-Adresse, dann können wir Kontakt halten.« Sie schrieb mir die Mailadresse auf einen Zettel, außerdem ihre Pager-Nummer. Damals besaß sie noch kein Handy, sie trug am Gürtel einen Pager, einen kleinen schwarzen Kasten, mit dem sie Textnachrichten von einer Telefonzentrale empfing, die Freunde und Geschäftspartner dort für sie hinterlassen hatten.

Ich wollte Cindy ausführen ins exquisite Restaurant Club Jin Mao auf der 86. Etage des neuen Hotels Grand Hyatt, wo Millionäre und KP-Funktionäre ihre Gäste zu Shanghai-Küche einluden. Per E-Mail schlug ich ihr das vor.

Einen Tag später schrieb sie zurück. Sie bedauere, mir gestern nicht gleich geantwortet zu haben. Ihr ging es nicht gut. Sie bedankte sich für die Einladung, doch sie wollte sie erst annehmen, wenn es ihr wieder besser ginge. Sie würde sich freuen, mich bald zu sehen.

Wir schrieben einander in Englisch. Das war mit der Anglistin Cindy eindeutig der leichtere Weg, vor allem in jener Zeit, in der ich mein Chinesisch-Studium noch nicht abgeschlossen hatte.

Außerdem bereitet es uns Ausländern Mühe, die 3000 bis 4000 in China gebräuchlichen Schriftzeichen auf dem Computer zu schreiben. Es gibt dafür zwei Methoden: Bei der einen tippt man das Wort in der *pinyin*-Umschrift, also in lateinischen Buchstaben, auf dem Monitor erscheinen alle Schriftzeichen, die so klingen, das gesuchte klickt man an. Bei der anderen wird das Schriftzeichen aus seinen einzelnen Strichen zusammengesetzt.

Ich wiederholte meine Einladung in der folgenden Woche. Cindy antwortete. Sie bedankte sich. Schlug aber vor, dass wir uns in der nächsten Woche Freitag- oder Samstagabend treffen sollten. Sie würde hoffen, ich sei dann in Shanghai und hätte Zeit. Außerdem wollte sie wissen, ob ich ihr Blumen geschickt hätte. Rosen, die sie heute anonym erhalten habe. Sie würde zwar nicht glauben, dass sie von mir wären, aber sonst wäre gerade keiner in der Stadt, den sie kennen würde. Falls ja, bedanke sie sich herzlich. Falls nein, bedanke sie sich nochmals für meine Einladung.

Jemand hatte ihr Rosen geschickt, und sie vermutete mich als Absender! Das bedeutete: Auch sie dachte an mich. Aber: Nicht nur ich dachte an sie. Ich schwitzte, obwohl die Klimaanlage voll aufgedreht war in dem Internet-Café, aus dem ich die Mails versendete.

Was tun? Blumen hinterherschicken? Nein, damit würde ich den anderen Verehrer nachäffen. Auch würde sie die Blumen vergleichen. Viele Chinesen waren abergläubisch, nachher wählte ich eine unglückliche Zahl oder eine falsche Farbe.

Mich machte kribbelig, dass Cindy das Treffen um eine weitere Woche verschoben hatte. Sicher würde der andere Verehrer in der Zwischenzeit nicht untätig sein. Ich musste sofort handeln. Dieses Wochenende wollte ich sowieso in Hangzhou verbringen, 180 Kilometer südwestlich von Shanghai und ein beliebtes Wochenendziel für die Bewohner der Metropole. Eine chinesische Redensart lautet: »Im Himmel gibt es das Paradies, auf der Erde Hangzhou.« Dort, so hatte ich gehört, konnte man am Westsee bei Spaziergängen und Bootsfahrten die Hektik Shanghais vergessen. Selbst Mao Zedong, mein Vorbild aus Kindheitstagen, hatte sich oft monatelang in Hangzhou vergnügt.

So hämmerte ich in den Computer, dass die Rosen nicht von mir seien. Witzig sei allerdings, dass ich darüber nachgedacht hatte, ihr welche zu schicken. Dieses Wochenende sei ich in Hangzhou. Ich fragte, ob sie mich begleiten wollte. Es wäre mir ein großes Vergnügen, und selbstverständlich würde ich alle Kosten tragen. Auch wenn ich noch gar nicht wusste, was ihr alles gefallen könnte. Aber ich wäre neugierig, das herauszufinden. »Lass uns spontan und mutig sein«, forderte ich sie auf. Wenn ihr mein Vorschlag zusagen sollte, sollte sie mir mitteilen, wann sie morgen am Busbahnhof sein könnte.

Sie antwortete nicht. Ich schrieb eine zweite Mail, nannte ihr die Abfahrtszeit des Busses. Am Samstag sah ich mich am Busterminal um, vielleicht wollte sie mich überraschen. Hangzhou gilt als romantisch. Jeder in China kennt die Geschichte von der weißen Schlange und der schwarzen Schlange, die sich in schöne Mädchen verwandeln. Am Westsee von Hangzhou, so die Legende, verliebte sich die weiße Schlange in einen jungen Mann namens Xu Xian. Die schwarze Schlange ließ es regnen, Xu Xian hielt der weißen Schlange den Regenschirm und verliebte sich dabei ebenfalls. Diese Liebe stieß auf viele Hindernisse. So verriet ein Mönch Xu Xian, dass die weiße Schlange eine Schlange ist, ja, sie wäre sogar ein Dämon, treibe es mit Männern, während diese schliefen, und stürze sie ins Unglück. Am Ende fanden die weiße Schlange und Xu Xian wieder zusammen, und zwar auf der Zerbrochenen Brücke in Hangzhou. Die wollte ich mit Cindy besichtigen. Sicher wird sie zu Tränen gerührt sein, wenn sie hört, dass ich diese Legende kenne. Chinesen stehen auf Mystisches, glaubte ich. Doch als der Bus um 10.30 Uhr losfuhr, saß niemand neben mir.

In Hangzhou fuhr ich im Boot über den Westsee, mit lärmenden chinesischen Touristengruppen, spazierte um ihn herum, sah auch die Zerbrochene Brücke. Hier atmete es sich viel besser als in Shanghai. Aber in Gedanken war ich bei Cindy, das zweifellos schöne Hangzhou konnte ich nicht genießen.

Die folgenden Tage plagten mich Zweifel. Hatte ich durch diese Einladung alles verdorben? Ich war mir unsicher, die Gebräuche hier waren mir noch nicht geläufig. Was musste man in China tun, um das Herz einer Frau zu erobern? Meine Absichten waren doch gut. Ich hatte Cindy den Ausflug vorgeschlagen, weil ich sie für locker und nicht traditionell hielt. Aber wahrscheinlich hatte ich sie beleidigt, hatte einer tollen Frau, die ich noch gar nicht kannte, Busfahrkarten und Disco-Besuche angeboten im Tausch gegen ein gemeinsames Wochenende. Das machte man nicht. In China ist eben alles anders, dachte ich.

Es bestätigte sich, was ich befürchtet hatte. Die neue Woche begann, der in Aussicht gestellte Restaurant-Termin am Freitag rückte näher – aber von Cindy kam kein Wort. Ich beriet mich mit Bekannten, Chinesen und Ausländern, die schon lange in China lebten. Tja, schlimmer Fauxpas, sagten sie, in Hangzhou kann man mit Ehefrau oder fester Freundin ein romantisches Wochenende verbringen, aber nicht jemanden dorthin einladen, den man kaum kennt. Ich musste mich per E-Mail entschuldigen. Ich wollte Cindy meine Gedanken aber nicht zu detailliert offenbaren, das würde alles nur verschlimmern. Schließlich wusste ich nicht, was sich in ihrem Kopf abspielte. Sie wirkte immer so frech, wenn wir uns auf dem Flur über den Weg liefen. Ich schrieb ihr, ich sei etwas verstört, weil sie auf meine letzten Mails und Anrufe nicht reagiert habe. Vielleicht hätte ich einen Fehler gemacht mit Hangzhou. Ich hätte sie keinesfalls brüskieren wollen, es wäre wirklich nur eine spontane Idee gewesen. Falls es anders bei ihr angekommen wäre, so sollte sie doch bitte mein Versehen entschuldigen. Sie würde mich glücklich machen, wenn sie endlich reagieren und unser Treffen am Freitag bestätigen würde. Auch diese Mail blieb unbeantwortet. Schließlich entschloss ich mich zu dem, was ich von Anfang an hätte machen sollen, ich schickte ihr Blumen ins Büro.

Als ich im Internet-Café meine Mailbox öffnete, leuchtete der Mail-Neueingang auf. Und diesmal war es kein Spam mit Werbung für Viagra. Diesmal war sie es. *»Danke für die schönen Blumen, sie sind wundervoll. Deine Entschuldigung nehme ich an. Aber bitte, tu das nicht wieder. Ich weiß nicht, welchen Eindruck du von den Shanghai-Girls hast, aber ich gehöre nicht zu ihnen. Deshalb habe ich mich zurückgezogen. Minnie, meine beste Freundin, wird uns begleiten. Bist du einverstanden? Aber lass uns lieber Mittwochabend festhalten. Eine Sache noch, wir sind Freunde, einverstanden? Wenn du ein chinesisches Girl aufreißen willst, findest du solche reichlich in den*

*Diskotheken hier. Ich würde dir dann nur die Zeit stehlen, denn ich bin unabhängig, direkt, verrückt, liebenswürdig und sehe passabel aus. Denk darüber nach. Und sag Bescheid, wenn du mit zwei neuen Freunden essen gehen willst.«*

Ja, das war sie: direkt, verrückt, liebenswürdig, gut aussehend, in Wirklichkeit sah sie nicht nur gut aus, sondern prächtig, wundervoll, wie angeblich meine Blumen. Deshalb wollte ich sie kennenlernen. Und diese Frau hatte ich beleidigt mit meiner Hangzhou-Einladung. Ich schrieb zurück: *»Vielleicht klingt es seltsam, aber deine Mail macht mich glücklich nach Tagen der Traurigkeit. Danke für deine offenen Worte. Es ist mir eine Freude, nicht nur dich, sondern auch deine Freundin Minnie einzuladen. Die Hangzhou-Geschichte gibt einen schlechten Eindruck von mir. Ich habe meine Mail an dich noch einmal gelesen, sie enthält einige schreckliche Fehler. Wie konnte ich dich zu einem Wochenende einladen, was doch zwei Tage meint? Das konntest du ja nur missverstehen. Ich muss vollkommen naiv gewesen sein, als ich dies schrieb. Dabei wollte ich dir nur etwas Besonderes bieten, als du dachtest, die Rosen könnten von mir sein. Du hast vollkommen recht. Es tut mir sehr leid. Und es soll nicht wieder vorkommen.«*

Während meines Chinesisch-Studiums knüpfte ich auch Kontakte, die mir helfen konnten, anschließend eine Arbeit in Shanghai oder Peking zu finden. Dazu gehörte auch Dr. Hans Sauer, Vorstandsmitglied eines deutschen Elektronikkonzerns. Er hatte das erste Werk seines Unternehmens in China aufgebaut. Dafür ernannte ihn die Stadt Shanghai jetzt zu ihrem Ehrenbürger. Eine deutsche Bekannte von mir war gut mit ihm befreundet, sie arrangierte, dass ich ihn bei den Feierlichkeiten begleiten durfte. Nur, den Termin dafür nannte sie mir sehr kurzfristig. Er fiel auf den Mittwoch, an dem ich Cindy zum Essen eingeladen hatte. Seit Tagen hatte ich sie nicht mehr gesehen in unserem Schulgebäude. Hatte sie die Firma, die dort ihr Büro hatte, schon verlassen, wie angekündigt? Per E-Mail versuchte ich, mit Cindy einen anderen Abend zu vereinbaren.

Shanghai ist eine kapitalistische Stadt, die von Kommunisten regiert wird. Sie regeln dementsprechend auch den Verkehr. Regel Nummer eins einer sozialistischen Straßenverkehrsordnung lautet: Politik hat Vorfahrt. Ich kannte das aus Vietnam, wo Brücken für andere Fahrzeuge gesperrt wurden, wenn wir, die ausländischen Genossen, sie überquerten, und aus Kuba, wo Polizisten auf Motorrad mit hektischen Handzeichen andere Autos in den Straßengraben vertrieben. In China gilt freie Fahrt für BMW, Mercedes und VW Santana, die ein Schild mit roten Zeichen haben, das sie als Wagen der Volksbefreiungsarmee ausweist. Die Insassen haben meist nichts mit dem Militär zu tun, sondern sind Parteifunktionäre oder Söhne und Töchter von Parteifunktionären oder gute Bekannte von Parteifunktionären oder ihren Söhnen und Töchtern. Die Polizei darf sie nicht anhalten, nicht einmal dann, wenn sie rote Ampeln überfahren oder mit hundert Stundenkilometern durch ein Wohngebiet rasen. Auf Seitenstreifen, Fahrradwegen und Gehsteigen hupen sich die Bonzenschlitten ihren Weg frei, als wären es die Radfahrer und Fußgänger, die gegen das Gesetz verstoßen.

Solche Mühen werden natürlich nur niederen Funktionären aufgebürdet. Für höhere Chargen stoppen Polizisten gleich ganz den Verkehr, was viele der Staus in Peking und Shanghai verursacht. Aus Sicht ausländischer Kapitalisten gehört es zu den atemberaubend positiven Veränderungen in China, dass jetzt auch sie, nicht nur Kommunisten, dieses Privileg genießen.

So fuhren also Ehrenbürger Dr. Hans Sauer, seine damalige Freundin, seine spätere Freundin, die meine Bekannte ist, und ich in einem vollklimatisierten Fernreisebus durch Shanghai. Die beiden Begleiterinnen stammten aus Deutschland, darauf legte man in dem Elektronikkonzern Wert, denn das Unternehmen respektierte die lokalen Sitten, wie Sauer unter schallendem Gelächter zum Besten gab: »So etwas ist in China verboten. Als wir hier anfingen, tauchten einige unserer Expatriates in den Notizbüchern von einschlägigen Damen auf oder wurden in flagranti erwischt. Wir haben das dann lautlos gelöst, sie mussten die Koffer packen.«

Jeder von uns belegte eine Sitzreihe, der hintere Teil des Busses blieb leer. Shanghaier selbst quetschten sich in stickige, völlig überfüllte Busse, die jetzt gestrandet waren, weil Polizeiwagen mit Blaulicht und Rotlicht unsere kleine Reisegruppe eskortierten und die Straßen für alle anderen sperrten. Wir sprachen kurz darüber, Sauer rechtfertigte es mit einem Argument, das mir aus meiner kommunistischen Jugend bekannt vorkam: »Man sollte hier nicht europäische Maßstäbe anlegen. Das ist einfach ein Ausdruck von asiatischer Ehrerbietung.«

Unser Luxusbus mit Eskorte fuhr an einem »Kinderpalast« vor, wie es sie auch in der DDR gegeben hatte. Ohrenbetäubender Lärm. Hunderte Grundschülerinnen in gebügelten, strahlendweißen Hemden und mit roten Halstüchern der sozialistischen Kinderorganisation Junge Pioniere riefen im Dauersprechchor »*huanying, huanying, relie huanying*«, »willkommen, willkommen, wärmstens willkommen«. Dazu schwenkten sie Papierblumen. Jungs bliesen Fanfaren. Ich erinnerte mich an die Empfänge für sozialistische Staatsführer, die wir an der Jugendhochschule nachgespielt hatten.

Als wir ausstiegen, Sauer ließ sein beiges Jackett der feuchten Hitze wegen im Bus, kam es zu einem ersten emotionalen Höhepunkt. Eine Lehrerin tippte einem vielleicht achtjährigen Mädchen auf die Schulter, worauf es auf den mit hellblauem Hemd und gestreifter Krawatte gekleideten deutschen Manager zustürmte und ihm ein rotes Pionierhalstuch entgegenstreckte. Der fast zwei Meter große, breitschultrige Sauer verstand die Geste und beugte sich zu der zierlichen Schülerin herunter, was wie ein Kotau vor einem chinesischen Kaiser aussah. Sie band ihm das Symbol der kommunistischen Kinderbewegung um. Wie fühlt sich ein kapitalistischer Manager in einem solchen Moment? »Das war für mich noch schöner als die Verleihung der Ehrenbürgerwürde selbst«, ließ Sauer über einen Dolmetscher der Lehrerin mitteilen. Und sagte dann zu mir: »Man freut sich, man ist ein wenig stolz und fühlt sich weiter verpflichtet. Es gibt nichts, was uns stoppt in unserem Engagement für China. Jetzt geht es erst richtig los!«

Als das Mädchen den 58-Jährigen an die Hand nahm und in den Kinderpalast führte und er dort ein paar Computerspiele und Laserkugeln sah, war seine Begeisterung nicht mehr zu bremsen:

»Die bereiten sich auf die Zukunft offensichtlich anders vor als wir.«

» Nämlich?«, fragte ich vorsichtig.

»Was heißt hier ›nämlich‹, man kann das hier sehen. In jeder Hinsicht bieten die den Kindern Dinge, die ihnen eine Zukunft versprechen. Wir machen so etwas nicht, wir haben zwar Kindergärten, christliche Kindergärten und alles mögliche, aber hier ist das alles auf pragmatische Notwendigkeiten ausgerichtet. Hier sehen Sie Hightech-Anlagen, die sind State of the Art. Das haben wir bei uns nicht. Wir sind froh, wenn wir für unsere Kinder noch ein paar Bausteine zusammenkriegen.«

Ich konnte mich kaum beherrschen angesichts von so viel Unsinn aus dem Mund eines deutschen Spitzenmanagers. Abgesehen davon, dass man solche »Hightech-Anlagen« in den Spielwarenabteilungen der Warenhäuser bei uns auch kaufen konnte: Dem ausländischen Ehrengast wurde natürlich der beste »Kinderpalast« vorgeführt, der zu finden war, und der hatte mit dem Leben von normalen Chinesen so viel zu tun wie die Mondlandung von Neil Armstrong mit dem Alltag in South Carolina.

»Herr Dr. Sauer, übertreiben Sie jetzt nicht ein wenig?«, versuchte ich höflich zu bleiben. »Im angeblich sozialistischen China zahlt man anders als in Deutschland Schulgeld, sogar für die Grundschule, und das ist so hoch, dass es bei manchen Bauern das Einkommen übersteigt. Und Schulen auf den Dörfern hier fehlt es an Kreide. Bauklötze würden die als Luxus empfinden.«

»Das weiß ich sehr gut, aber Sie müssen die Ausgangsbedingungen sehen«, belehrte mich Sauer. »Die Führung hier fährt eine sehr kluge Strategie, entwickelt erst die Städte an der Küste und dann weitere Teile des Landes.« Mit den »Ausgangsbedingungen« hatten wir schon in den 70er Jahren erklärt, warum die Sowjetunion und China ärmer waren als der Westen, und auch die DDR litt angeblich unter schlechteren Ausgangsbedingungen als der Rest Deutschlands, was alles andere rechtfertigte.

Wir konnten das nicht weiter vertiefen, schon gar nicht im Gespräch mit den chinesischen Betreuern der Kinder, denn Delegationsreisen von Ausländern im Sozialismus unterliegen traditionell einem gedrängten Zeitplan. Schon wartete woanders eines der Einwohnerkomitees auf uns, die in China die Nachbarn organisieren und bespitzeln, entsprechend dem Vorbild des Blockwarts unter den Nazis und der Hausgemeinschaftsleitung (HGL) in der DDR.

Das Blaulicht rechts auf dem Polizeiwagen und das Rotlicht links blinkten wieder, das Martinshorn lärmte, wir rasten weiter durch die für uns geräumten Straßen. Die Metropole schien stillzustehen, nur die Arbeiter auf den Baustellen hämmerten ununterbrochen, denn dort herrscht in Shanghai 24 Stunden Betrieb. Anlass für den Ehrenbürger, zu einem neuen Vortrag auszuholen: »Schauen Sie sich dies an, hier entsteht ein neues Hotel, der Bau wurde gerade erst beschlossen. Wenn wir in Deutschland wären, befänden wir uns noch im Planfeststellungsverfahren. Und wenn wir dann nach einem Jahr endlich durch wären, würden erst die ganzen Gruppen, die ohnehin dagegen sind, auf den Plan gerufen. Dann wären wir wahrscheinlich in fünf Jahren so weit, dass wir anfangen. Aber Sie können hier noch etwas Bemerkenswertes sehen, nämlich wie man mit Vorschriften umgeht.« Vor uns balancierten Arbeiter ohne Seil und Netz auf Bambusgerüsten. »Die haben ein bisschen Bambus drumherum, und das war's dann. In Deutschland würde nicht ein Einziger so arbeiten dürfen.«

»Aber wenn einer herunterfällt?«, fragte ich, wobei es mir peinlich war, den Monolog über den Fortschritt der Weltgeschichte mit solchen Banalitäten zu unterbrechen.

»Ich meine, ich habe nichts dagegen, dass die Menschen sicher arbeiten«, antwortete der Mann aus dem deutschen Konzernvorstand sichtlich genervt. »Aber das ist eben alles Ausdruck der Schnelligkeit hier. Vor zwei Jahren waren dies noch Reisfelder. Das ist das Tempo, mit dem hier gearbeitet wird. Und man kann sich vorstellen, denn das Tempo lässt ja nicht nach, wie das hier in fünf Jahren aussehen wird, in zehn Jahren, in zwanzig Jahren. Das ist eine Dynamik, die im Grunde genommen nicht zu beschreiben ist.«

Beim Einwohnerkomitee trafen wir eine bekannte Szenerie. Kleine Mädchen, diesmal im Kindergartenalter und mit rot geschminkten Lippen, skandierten auf der Straße »*huanying, huanying, relie huanying*«, »willkommen, willkommen, wärmstens willkommen«, und klatschten in ihre Händchen. Sie trugen abwechselnd grellgrüne oder rosa Ballettanzüge und gleichfarbige Schleifen im Haar. Eine Vierjährige überreichte dem Ehrenbürger einen Strauß mit Rosen, Lilien und Chrysanthemen, woraufhin er sie herzte.

Das Einwohnerkomitee residierte in einem einstöckigen Gebäude, über dessen Tür rote Lampions aufgehängt waren. Eine Funktionärin mit kurzem, kräftigem, nach hinten gebürstetem Haar und weißer Perlenkette las Zahlen vom Blatt ab: Wie viele Menschen hier leben, wie viele sich »sozial engagieren« und »kulturell betätigen«, was immer das heißen mochte. Mir schien, ich hatte den Vortrag schon in der DDR, der Sowjetunion, Polen, Ungarn und Kuba gehört, nur dass hier die Zahlen nach oben korrigiert waren.

Als nach einer halben Stunde alle inhaltslosen Formeln heruntergeleiert waren, sagte Sauer mit feierlichem Gesicht: »Sie haben eine sehr beeindruckende Einführung gegeben. Ist das die Art, die ganze Stadt zu organisieren?« So artig und solidarisch wie jetzt der westliche Manager hatten nicht einmal wir als Genossen früher gefragt. Trotz aller Euphorie hatten wir oft nachgebohrt, warum Schwule verfolgt wurden oder die Bücher Kafkas verboten waren. Allerdings hatten wir auch nicht Milliardensummen investiert wie der deutsche Elektronikkonzern in der Volksrepublik.

Die Funktionärin griff Sauers Stichwort sichtlich bewegt auf: »Die Art, wie wir hier solche Ereignisse organisieren, hat anderen Stadtteilen Impulse gegeben. Wir wollen, dass die Leute unsere eigene Kultur besser verstehen. Gleich werden Sie einen Chor sehen, der schon 32 Jahre alt ist. Da werden Sie erleben, wie sich die alten Menschen bei uns in Shanghai fühlen.«

Keine weiteren Fragen mehr, wir mussten in den nächsten Raum, in dem der Chor wartete. Zwanzig Rentnerinnen, in roten Blusen uniformiert, schwenkten Sonnenblumen und Rosen aus Plastik und sangen den Schlager: »Auch wir alten Leute pflanzen Blumen und haben Blumen gern. Und die Blumen freuen sich, die Sonne zu sehen.« Der deutsche Manager und die Funktionärin freuten sich auch.

Als ausländischer Investor war Hans Sauer zu manchem Spaß bereit. So ließ er sich eine Maske in der Form eines zu groß geratenen Motorradhelms, mit dicken roten Backen draufgemalt, über den Kopf stülpen und tanzte in diesem Aufzug mit den Rentnerinnen. Anschließend boten Mädchen aus dem Kindergarten einen Ententanz, sie trugen weiße Miniröcke, blaue Matrosenkittel und ihre Lippen waren ebenfalls grellrot geschminkt.

Weitere junge Talente des Sozialismus traten auf. Ein Fünfjähriger, dem ein roter Stern auf die Stirn gemalt worden war, zupfte traditionelle Melodien auf der Pipa, einer chinesischen Laute mit vier Seiten. Eine kleine Pianistin spielte Beethovens »Für Elise«. Auch in der Marktwirtschaft bei gleichzeitiger kommunistischer Parteidiktatur bewährte sich das alte Prinzip Kaderschmiede: »Wunderkinder«, die später das Land repräsentieren, werden durch systematische Talentsuche, Auslese und harten Drill herangezogen.

Es soll hier nicht der Eindruck entstehen, Hans Sauer und andere westliche Unternehmer, die die chinesische Führung bejubeln, würden auf jeden Taschenspielertrick hereinfallen. Zwar erschwert ihnen ihre Unkenntnis der Landessprache, die fremde Kultur zu verstehen. Aber sie machen ihre Erfahrungen im Geschäftsleben und stoßen dabei auf kolossale Hürden, die sich Außenstehende nicht vorstellen können. Im angeheiterten Zustand geben sie Geschichten zum Besten, wie der chinesische Leiter der Firmenkantine nebenbei einen florierenden Lebensmittelhandel eröffnete oder wie einer der deutschen Manager beim Spaziergang in stinkende Abwässer stürzte, weil hier private Rohstoffverwerter Gullydeckel recyceln.

Auch wir hatten früher aufgrund unserer Delegationsreisen und Studienaufenthalte manche Anekdote über Irrsinn im realen Sozialismus erzählen können, den Antikommunisten nicht einmal erahnten. Doch wie wir dies »eingeordnet« hatten als Mühen in einem »großen revolutionären Prozess«, so ließen sich die Chinafreunde jetzt ihre gute Stimmung nicht verderben. Wir hatten Missstände entschuldigt mit dem Spruch »Wo gehobelt wird, da fallen auch Späne«. Dieser bildhaften Arbeitersprache bediente sich Dr. Sauer natürlich nicht.

Wie bei uns damals auch spielte die Auswahl der Gesprächspartner eine Rolle. Die Leute, die man als Ausländer ohne Sprachkenntnisse in einem Land wie China trifft, sind nicht repräsentativ, das weiß jeder. Und doch prägen sie das eigene Bild. Hans Sauer erzählte voller Stolz, er habe sich in Shanghai früher vom gleichen Friseur die Haare schneiden lassen wie der spätere Staats- und Parteichef Jiang Zemin und sich mit Jiang dabei einmal über die Wirtschaftslage ausgetauscht. Als Zuckerhäubchen auf die Ehrenbürgerwürde durfte er am heutigen Tag sogar eine »typische Shanghaier Familie« besuchen, die Familie Zhang. Auch die war gut ausgesucht worden von der Stadtparteileitung der Kommunistischen Partei.

Herr Zhang arbeitete in einem »Institut für Nationalitätenbeziehungen« und wies dort »wissenschaftlich« nach, warum Tibet schon immer zu China gehörte. Die typische Tätigkeit eines typischen Shanghaier Bürgers eben. Hans Sauer half, in der Küche Erbsen zu waschen, und vier chinesische Fernsehteams sowie zehn Pressefotografen dokumentierten die zwanglose Begegnung. Leider war die Küche zu klein für den Medienrummel, so dass die Kameraleute sich im Flur abwechselnd auf Hocker stellten und von dort durch die Luftabzugsluke filmten. Schade war auch, wie ich von den chinesischen Reportern erfuhr: Nach dem Besuch des Ehrengasts wollte die Stadtparteileitung nicht nur das Poster des damaligen deutschen Torhüters Andreas Köpke wieder abnehmen, das sie den Zhangs übers Ehebett gehängt hatte, sondern auch das aus diesem Anlass gelieferte schwarze Ledersofa.

Familie Zhang lebte im achtzehnten Stock der »Vierten Siedlung Kao Yang«. Sie war in diese Vorstadt zwangsumgesiedelt worden, weil ihre Wohnung im Zentrum einem Bürohochhaus weichen musste. »Ausländische Medien«, wie man in China heute sagt, oder »bürgerliche Presseorgane«, wie wir das früher nannten, zeigen in Berichten darüber schon einmal blutüberströmte Menschen, die mit Polizeiknüppeln aus ihrem Haus vertrieben werden. Bei in Scheiben geschnittenem weißem Huhn, gebratener Taube und jungen Sojabohnen widerlegte Familienoberhaupt Zhang Bofan diese »Propaganda«. »Die Regierung hat unseren Wechsel in eine andere Wohnung gut vorbereitet. Wir sind ihr dankbar.«

Es folgten typische Shanghaier Küchengespräche mit der typischen Shanghaier Familie. »Die westliche und die asiatische Kultur sind ganz unterschiedlich«, sagte Herr Zhang. »Aus Deutschland kommen die großen Philosophen, Kant und Hegel. Darum denken die Deutschen logisch.«

Der Elektronikmanager, der etwas unbeholfen am Tisch saß, entgegnete diplomatisch: »Aber in einem ist die Kultur nicht so unterschiedlich, das kann man ja hier in Shanghai sehen: Alle wollen Geld verdienen.« Schallendes Gelächter, wenn auch zeitversetzt. Erst Sauer über sich selbst, dann aus Höflichkeit die Dolmetscherin, dann nach der Übersetzung das chinesische Ehepaar.

Auf der Heimfahrt ins Hotel Hilton philosophierte Sauer im Pathos der chinesischen Politiker über den Anschluss Hongkongs an die Volksrepublik: »Das Zusammenführen des großen Reiches und der reichen Stadt bietet eine große Chance für das 21. Jahrhundert. Beide chinesischen Gruppen sehnen sich danach, ein Vaterland zu werden, eines Tages natürlich auch inklusive Taiwan.« Dann dankte der Chinakenner Pekings Führung mit einer linientreuen Analyse des Massakers auf dem Platz des Himmlischen Friedens, bei dem die Volksbefreiungsarmee 1989 Tausende Menschen aus dem Volk erschossen hatte, weil sie friedlich für ihre Freiheit auf die Straße gegangen waren. »Die Regierung hatte keine andere Wahl. Denn die chinesische Polizei besaß damals noch keine Wasserwerfer.« Die beiden Damen aus Deutschland, die den deutschen Manager begleiteten, schauten beeindruckt zu ihm hoch. Unter diesem Gesichtspunkt hatten sie das noch gar nicht gesehen. Ich wunderte mich über die Brutalität und Dummheit.

Cindy antwortete nicht auf meine Mail. War sie sauer? Erst beleidigte ich sie mit der Hangzhou-Einladung, dann sagte ich das seit Langem geplante und mehrmals verschobene Essen ab. Glaubte sie nicht, dass ich den Ehrenbürger begleitete? Vermutete sie, ich treffe mich mit einer anderen Frau? Ich schrieb neue Mails, auch die blieben unbeantwortet. Über ihren Pager versuchte ich sie ebenfalls zu erreichen, sie rief nicht zurück. Eine Woche später traf ich sie dann endlich wieder auf dem Flur, sie hatte die Firma noch nicht gewechselt. Eine andere junge Frau begleitete sie, ich hatte sie schon einmal zusammen gesehen, sie gingen Hand in Hand, wie unter guten Freundinnen in China üblich. Cindy sagte, sie habe sich den Fuß verrenkt, sei nicht im Büro gewesen und habe ihre Mails deshalb nicht gecheckt. Sie hinkte tatsächlich. Sie war nett zu mir, aber ihre Freundin blickte böse, zog Cindy sogar weg von mir, als sie weiter mit mir reden wollte. War das ihre Freundin Minnie? Hatte Cindy ihr alles erzählt? Warnte Minnie, oder wer immer sie war, Cindy vor mir?

Ich grübelte, verließ den Unterricht vorzeitig, tauchte aus der Kälte des klimatisierten Gebäudes in die schwüle, heiße Luft draußen. Mein dunkelblauer italienischer Anzug klebte, ich hatte ihn extra gekauft, um Cindy zu gefallen. Ich ging am Großen Theater vorbei zum Vogel- und Blumenmarkt an der Huangpi-Straße, wo ich direkt auf meine Händlerin zusteuerte und für Cindy einen noch größeren, noch bunteren Korb mit Blumen wählte, die ich ihr ins Büro bringen ließ. Ich fügte eine Karte bei, auf der ich ihr gute Besserung wünschte.

Cindy bedankte sich per Mail: *»Danke für die Blumen. Sie sind wunderschön. Lange schon habe ich keine solchen Blumen bekommen. Mein Bein schmerzt immer noch. Dabei will ich doch meine Ferien mit Minnie in Hainan verbringen. Wie soll das nur werden? Aber egal, es geht mir schon besser jetzt. Drück mir weiter die Daumen. Was hast du diesen Sommer vor? Bleibst du in Shanghai oder fährst du irgendwohin? Ich würde mich gern mit dir zum Essen treffen, aber es wird erst nach meinem Trip nach Hainan klappen. Lädst du mich dann noch ein, oder ist es zu spät? Melde dich, gern weiter an die Mailadresse.«*

Ich antwortete, selbstverständlich würde ich warten. Bis zu meinen Semesterferien würde es noch einige Wochen dauern.

Mich beunruhigte weiter das böse Gesicht von Cindys Freundin. War alles verdorben? Verschob Cindy den Essenstermin immer wieder, weil sie mir aus Höflichkeit nicht absagen wollte? Ich litt, sah ich Cindy mehrere Tage nicht, litt ich noch mehr. Ich erhöhte die Frequenz meiner Toilettenbesuche, um die Wahrscheinlichkeit zu steigern, ihr auf dem Flur zu begegnen.

Und so sah ich sie ein paar Tage später auch. Sie grinste freundlich wie immer. Sie schrieb mir anschließend, von sich aus. *»Es war gut, dich zu sehen. Du Armer, immer noch am Studieren. Aber sei nicht eifersüchtig, ich schick dir eine Postkarte mit einem prächtigen Hainan-Girl vorne drauf. Wir werden essen gehen nach unserem Trip und dir dann von unseren Ferienabenteuern erzählen. Deine Blumen stehen noch bei mir zu Hause. Sie sind immer noch wunderschön. Danke dir, du bist sehr süß.«*

»Du bist sehr süß« – ich durfte wieder hoffen! Ich war so glücklich! Sofort schrieb ich zurück: *»Ich habe mich sehr gefreut, dich zu sehen und dann noch eine Mail von dir zu erhalten. Du musst mir kein Hainan-Girl schicken. Ich hätte keine Zeit für sie. Ich bin eigentlich schon verabredet mit einem sehr interessanten und liebenswürdigen Girl in Shanghai, das allerdings unser Treffen immer wieder verschiebt. Ich halte meine Abende frei, weil ich sie nicht verpassen möchte. Alles Gute für dein Bein.«*

Fünf Minuten später antwortete Cindy: *»Danke für deine Wünsche. Hoffe, wir sehen uns bald. PS: Bist du sicher wegen des Souvenirs, kein Hainan-Girl?«*

Die Woche nach Cindys Hainanreise hörte ich nichts. Ich wollte nicht zu ungeduldig wirken, das kam nicht gut bei Frauen. Und Cindy war nicht irgendeine, hier ging es um mein Leben, so erschien es mir. Zwar kannte ich sie noch nicht, hatte sie nur wenige Male auf dem Flur gesprochen. Aber sie schrieb mir die schönsten E-Mails der Welt. Sie war voller Geheimnisse und verschwand immer wieder, das machte mich wahnsinnig nach ihr. Sie wirkte so geheimnisvoll wie ihr Land, China.

In der folgenden Woche kam eine Nachricht, von einer anderen E-Mail-Adresse: *»Hi, ich bin zurück in der Stadt. Ich wollte dir eine Nachricht zukommen lassen. Bitte schick mir keine Mails mehr, meine frühere Firma hat meine Mailadresse gelöscht, und ich nutze jetzt die Mailadresse eines Kollegen. Meine neue Mailadresse maile ich dir dann zu. Du kannst mir auch eine Nachricht auf dem Pager hinterlassen und ich rufe zurück. Es ist wichtig, bitte schicke keine Mails mehr. Cindy«*

Ich hoffte wieder. Doch eine neue Mail kam nicht, einen ganzen Monat lang nicht. Ich versuchte ein paar Mal, sie über Pager zu erreichen, doch sie reagierte nicht. Cindy brach mein Herz. Nachdem ein Monat verstrichen war, rief ich erneut die Pager-Firma an, hinterließ meinen Familiennamen statt der Namen, die Cindy kannte. Zwei Minuten später rief sie mich an, hörbar verblüfft, dass ich es war, aber überschwenglich freundlich. Sie erzählte mir, ihr früherer Boss habe alle ihre Mails gelesen, deshalb habe sie großen Ärger bekommen. »Adrian, wir haben uns gefunden! Klasse! Wann essen wir zusammen?«

»Warum nicht gleich heute Abend?«

»Okay, halt, nein, morgen ist besser.«

»Gut, morgen ist fein.«

»Oder vielleicht übermorgen …«, sagte sie weiter – und brach die Verbindung ab.

War in diesem Augenblick jemand zur Tür hereingekommen, ihr Chef oder ihr Freund? Vielleicht hatte sie einen Freund, wir hatten nie darüber geredet. Oder wollte sie mich gar nicht sprechen, hatte die Nummer nur angewählt, weil sie meinen Nachnamen nicht kannte? Je länger ich nichts von ihr hörte, desto wahrscheinlicher wurde die zweite Möglichkeit.

Und ich hörte nichts von ihr, sie antwortete nicht auf meine Rufe per Pager. Über die Händlerin auf dem Markt an der Huangpi-Straße schickte ich ihr weiter Blumenkörbe, keine roten Rosen, denn das könnte ein Mädchen in China verschrecken, beriet mich die Händlerin, die mich schon gut kannte. Da ich die neue Büroadresse von Cindy nicht wusste, gab ich der Blumenhändlerin die Pager-Nummer. Angeblich erreichten die Blumen und Briefe Cindy. Aber stimmte das? Vielleicht steckte die Händlerin das Geld in die Tasche, ohne dafür Blumen zu liefern? Und falls Cindy die Blumen bekam, war es noch schlimmer, denn das bedeutete: Sie reagierte auf die Pager-Rufe des Blumenladens, nicht aber auf meine!

Im Kino sah ich, allein, den preisgekrönten Film *Tian mi mi*, was wörtlich »süß wie Honig« bedeutet, aber auf Englisch sinnigerweise übersetzt wurde mit *Comrades, Almost A Love Story*. Der Film schildert die Affäre einer jungen Hongkongerin mit einem jungen Einwanderer aus der Volksrepublik China, der allerdings in seiner Heimat schon verlobt ist. Gemeinsam versuchen sie, Kassetten mit den Liebesliedern von Deng Lijun (Teresa Teng) zu verkaufen. Deng Lijun kam aus Taiwan und ist wohl die bekannteste chinesische Pop-Sängerin aller Zeiten. Überall, wo Chinesen wohnen, in der Volksrepublik, in Hongkong und Taiwan, in den Chinatowns überall auf der Welt klingen ihre süßen, sanften Songs in Restaurants, Geschäften und Taxis. Ihr eigenes unglückliches Liebesleben trug zur Legende bei. Die beiden Hauptfiguren in dem Film mögen die Lieder Deng Lijuns, diese ziehen sich durch den ganzen Film. Als seine Verlobte nachkommt, verlieren sich die beiden. Erst jetzt spüren sie: In Wahrheit lieben sie einander. Beide wandern nach New York aus, wissen aber nichts voneinander. Mehrmals laufen sie einander fast über den Weg. 1995 stirbt die Sängerin Deng Lijun an Asthma, im Alter von 42 Jahren. Traurig und verstört schleichen die beiden Hauptfiguren durch New York, die Lieder Deng Lijuns im Kopf. Beide bleiben vor einem Laden stehen, in dem ein Video der Sängerin läuft – blicken zur Seite und finden einander! Der Film blendet zurück zur Eingangsszene, in der der junge Einwanderer mit dem Zug in Hongkong ankommt. Erst jetzt erkennt der Zuschauer: Auf dem Sitz hinter ihm schlief Rücken an Rücken mit ihm seine wahre Liebe – sie war am selben Tag in Hongkong eingewandert! Der Film illustriert das chinesische Prinzip des *yuanfen*, der »Schicksalsfügung, die Menschen zusammenführt«. Mir liefen die Tränen. Wartete auch auf Cindy und mich eine solche Schicksalsfügung? Vielleicht wartete auch sie darauf, vielleicht musste ihr eine zufällige Begegnung mit mir bestätigen, dass ich der Richtige war?

Wenn ich mit der U-Bahn durch die Metropole von 17 Millionen Einwohnern fuhr, blickte ich um mich, ob sie zufällig auch unterwegs war. Aber sie muss immer gerade im anderen Waggon gewesen sein. Auf der Huaihai-Straße folgte ich Frauen, die ihr von hinten glichen. Doch wenn ich sie eingeholt hatte, blickte ich in ein anderes Gesicht.

Ich setzte nicht nur auf das Schicksal, sondern versuchte auch systematisch, sie zu finden. Ich bat befreundete Frauen, sie anzupagen und zu vermitteln, aber sie reagierte nicht auf deren Pagerrufe. Mit Familiennamen hieß sie Li, wie noch 105 Millionen weitere Chinesen. Die meisten Bewohner der Volksrepublik teilen sich wenige Nachnamen wie Li, Zhang, Wang und Wu. Ich suchte im Internet. Bei »People Search« erschienen 49 E-Mail-Adressen auf den Namen Cindy Li. Ich schrieb sie alle an, keine antwortete.

Bei unseren kurzen Begegnungen hatte ich Cindy einmal gefragt, wo sie wohne, sie sagte, in der Nähe der U-Bahn-Station Xujiahui in Puxi, dem alten Teil Shanghais westlich des Huangpu-Flusses. Jedes Wochenende fuhr ich dorthin und durchstreifte die Umgebung, hoffte, auf sie zu treffen. Leider war das Viertel sehr dicht besiedelt. Zwischen Hochhäusern klapperten die Steine vom Majiang, dem Spiel, nach dem die Chinesen süchtig sind. Familienväter spazierten im Pyjama durch die Straßen, eine verbreitete Gewohnheit in Shanghai, die auf verschiedene Weise erklärt wird. Mal heißt es, so wolle man wachsenden Wohlstand demonstrieren, allen zeigen, dass man sich jetzt sogar einen Anzug für den Schlaf leisten kann. Andere behaupten, die Shanghainesen erholen sich in dieser bequemen Kleidung vom Arbeitsstress. Wie dem auch sei: Cindy sah ich nicht. Ich fragte nach ihr bei den Hausverwaltungen, hörte: »Wenn Sie die Nummer ihres Personalausweises hätten, könnten wir Ihnen weiterhelfen.«

Ich kaufte CDs der Sängerin Deng Lijun, die ich aus dem Film kannte. Ich lernte die Liebeslieder auswendig. Allein saß ich in meinem kleinen Zimmer im Studentenhotel und sang:

| | |
|---|---|
| *Ni wen wo ai ni you duo shen?* | *Ich liebe dich, du fragst, wie tief?* |
| *Wo ai ni you ji fen?* | *Ich liebe dich, du fragst, wie viel?* |
| *Ni qu xiang yi xiang!* | *Auf, sinne und sinne!* |
| *Ni qu kan yi kan!* | *Auf, schaue und schaue!* |
| *Yueliang daibiao wo de xin.* | *Der Mond offenbart mein Herz.* |

Dabei dachte ich daran, wie ich Cindy das letzte Mal gesehen hatte: Sie hatte »Hi« gerufen und gelacht, wie immer. Danach war ihre E-Mail gekommen, *»Du bist sehr süß«*. Jetzt öffnete ich jeden Tag meine Mailbox: Amazon-Werbung oder Mails von *Knall*-Kollegen, mit denen ich nichts mehr zu tun haben wollte. Aber keine Nachricht von Cindy. Hatte ich mit der Einladung nach Hangzhou alles zerstört? Oder hatte sie sich von vornherein nicht mit mir treffen wollen, die E-Mails nur aus Spaß geschrieben? Machten das Chinesinnen so? Wollte sie nicht mit einem Ausländer gesehen werden? Was auch immer die Antwort war – Cindy ging mir nicht aus dem Sinn.

Ich wurde immer besessener. Manchmal stellte ich mich zur Feierabendzeit zwei Stunden an den Ausgang der U-Bahn Xujiahui und schaute allen jungen Frauen ins Gesicht, vielleicht war sie darunter – leider hatte die U-Bahn mehrere Ausgänge. Vielleicht wohnte sie gar nicht hier? Vielleicht hatte sie das nur erfunden?

Das Schicksal, das Menschen zusammenführte, gab es offenbar nur im Film. Andere Frauen interessierten mich nicht mehr – sie würden dem Vergleich mit Cindy nicht standhalten.

Wenn ich erfolglos in die U-Bahn-Station zurückkehrte und auf den Zug wartete, erwog ich, Schluss zu machen, jetzt, hier und sofort. Ich ließ mehrere Bahnen vorbeiziehen, zählte die Sekunden von der Einfahrt des Zugs bis zu seiner Ankunft da, wo ich stand.

Oder sollte ich im Atrium des Grand Hyatt Hotels 33 Etagen in die Tiefe springen, in die Patio Lounge mit Klavierspieler, Zigarren und Cognac auf der 56. Etage? Das wäre todsicher und hätte Stil, immerhin hatte ich Cindy in die 86. Etage dieses Wolkenkratzers zum Essen eingeladen und sie war nie gekommen. Von diesem Abgang hielt mich vor allem der Gedanke ab, damit zum Thema eines Beitrags von *Knall* zu werden.

Wollte ich überleben, musste ich mich in Arbeit stürzen. Dafür sprach auch, dass mein Chinesisch-Studium bald zu Ende ging. Ich plante ein Fernsehmagazin *New York – Moskau – Shanghai.* Für das Internet konzipierte ich ein weltumspannendes Diskussionsforum, Chinesisch, Englisch, Russisch, Spanisch, Deutsch. Meine Ideen hätten die Welt verändert, wären sie verwirklicht worden. Leider wollte niemand sie finanzieren.

Ein Freund erzählte mir, dass Elpermann Weltmedien auf ihrer Website einen Chief Executive Officer (CEO) für China, mit Sitz in Shanghai, suchten, der dort Zeitschriftenmarken des Konzerns einführen sollte. Ich rang mit mir: Sollte ich mich da bewerben?

Über Elpermann hatte ich viele lustige Geschichten gehört. Elpermann Weltmedien AG & Co. KG, führendes deutsches und nach eigenem Bekenntnis »globalstes Medienunternehmen unseres Sonnensystems«, führte von den *headquarters* im westfälischen Telgte aus *sub companies* in 18 Ländern. Vor 1945 druckte das Familienunternehmen Elpermann Gesangbücher à la »Ein feste Burg ist unser Gott«. Der Durchbruch gelang nach dem Zweiten Weltkrieg mit der Idee von Fritz Elpermann, die Taschenbuch-Reihe *Der Gebrauchsanweiser* herauszugeben. *Der Gebrauchsanweiser Auto*, *Der Gebrauchsanweiser Haus*, *Der Gebrauchsanweiser Urlaub* und so weiter. »Das entspricht unserer Philosophie«, pflegte Unternehmens-Patriarch Elpermann zu sagen. »Wir erschlagen den Leser nicht mit einer kalten, unverständlichen Gebrauchsanweisung. Stattdessen besucht ihn der Gebrauchsanweiser, ein Mensch aus Fleisch und Blut, ein netter Onkel – ein Freund und Helfer in allen praktischen Fragen des Alltags.«

Später wurde das Produkt diversifiziert mit Büchern wie *Der Gebrauchsanweiser VW Käfer*, *Der Gebrauchsanweiser Balkon* oder *Der Gebrauchsanweiser Mallorca-Urlaub*. Mit der Globalisierung kamen internationale Ausgaben, *The Instructor*, *El instructor* und so weiter. Elpermann hatte Fernsehanstalten und Zeitschriften akquiriert und konnte so das Nutzwert-Konzept auf andere Medien ausdehnen. In den »Zehn Geboten der Elpermann-Philosophie«, einer Pflichtlektüre für Mitarbeiter, hieß es beispielsweise: »Jede Geschichte muss für den Leser unserer Zeitschriften praktisch anwendbar sein – ein Schwarzbrot, das er selbst backt, eine Silvester-Rakete, die er selbst baut, eine Methode, mit der er sein schreiendes Baby zum Schweigen bringt.«

Wollte ich da arbeiten? Auch erzählte man sich Ungewöhnliches über den Einfluss der Gattin des greisen Fritz Elpermann, Heidi Elpermann. Das klang so skurril, dass ich es gar nicht glauben konnte.

Andererseits spielte Elpermann weltweit in einer Liga mit Time Warner und Disney. Zwar hatte ich früher auf Demos gerufen: »Brecht die Macht der Monopole!« Doch diese Zeiten waren vorbei, sagte ich mir. Elpermann bildete ein Gegengewicht zu den US-Medienunternehmen, das war gut. Und das konnte auch den chinesischen Behörden gefallen, die Zeitschriften-Projekte erst genehmigen mussten. Als CEO China bei Elpermann konnte ich meine

Kenntnisse der chinesischen Kultur und Sprache nutzen und so internationales Know-how und chinesische Besonderheiten verbinden. Mit Hilfe der Medien würde ich helfen, die Welt zu verbessern. Wenn ich erst einmal oben war, konnte ich mehr erreichen. Kein Hund würde mich mehr davon abhalten, meine Ideen zu verwirklichen.

Auch an Cindy dachte ich dabei. Vielleicht verschmähte sie mich, weil ich ein mittelloser Student war? Würde sie auch dem Manager eines Weltkonzerns widerstehen? Im Prinzip war die Sache also beschlossen, es gab nur noch ein Detail zu klären: Würde Elpermann mich nehmen?

Die Anzeige entsprach dem üblichen Profil, das Personalabteilungen verlangen: Erfolgreich abgeschlossenes Studium, möglichst Betriebswirtschaft, möglichst promoviert oder MBA; langjährige journalistische und unternehmerische Erfahrung im Zeitschriftenbereich; Chinesisch perfekt; nicht über 25 Jahre alt, engagiert und belastbar.

Ich war mir nicht sicher, ob meine Eins in Politischer Ökonomie des Sozialismus von der Jugendhochschule Wilhelm Pieck bei Elpermann anerkannt wurde. Langjährige journalistische Erfahrung besaß ich zweifelsohne. Bei Zeitschriften konnte ich auf *Elan* verweisen, wenn ich nicht fett im Lebenslauf schrieb: »stalinistische Mickymaus«. Für *Knall* hatte ich gelegentlich russische Kameraleute nach Einsätzen bar bezahlt oder Filmmaterial von ihnen gekauft, also quasi als Unternehmer gewirkt. Ich war zwar nicht mehr 25, was ich aber durch jugendliche Naivität wettmachte. Und Chinesisch sprach ich »einwandfrei«, hätte man in der DDR gesagt.

So bewarb ich mich bei Elpermann Weltmedien. Innerlich rechnete ich nicht mit einem Antwortschreiben. Es kam auch keines. Und auch sonst war nichts zu hören vom Konzern, zwei Monate lang.

Dann klingelte das Telefon: Hermann Kaul, als Vorstand Global bei Elpermann für das Engagement im Ausland zuständig, war persönlich am Apparat. Er sei gerade in Shanghai und wolle mich bei der Gelegenheit treffen, übermorgen um 10 Uhr.

Am folgenden Tag machte ich die beste Investition meines Lebens, womit ich weiter meine Eignung zum CEO bewies: Aktienfonds, Bundesanleihen, Immobilien – alles Quatsch. Die höchste Rendite bringen Bücher. Ich kaufte für umgerechnet 14,95 US-Dollar *The Complete Idiot's Guide to the Perfect Interview.*

Die Weisheit des Buchs war einfach, aber wirksam: Vergesse beim Vorstellungsgespräch, was dich selbst interessiert. Sage nicht: »Ich möchte mich verwirklichen«, »mich reizt die Arbeit im Ausland« oder gar »ich will die Welt verändern«. Überlege stattdessen, was die Probleme des Unternehmens sind beziehungsweise des Managers, der das Vorstellungsgespräch führt. Biete dich als Lösung zu seinen Problemen an. Was die Probleme von Elpermann in China sein konnten, darauf bereitete ich mich an dem einen Tag, der mir blieb, gut vor. Noch am Abend vor dem Treffen schrieb ich Kaul eine Mail. Das Buch lehrte auch: Sage nichts Falsches, aber sprich nur über deine Vorteile. Wenn nach einem Gebiet gefragt wird, auf dem du nicht so stark bist, lautet die amerikanisch-kapitalistisch-korrekte Antwort: Dieser Schwäche bin ich mir bewusst und ich arbeite daran, lese nachts vor dem Einschlafen Bücher über Betriebswirtschaft oder Ähnliches.

Wir waren in der Lobby des Hilton verabredet. Ich wartete eine Viertelstunde, mit Elpermanns *Gebrauchsanweiser China* als Erkennungszeichen in der Hand. Dann kam Vorstand Global Kaul mit stelzenartigen Schritten angehetzt, die Arme nach vorn ausgestreckt. »Herr Geiges, Herr Geiges, ich habe Ihre Unterlagen und Ihre Mail gelesen«, rief er enthusiastisch. »Sie wollen für uns China erobern und sehen darin Ihre Lebensaufgabe. Genau einen solchen Mann brauchen wir!« Schallend lachend fügte er hinzu: »Sogar Ihre Verlobte kommt aus China, eine Chinesin haben Sie also schon erobert!« Den Stand meiner Beziehung mit Cindy als »verlobt« zu bezeichnen, war kühn von mir gewesen, seit einem halben Jahr hatte ich nichts mehr von ihr gehört.

Ich ging nervös in das Gespräch, fürchtete unangenehme Fragen zu meiner Lebensgeschichte. Ich kam aber kaum zu Wort. Stattdessen erzählte Vorstand Kaul über sein eigenes Leben, im Prinzip das, was ich aus meiner Internetrecherche schon wusste. Der 72-jährige Kaul galt bei Elpermann als unpensionierbar. »Kaul ist eine Legende, und Legenden pensioniert man nicht«, hieß jedes Jahr die monotone Antwort auf den Bilanzpressekonferenzen von Elpermann. Firmenintern nannten sie Kaul Napoleon. Böse Zungen behaupteten, dies beziehe sich auf seine Körpergröße. Das stimmte aber nicht. Napoleon war nach neuesten Forschungen 1,68 Meter groß, was dem Durchschnitt seiner Zeit entsprach, und damit elf Zentimeter größer als Hermann Kaul heute. Elpermann verlieh Kaul den Titel Napoleon, weil er das Nutzwertkonzept von Elpermann erfolgreich auf Frankreich anwandte. Dieser Triumph war hoch zu bewerten, denn Franzosen nutzten sonst ungern Deutsches, selbst wenn es Nutzwert besitzen sollte. Danach stieg Napoleon zum Vorstand Global auf und eroberte die USA, Brasilien und andere Länder, am Ende sogar Russland. Es galt bei Elpermann als unschicklich, den Namen einer belgischen Stadt namens Waterloo zu erwähnen, in welchem Kontext auch immer.

Ich gewann beim Vorstellungsgespräch einen positiven Eindruck von Vorstand Global Kaul, nicht nur deshalb, weil er mich nicht zum Stottern kommen ließ. Das war kein steifer Betriebswirtschaftler, sondern selbst ein ehemaliger Journalist und leidenschaftlicher Verlagspionier.

Das kam mir zugute. Kaul war müde von den 150 Unternehmensberatern, alle jünger als 30, die er zuvor gesehen hatte und die nach Dienstwagen und Aktienpaketen fragten. In mir, Journalist und auch privat nach China ausgerichtet, sah er einen wie sich vor sich, der die Ärmel hochkrempelt und in China Elpermann aufbaut, wie er als Napoleon damals in Frankreich.

Fünf Tage später war ich eingestellt als CEO, mit dem Zwanzigfachen des Gehalts, das ich als Berufsrevolutionär bei *Elan* bezogen hatte, und mit einem deutlichen *Upgrading*, wie ich in meinem neuen Leben sagen sollte, gegenüber *Knall.* Ich wurde jetzt sogar rentenversichert bei der Bundesversicherungsanstalt für Angestellte. Als hauptamtlicher Funktionär der DKP hatte ich nur die ungewisse Aussicht auf ein Heim für Arbeiterveteranen im sozialistischen Ausland gehabt.

Über meinen neuen Status schrieb ich Cindy in einer Mail, an die Adresse des Kollegen, von der ihre letzte Nachricht gekommen war. Natürlich hatte ich diesen Weg schon vorher versucht, es hatte aber nie jemand reagiert. Jetzt antwortete Cindy persönlich, von einer neuen Adresse, innerhalb einer halben Stunde! »*Gratuliere. Dein neuer Job klingt großartig. Entschuldige, dass ich eine Weile nicht auf deine Mails geantwortet habe. Ich war sehr beschäftigt.*«

Ich wollte tanzen und Purzelbäume schlagen. Cindy war auferstanden mit *user-id* und *domain name*! Andererseits: War sie vielleicht mehr an Elpermann interessiert als an mir? Warum hatte sie auf diese Mail sofort reagiert, auf andere nie? Aber war das nicht verständlich? Als schöne und intelligente Frau hatte sie Anspruch auf einen erfolgreichen Mann. Sicher war ich als Chinesisch-Student eine Nummer zu klein für sie gewesen. Sofort fragte ich in einem Antwortbrief nach den Schwierigkeiten in der alten Firma.

Sie schrieb sofort zurück: »*Ich verließ die Firma, weil mein Chef es mir sehr schwer machte, nachdem ich seine Annäherungsversuche abgelehnt hatte.*« Ihr Boss hatte sie sexuell belästigt. Das erklärte alles, dachte ich mir, natürlich hatte sie dann die Schnauze voll von Männern. Wie konnte ich mich grämen, nur weil sie mir ein paar Monate nicht geantwortet hatte?

Ich fragte sie in meiner nächsten Mail, ob sie die Blumen erhalten hatte, die ich ihr in den vergangenen Monaten geschickt hatte, ohne ihre Adresse zu kennen, mit Hilfe der Blumenhändlerin und der Pagerfirma. Auch wollte ich wissen, ob sie die Rosen wirklich bekommen hatte, von denen sie erzählte in der E-Mail damals, mit der alles anfing – oder ob sie damit ausdrücken wollte, sie hoffte auf Blumen von mir. Möglicherweise war es dumm, das alles gleich in einer Mail zu fragen, vielleicht fand sie das aufdringlich. Aber nun tauschten wir uns gerade aus, vielleicht würde sie gleich wieder verschwinden – ich wollte es jetzt wissen.

Cindy antwortete in ihrem witzigen Stil: »*Hmmm, wegen der Blumen, ich erinnere mich nicht so genau. Hast du mir wirklich Blumen geschickt? (Grins) Sollte ich dafür irgendwelche Vorwände benötigt haben? Ich bin sicher, ich habe Blumen und Geschenke verdient, oder?*«

Ich wollte mir jetzt Zeit nehmen, mit Ungeduld würde ich Cindy nur vertreiben. China war eben anders, auch die Chinesinnen waren anders.

So trafen wir uns unverfänglich am Nachmittag, im Starbucks an der Huaihai-Straße. Cindy trug ein hellrotes Kleid aus Seide, von zwei dünnen Trägern gehalten wirkte es fast wie ein Unterrock. Ihre schönen runden Brüste wurden nur knapp bis über den Brustwarzen bedeckt. Das Kleid reichte nicht bis zu den Knien, ihre Beine waren nackt. So sexy hatte ich sie noch nie gesehen.

Ich saß ihr gegenüber und konnte es nicht fassen. Zum ersten Mal sprachen wir miteinander, vom Small Talk auf dem Flur abgesehen. Endlich konnte ich sie vieles fragen. Unter anderem, wie es bei ihr beruflich weitergegangen war, nachdem sie das »Beratungsunternehmen für den Studienaustausch mit dem Ausland« verlassen hatte. Ihre Antwort erregte mich fast so stark wie die Tatsache, dass wir uns jetzt endlich trafen: »Ich bin Moderedakteurin bei der *Elle*. Mode hat mich schon immer interessiert. Die brauchten Leute mit Fremdsprachenkenntnissen. Da ich Englisch studiert habe, nahmen sie mich.«

Wow! Cindy war eine Kollegin! Kurz trübte der Gedanke meinen Überschwang, Cindy unterhalte sich mit mir, weil sie sich eine spätere Karriere bei Elpermann offenhalten wollte. Aber Quatsch, es war umgekehrt: Cindy war Chinesin und *Elle* war schon lange vor den Zeitschriftentiteln von Elpermann auf dem chinesischen Markt. Mit ihren Erfahrungen konnte Cindy mir einmal eine große Hilfe sein. Mein Gefühl hatte mich nicht betrogen. Obwohl ich fast nichts über sie wusste, hatte ich gespürt, ich musste diese Frau kennenlernen.

»Moderedakteurin, das passt zu dir«, sagte ich. »Deinen Reichtum an Klamotten bewundere ich.«

»So viel gebe ich dafür gar nicht aus. Manche Teile sind Geschenke von Modefirmen, über die ich schreibe. Ich selbst kaufe keine Markenartikel, denn wie du weißt, produziert man die bei uns in China auch in Kopie, damit werden sie zur Dutzendware. Ich bevorzuge deshalb preisgünstige, originelle Sachen aus den kleinen Boutiquen in Shanghai.«

Cindy hatte noch einen anderen Bezug zur Mode. Bei einem der vielen Model-Wettbewerbe war sie *Miss Shanghai First Runner-up* geworden, hatte also den zweiten Platz belegt. »Alle sagten, ich war die Beste, insbesondere in den Kategorien Charme und Konversation. Aber die Siegerin ist mit zwei Jury-Mitgliedern ins Bett gegangen.« Natürlich war Cindy die Attraktivere, das sah ich, es muss Schiebung gewesen sein, wenn sie nicht die Krone bekommen hatte. Ich erinnerte mich an die Zeit, als ich Schönheitswettbewerbe als »Fleischbeschau« verurteilt hatte. Wir SDAJler, genauer gesagt »SDAJlerInnen«, hatten sogar zum Protest Teilnehmerinnen von Misswahlen in Discos mit Schweineschwänzen beworfen.

Ich redete darüber, erwähnte meine kommunistische Vergangenheit. Kaum hatte ich das getan, bereute ich es schon, sicher würde sie mich für verrückt halten. Die meisten Chinesen, die ich kannte, interessierten sich nicht für Politik. Doch Cindy fragte aufmerksam nach, berichtete von ähnlichen Debatten über Schönheitswettbewerbe im chinesischen Frauenverband. Sie war die Gesprächspartnerin, die ich mir erträumt hatte.

Sie sagte, sie sei selbst *dangyuan*, Mitglied der Kommunistischen Partei. Das hatte jedoch nichts gemein mit dem Kommunist-Sein in der Bundesrepublik damals. Sie besuchte keine Versammlungen, glaubte nicht an die sozialistische Idee, studierte weder Marx noch Mao. Cindy war nur eingetreten, weil ihr Vater auch dazu gehörte, sie setzte damit eine Familientradition fort.

Cindy plauderte selbstbewusst und schien trotzdem manchmal an sich selbst zu zweifeln. So vieles wollte sie noch gern machen: Im Ausland studieren, ein Buch schreiben, Chefredakteurin werden.

»Was ist dein chinesisches Tierzeichen?«, fragte sie unvermittelt.

»Ratte«, antwortete ich, wobei Ratte und Maus im Chinesischen das gleiche Wort sind. »Und deines?«

»Katze!«, sagte sie mit ihrer leisen, etwas quiekenden Stimme. Das war frech, denn ein Tierzeichen »Katze« gibt es im chinesischen Kalender nicht.

Ich erzählte ihr, dass ich in meiner Jugend ein Jahr eine Kaderschule in der DDR besucht und dort den Decknamen »Ratte« benutzt hatte. Sie fragte nach den Unterschieden zwischen Ost- und Westdeutschland damals und heute. Und das alles auf Chinesisch! Sie lobte meine Fortschritte mit der Sprache. Nur noch gelegentlich flocht sie englische Brocken ins Mandarin ein.

Bevor wir uns verabschiedeten, erfuhr ich noch zwei Einzelheiten. Sie schrieb mir ihre Handynummer auf einen Zettel, war jetzt mobil zu erreichen, wie zunehmend alle Shanghainesen. Sie konnte mir nicht mehr entschwinden.

Da wir uns so offen unterhielten, fragte ich, ob jemand plötzlich neben ihr gestanden habe, als sie damals das Telefongespräch mit mir abgebrochen hatte. Ich dachte an ihren Chef oder ihren Freund, sicher ein Ex-Freund. Sie antwortete: »Ja, mein Ehemann betrat gerade den Raum.«

Diese Information traf mich wie ein Kopfschuss. Zu Hause angekommen, drückte ich den Einschaltknopf des Laptops, den ich nun besaß, die Zeit der Internet-Cafés war für mich vorbei. Als ich meine E-Mails checkte, besserte sich meine Stimmung schlagartig. Eine neue Nachricht von Cindy war bereits eingegangen.

*»Lieber Adrian, ich schreibe dir nur um sicherzugehen, dass du meine Mail bekommst:) Ständig denke ich an deine Ermutigung und an deinen Rat. Ich werde berücksichtigen, was du mir gesagt hast.*

*Eines Tages werden meine Träume wahr werden, wenn ich sie hartnäckig verfolge.*

*Gute Nacht!*«

Die letzten beiden Worte schrieb sie auf Deutsch. Ich antwortete sofort: »*All deine Träume werden wahr, wenn du daran glaubst. Denn du verfügst über großes Wissen, bist klug und wunderschön. Ich bin so froh, dass wir uns getroffen haben :)*«

Sie schrieb noch in derselben Nacht:

»*Deine Mail freut mich sehr. Ich vermisse dich, gute Nacht! Deine Cindy-Katze*«

Bevor meine Arbeit als Chief Executive Officer in Shanghai begann, musste ich drei Wochen in die Telgter Zentrale von Elpermann Weltmedien, um mich auf die neue Aufgabe vorzubereiten.

Vor meinem Abflug erledigte ich meine erste Amtshandlung als CEO. Ich kaufte mir Anzüge von Hugo Boss und Calvin Klein. Von nun an sollte ich an jedem Arbeitstag einen teuren Anzug tragen und täglich eine andere Krawatte. Dies verstand ich als »Herausforderung«, wie das in meiner neuen Welt hieß, der Welt der Manager. Beim Fernsehen hatte ich nur bei Live-Auftritten Krawatten getragen, über Jahre jene, die mir meine Moskauer Freundin Lena einmal gebunden hatte.

Noch ungewöhnlicher als die Kleidung war die Umgebung in der Telgter Zentrale von Elpermann Weltmedien, einem Glasbau zwischen Eichen, der nach Aussage der großen alten Dame Heidi Elpermann »gediegenen Wohlstand ohne Allüren verkörpert«. In dem von Jugendstilfassaden und Giebeln auf Backsteinhäusern geprägten Wallfahrtsort war Elpermann eine weitere große Attraktion neben der Marienlinde am Ortseingang, wo vor 700 Jahren ein Bauernbursche mit Ochsenkarren eine Erscheinung gehabt haben soll.

Meine neuen Kollegen hatten Betriebswirtschaft und Jura studiert. Das waren die Fachrichtungen, die eher die Konservativen unter meinen Mitschülern vom Gymnasium eingeschlagen hatten, wobei Lenin auch Jurist war. Die Leute hier bei Elpermann in Telgte sahen aber nicht wie Lenin aus, und wahrscheinlich dachten sie auch nicht wie er.

Zumindest nicht der Personalchef, Dr. Fritz Rammershof. »Die Journalisten wollen immer nur Geld ausgeben«, beklagte sich Rammershof über die Mitarbeiter aus den Redaktionen, als er mich in meine neue Aufgabe einführte. »Sie und ich, wir als Unternehmer wissen, dass wir dagegenhalten müssen.«

Ich war schon lange kein treuer Klassenkämpfer mehr, aber »wir als Unternehmer« hatte noch keiner zu mir gesagt – und das auch noch im Bund gegen die Journalisten, von denen ich bis gestern selbst einer war. Sollte ich eines der Lieder meiner Jugend singen vor dem Personalchef, der sich hinter einem cognacfarbenen Eschenschreibtisch mit Beinblende und Besucherkonsole verschanzte?

Ich spürte Lust dazu, als mir Rammershof grinsend erzählte: »Gerade habe ich wieder einen unserer Reporter ausgetrickst. Den haben wir vor einem Jahr bei einer unserer Zeitschriften gefeuert, wir mussten ihm leider eine Abfindung bezahlen. Jetzt fängt er bei einer Fernsehstation an, an der wir einen Anteil von 25 Prozent besitzen. Nun lassen wir uns die Abfindung von ihm wieder zurückbezahlen.«

»Ist das denn rechtens?«, fragte ich vorsichtig.

»Eigentlich nicht«, antwortete der gelernte Jurist. »Wir mussten ihm damals im Aufhebungsvertrag sogar ausdrücklich zusichern, dass er die Abfindung auch dann behält, wenn er in einem anderen Elpermann-Unternehmen anfängt.«

»Und wie haben wir das jetzt gelöst?« Ich ertappte mich, der Personalchef hatte mich schon erfolgreich umgarnt. Vielleicht wirkte auch die Lektüre von *The Complete Idiot's Guide to the Perfect Interview* nach.

»Nun, wir haben ihm gesagt: Vertrag hin oder her, Papier ist geduldig – wenn du die neue Stelle willst, musst du nach unserer Pfeife tanzen. Was meinen Sie, wie der gespurt hat.« Der Personalchef lachte laut auf. »Wissen Sie, warum ich Ihnen diese Geschichte erzählt habe?«

»Damit ich weiß: Auch von unseren chinesischen Mitarbeitern dürfen wir uns nicht übervorteilen lassen.« Dies stellte die Wirklichkeit auf den Kopf, doch ich hatte gelernt, mich in andere Rollen hineinzufinden, als ich mich für *Elan* bei Nazis oder der Mun-Sekte einschlich.

»Das halte ich für selbstverständlich«, belehrte mich der Personalchef. »Wir erwarten, dass Sie für Elpermann in China mehr erreichen. Wir müssen auch dort den Markt so beherrschen wie heute hier in Deutschland. Dann können wir mit den Leuten machen, was wir wollen.«

Bei Elpermann in Telgte kam ich erstmals mit Georg Becker zusammen, der Vorstand Global Hermann Kaul als Assistent für das China-Geschäft diente. Auf seiner Visitenkarte schmückte sich Becker mit dem Titel »*Director Business and Strategy*«. Da er bisher jedoch weder im Business, in der Strategie noch im Leben nennenswerte Erfahrungen gesammelt hatte, wurde er vorwiegend zum Kaffeekochen eingesetzt. Becker war locker und witzig und deshalb bei den Kollegen beliebt, zumindest bei denen, die nicht direkt mit ihm zusammenarbeiteten.

Auf den Fluren von Telgte lernte ich die Vorgeschichte des China-Engagements von Elpermann kennen. Treibende Kraft war Heidi Elpermann, die 60-jährige Frau des Unternehmens-Patriarchen. Als Schirmherrin förderte sie den Musizierwettbewerb »Mozart des 21. Jahrhunderts«. Unter ihren Fittichen geigten, zupften und trompeteten die Preisträger der vergangenen Austragungen. Heidi Elpermanns Traum: Mit diesen Jugendlichen wollte sie in der Verbotenen Stadt in Peking auftreten, sie sollten sich dort mit chinesischen Talenten messen. Um dieses Ziel zu erreichen, gab Frau Elpermann viele Festessen für Offizielle in Peking und Shanghai. Die baten dabei um dieses oder jenes, und Heidi Elpermann versprach dieses oder jenes. Zum Beispiel, Elpermann könne in Telgte eine Frauenzeitschrift für China produzieren. »Wir heuern die besten Moderedakteurinnen in der Umgebung an, direkt von den

Laufstegen in Münster und Warendorf, und wir engagieren den Koch vom Kohlenkrug aus Ostbevern. Die können den Frauen in Shanghai und Peking dann mal erzählen, was man auf der weiten Welt trägt und wie man kocht.«

Das Konzept überzeugte nicht auf den ersten Blick. Chinesinnen interessierten sich für den Glanz von *Elle* und *Cosmopolitan* und nicht so sehr für Gebrauchswert aus Telgte. Pfefferpotthast und Pumpernickel mussten sich in China erst noch durchsetzen gegen die Küchen aus Guangdong, Sichuan und Shanghai. Die chinesischen Partner erwärmten sich erst für das Geschäft, als Heidi Elpermann im Chinafieber und »Mozart des 21. Jahrhunderts«-Rausch zusagte, dass Elpermann alle Kosten übernähme. Dafür kassierte der Shanghaier Partnerverlag in den ersten fünf Jahren die Erlöse. Er produzierte auch lokale Beiträge, aber nur zehn Seiten pro Heft.

Nicht nur deshalb stand der zuständige Vorstand Global Hermann Kaul dem Vorhaben von Anfang an eher skeptisch gegenüber. Was seinen Widerwillen gegen das Ostasien-Geschäft vor allem begründete: Bei einem seiner wenigen Besuche, um ein China-Engagement vorzubereiten, holte er sich in einem Shanghaier Restaurant eine Magen-Darm-Krankheit – mit weitreichenden Folgen. Er, der Feinschmecker, aß seither nur noch einen Apfel zu Mittag. Und der Wahlfranzose konnte ein Jahr lang keinen Rotwein mehr trinken.

Doch Telgte war nicht New York und Elpermann keine Aktiengesellschaft, deren Aktien an der Börse gehandelt werden und deren Vorstände tausenden Aktionären verpflichtet sind. Die Elpermann-Aktien gehörten der Familie Elpermann, und die Vorstände waren der Familie verpflichtet. Das bedeutet, sie waren Heidi Elpermann verpflichtet. Sie behandelte die Vorstände wie persönliche Assistenten. Manchmal rief sie um 17 Uhr in den Vorzimmern der Vorstände an, ließ sie aus wichtigen Sitzungen herausholen. »Heute kommen Sie um 19 Uhr bei mir zum Abendessen vorbei, ich habe liebe Gäste. Bereiten Sie sich gut vor, Sie halten die Rede vor dem zweiten Gang. Vor dem ersten Gang spreche ich, schicken Sie mir dazu in der nächsten halben Stunde noch ein paar Zahlen aus Ihrem Unternehmensbereich rüber. Was ich übrigens ganz vergaß: Morgen früh um sechs Uhr fliegen Sie mit mir nach München zum ADAC, den Hubschrauber habe ich schon bestellt.«

Und so war, ein Jahr vor meiner Einstellung, in Telgte mit der Produktion der chinesischen Zeitschrift *City Lady* begonnen worden. Elpermann beschäftigte damals noch keinen einzigen Mitarbeiter in China und wusste nichts über die Kultur und den Markt dort. Die Redakteurinnen, die die Artikel schrieben, hatten China noch nie besucht. Übersetzt wurden die Schminktipps und Kochrezepte von einem chinesischen Philosophen, der vor zwanzig Jahren nach Deutschland emigriert war. Natürlich kosteten die Mitarbeiter in Deutschland ein Vielfaches von Mitarbeitern in der Volksrepublik. Alles beruhte auf dem Glauben, die »Profis« in Telgte verstünden mehr von dem, was die chinesische Frau braucht, als die Leute in China selbst. Die Arbeitsweise erinnerte mich an den Progress-Verlag in Moskau.

Ich wunderte mich. Nur der Personalchef Dr. Rammershof entsprach dem, was ich an der Jugendhochschule Wilhelm Pieck gelernt hatte über die kapitalistischen Konzerne, die der Logik des Profits folgen. Ansonsten schien bei Elpermann alles von der Musikliebe der Besitzerin und den Magenbeschwerden eines Vorstands abzuhängen.

Zurück in Shanghai traf ich mich mit Cindy, das erste Mal abends. Nicht im Restaurant Club Jin Mao auf der 86. Etage des Grand Hyatt, sie behauptete widersinnigerweise, sie müsse abnehmen. Stattdessen tranken wir eine Flasche Bordeaux in der Bar Cloud 9, auf der 87. Etage des Grand Hyatt.

Wieder sprachen wir über ihre Zukunftsträume, wieder bestärkte ich sie. Über ihren Ehemann redete sie wenig, erwähnte aber, er würde sie nicht so ermutigen wie ich. Das gab mir Hoffnung, und noch mehr ihr Satz: »Manchmal zweifle ich an der Ehe.

Ein Mensch allein kann gar nicht alle Bedürfnisse erfüllen.« Ich sagte ihr, ich würde das auch so sehen, und erzählte von meinen Reportagen über Liebe und Sex in Russland.

Als wir zurück zum Lift gingen, wir mussten in der 54. Etage in einen zweiten Lift umsteigen, da nahm ich ihre Hand. Sie fragte, »sollten wir das nicht lassen?«, ließ es sich aber gefallen. Wir nahmen getrennte Taxis. Sie schickte mir eine SMS: *»Mein Lieber, ich habe den Abend mit dir genossen.«*

»Friede den Hütten, Krieg den Palästen«, hatte ich in meiner Jugend bei Demonstrationen gegen die Wohnungsnot gerufen, und: »Stoppt Makler und Mietwucher«. Gewohnt hatte ich in einem besetzten Haus. Für wohlhabende Neumanager wie mich sah die Wohnungssuche in Shanghai jetzt so aus, wie ich es als Straßenkämpfer für alle gefordert hatte. Der Bauboom führte zu leerstehenden Wohnungen zuhauf, die Makler rissen sich um Kunden und holten sie mit Chauffeur ab, die Maklergebühr übernahm der Vermieter.

So wohnte ich nach fünf Tagen im 54. Stock der »Service Apartments Drittes Jahrtausend«, an Shanghaier Verhältnissen gemessen relativ weit unten. Andere deutsche Manager thronten in der 68., 72. und 85. Etage. Weiter oben zahlten sie höhere Mieten, dementsprechend genossen die Wohnungen höheres Prestige. Aber ich sagte mir, Status allein macht auch nicht glücklich. Mir gefiel die Aussicht vom Balkon hier unten in der 54sten. Im feuchten Shanghai tauchen die oberen Etagen oft in den Wolken, und man sieht nur grauen Dunst.

Kommerzielle Service-Apartments hatten die Ausländergettos nach sowjetischem Vorbild abgelöst. Hier im »Dritten Jahrtausend« etwa schloss die Miete von 2300 US-Dollar für die vier Zimmer mit Parkettboden über 160 Quadratmeter ein: Ehemalige Elitekämpfer der Volksbefreiungsarmee bewachten das Gebäude; dreimal wöchentlich saugte und bohnerte eine fünfköpfige Putzbrigade die Wohnung; kostenlos rannte ich im Fitness-Center und kraulte im hauseigenen Pool an Plastikpalmen vorbei; eine schnelle Eingreiftruppe von Handwerkern reparierte alles zu jeder Zeit; man musste dazu nur die Models anrufen, die in weinroter Uniform hinter der Marmorrezeption in der Eingangshalle standen. Ich konnte mir nicht vorstellen, nach Deutschland zurückzukehren.

Ich kannte auch das andere Gesicht Chinas. Zwei Drittel der Chinesen lebten auf dem Land, in bitterer Armut. In den Semesterferien hatte ich die Provinz Sichuan bereist, mit 84 Millionen Einwohnern die viertgrößte in China. Abgemagerte Bauern froren in Hütten, aus Ästen provisorisch zusammengezimmert; eine dreiköpfige Familie schlief auf einem Brett ohne Matratze; Kinder schleppten Hocker von zu Hause in die Ein-Klassen-Schule, weil es dort keine Stühle gab. Ich wusste, dass das Gefälle zwischen Arm und Reich in China mittlerweile größer war als in Indien.

Ich schaute in meiner neuen Wohnung durch die Wände aus Glas. Die Wolkenkratzer des Hilton und des Garden Hotels standen in unmittelbarer Nähe; Fensterputzer hangelten sich an Seilen nach oben; auf Betonpfeilern kreiste ein Kreuz der Stadtautobahn über Radfahrern und Fußgängern, das nachts in einem nordpoleisblauen Neonlicht leuchtete; durch die Nachtklubs und Karaoke-Bars gewann Shanghai seinen alten Ruf zurück als »Paris des Ostens« und »Hure des Orients«; die Parteipropaganda bezeichnete die Metropole lieber als »Kopf des Drachen«, der China bei der Wirtschaftsreform vorangehen soll; in den französischen Villen der schmalen Shanxi-Straße, renoviert als Restaurants, speisten die Yuppies; sie telefonierten mit Handys, die drei Monate später in Europa zu kaufen waren; vor den Restaurants verscherbelten Schwarzhändler DVDs mit Raubkopien von Hollywood-Filmen, die in drei Monaten in amerikanischen Kinos zu sehen waren. Ich erinnerte mich an eine alte DDR-Losung, aktualisierte sie: Die Chinesen, bald die ersten im Weltall, waren jetzt schon die ersten auf der Erde. Der russische Reichsfürst Grigori Potemkin hatte für Katharina die Große Potemkinsche Dörfer aufgebaut, um ihr Wohlstand vorzugaukeln. Chinas Kommunisten schafften es, Potemkinsche Citys in die Höhe zu schießen – und Horden von zugereisten westlichen Geschäftsleuten, Politikern und Touristen fielen darauf rein. Das Durchschnittseinkommen auf dem Land betrug nach offiziellen, geschönten Angaben umgerechnet 262 Euro – im Jahr.

Bumm-bumm-bumm, täät – täät – täät! So sicher wie im Dorf der Hahn krähte, so sicher trommelten die Pioniere der Grundschule Nummer 3 jeden Morgen zum Appell und bliesen die Fanfaren, 54 Etagen unter meinem Balkon, aber unüberhörbar. Das Schauspiel der Geschichte belustigte mich, es erinnerte mich an die gleiche Zeremonie in der DDR. Mit rotem Halstuch und in einheitlichem Trainingsanzug traten die Schülerinnen und Schüler vor dem Fahnenmast an, in Reih und Glied. Lehrer, die Hände auf dem Rücken verschränkt, inspizierten die militärische Ordnung der Sechs- bis Zwölfjährigen. Wich ein Kind von der Geraden nach rechts oder links ab, boxte ihm der Lehrer in die Rippen. Wenn die so etwas in unserer Schulzeit versucht hätten, hätten wir rebelliert.

Der Schulleiter brüllte Befehle durchs Mikrofon. Vier Schüler, die mit den besten Leistungen, marschierten im Stechschritt durch die Reihen. Zwischen sich spannten sie straff Chinas Fahne, mit dem Rot der Kommunisten, dem großen gelben fünfzackigen Stern für die Kommunistische Partei, den vier kleinen gelben fünfzackigen Sternen für die vier Klassen beim Sieg der Kommunisten 1949, die Arbeiter, die Bauern, die städtische Bourgeoisie und die nationale Bourgeoisie. Ein Lehrer half, die Fahne am Fuß des Mastes festzuzurren. Aus Lautsprechern klang der erste Ton der Nationalhymne. Auf dieses Signal hin rissen alle Schüler synchron die rechte Hand hoch und hielten sie zum Pioniergruß senkrecht über den Kopf. Die vier Schulbesten zogen die Fahne hoch, aus 500 Kinderkehlen donnerte der »Marsch der Freiwilligen«, Chinas Nationalhymne.

Ich lud Cindy ein zum Abendessen im Restaurant der Kette »Volksfamilie« direkt vor meinem Apartmentgebäude. Wir unterhielten uns nett wie immer. Ich wollte ihr meine neue Wohnung zeigen, doch sie lehnte ab. Dafür brachte ich sie mit dem Taxi zu ihrem Haus. Wieder hielt ich ihre Hand. Sie entzog sich auch diesmal nicht, verzog aber ihren Mund zu einem Schmollen. »Ich will kein solches Verhältnis mit dir«, sagte sie. Das wunderte mich angesichts der vielen netten SMS, die sie mir in letzter Zeit geschickt hatte. Ich deutete das an, sie entgegnete: »Das kam immer einseitig von mir, du hast geantwortet, aber dich nicht von selbst gemeldet.« Sie stieg aus dem Taxi und sagte: »Wir können uns wohl nicht mehr treffen!« Als sie wegging, drehte sie sich nicht noch einmal um, wie sonst in China üblich. Ich fürchtete, dies war das Ende. War es aber nicht.

Mich reizte es, im dynamischen Shanghai Pionierarbeit zu leisten, Elpermann von null aufzubauen oder, wie sie in Telgte sagten, »für Elpermann China zu erobern«. Ich stellte eine Sekretärin ein und mietete ein kleines Büro in einem Hochhaus der Luwan-Gegend von Puxi, da ich die dortige Mischung aus Neuem und Altem bevorzugte. Meine Aufgabe oder, wie es bei Elpermann hieß, »Mission« bestand nun darin, chinesische Zeitschriften mit Nutzwert herauszugeben.

Doch das war illegal. Nach chinesischem Recht durften nur einheimische Staatsverlage publizieren. Ausländische und sogar chinesische private Verlage waren verboten, die Regierung befürchtete, sie schmuggelten das »Gift der feindlichen Ideologie« nach China. Ich umging das, wie alle ausländischen Medienunternehmer hier, indem ich als Elpermann Media Consulting auftrat. »Verlagsberatung« war Ausländern gestattet. Die internationalen Verlage strebten an, die Beziehungen zu dem chinesischen Partnerverlag unter der Hand so zu arrangieren, dass das Consulting-Unternehmen am Ende de facto wie ein Verlag arbeitete, auch wenn es de jure keiner war.

Die Verlage folgten damit dem Beispiel der Sex-Shops in China. Die waren als Apotheken lizenziert. Sex-Apothekerinnen, meist 50-jährige Marktfrauenfiguren im weißen Ärztekittel, verkauften

Vibratoren, Dildos, Stoffpuppen in Menschengröße und andere Gesundheitsprodukte.

Bordelle konnten drei Lizenzen beantragen: eine Disco-Lizenz, eine Karaoke-Lizenz oder eine Lizenz zum Haareschneiden.

Als ich erstmals die Disco eines Nobelhotels in Peking besuchte, kam ich mir vor wie an der Chinesischen Mauer. Dort packte den Besucher eine Großmutter am Arm, die Ansichtskarten verkaufte, ein Mann im Soldatenmantel haute ihm auf den Rücken, um eine Schapka anzupreisen, und ein kleines Mädchen klammerte sich an seinen Beinen fest und bot so stilles Wasser in Plastikflaschen an. In der Disco klammerten noch viel mehr, nur dass sie besser aussahen und nichts zu verkaufen hatten außer sich selbst. Bloß zwei Besucher hatten Eintritt bezahlt, den Tanzpalast füllten dreißig Prostituierte, die zum Haus gehörten. Sie waren offenbar nach genormten Kriterien eingestellt worden. Alle länger als 1,70 Meter, eng anliegende Blusen betonten Brüste, die für chinesische Verhältnisse prall gewachsen waren, alle trugen Miniröcke und hochhackige Stiefel.

Ich sprach mit einer von ihnen, Yang Mei, ihr Haar war so rot gefärbt wie ihre Lippen. Sie redete darüber, wie dieser Nachtklub im Zentrum der Hauptstadt genehmigt wurde, einen Kilometer entfernt vom Platz des Himmlischen Friedens und der Verbotenen Stadt. Der Besitzer sei befreundet mit einem Familienangehörigen von Deng Xiaoping, dem verstorbenen Übervater der chinesischen Reformpolitik. Falls dies zutraf, schien sich die Familie von Deng Xiaoping nicht an die von ihm selbst verfügte Ein-Kind-Politik zu halten. Denn wie ich später feststellen sollte, blühten überall in China Etablissements, die offenbar eine ähnliche Sondergenehmigung erhalten hatten.

Was nicht so richtig zum wilden Aufbruch Chinas passte, war der Partnerverlag, den Heidi Elpermann und Hermann Kaul ausgesucht hatten: der Shanghaier Arbeiterverlag. Einen chinesischen Partner brauchte Elpermann. Doch von den vielen Staatsverlagen, die ich in den kommenden Jahren in China kennenlernen sollte, war der Shanghaier Arbeiterverlag bei Weitem der verschlafenste. Aus gutem Grund hatten die chinesischen Verlagsfunktionäre Heidi Elpermann und Hermann Kaul niemals in ihr Bürogebäude eingeladen. Und aus unverständlichem Grund hatten die beiden nie um eine Besichtigung gebeten. Dies erstaunte mich umso mehr, als Kaul in anderen Ländern seines Globalbereichs als penibler Kleingeist galt, der persönlich die Bildunterschriften in den Zeitschriften änderte und sogar die Vorstellungsgespräche mit Putzfrauen selbst führte. Aber wahrscheinlich nahm Kaul es in China nicht so genau, da er fürchtete, er könne sich in den Räumen des Partnerverlags erneut infizieren. Diese Sorge war nicht unbegründet. Der Arbeiterverlag residierte in einem verfallenen Hinterhof, in dem es nach Müll und Urin stank. Die drei chinesischen Mitarbeiter von *City Lady* werkelten in einem fensterlosen Kellerverlies mit nacktem Zementboden. Für die Frauenzeitschrift arbeiteten auf chinesischer Seite ausschließlich Männer. Sie waren vom Arbeiterverlag nach seltsamen Kriterien ausgesucht worden: Der »ausführende Chefredakteur«, der eigentlich mehr ein Vertriebs-Chef war, hatte Wasserbau studiert und vorher als kommunistischer Parteisekretär an einem Staudamm gearbeitet. Ein jüngerer Redakteur bearbeitete den oft altertümlichen Stil der Übersetzungen aus Telgte, der Mathematiker galt als vorherbestimmt dafür, denn sein Vater war ein bekannter Professor für chinesische Literatur. Als Anzeigenverkäufer fungierte ein schüchterner, schlecht gekleideter Arzt für chinesische Medizin. Es war ein offenes Geheimnis, warum er genommen worden war: Der alternde Direktor des Arbeiterverlags hatte ein Verhältnis mit seiner Frau gehabt – er entschädigte den Arzt mit dem lukrativen Posten und bereinigte die Affäre so lautlos.

Die Arbeit war zwischen den drei Männern nicht klar aufgeteilt, alle redigierten ein bisschen, versuchten Anzeigen zu verkaufen und luden Zeitschriftengrossisten zu Arbeitsessen ein. So steuerten sie weder die erforderlichen chinesischen Geschichten und Fotos bei noch erzielten sie nennenswerte Anzeigenumsätze. Sie besaßen jedoch einen ausgeprägten Machtinstinkt und denunzierten mich bei Interviewpartnern und Anzeigenkunden als »illegal tätigen Ausländer«, wenn ich selbst aktiv wurde. Nach einiger Zeit konnte ich Vorstand Kaul davon überzeugen, dass ich in China einen neuen Partnerverlag für Elpermann suchen musste.

Unter den Verlegern einen guten zu finden war nicht leicht. An Kandidaten mangelte es nicht. Fast täglich erhielt ich Faxe und E-Mails von Verlagen aus allen Teilen Chinas. Oft kamen die Repräsentanten auch in mein Büro.

Gewöhnlich luden sie mich zu Essensgelagen ein, von denen eins dem anderen glich. Chinesen bewirten Gäste in meist schmuck- und fensterlosen Nebenräumen der Restaurants, ohne Blick auf andere Gäste oder gar auf die Straße. Es gelten strenge Regeln, wer beim Geschäftsessen an den runden Tischen wo zu sitzen hat. Der Gastgeber blickt mit dem Gesicht zur Tür. Den ranghöchsten Gast platziert er rechts von sich. Der zweithöchste Gastgeber sitzt dem Haupt-Gastgeber gegenüber, der zweithöchste Gast rechts neben dem zweithöchsten Gastgeber. Bei Banketten speisen die dritt- und vierthöchsten Gastgeber und Gäste am zweiten Tisch in der entsprechenden Rangordnung, und so weiter.

Mal erhielt ich Besuch von einem greisen Verlagsdirektor aus der entfernten Jilin-Provinz, mit Spazierstock und einer 50 Jahre jüngeren Frau, die offensichtlich mehr war als nur eine Mitarbeiterin. Mal sprach mich in einem Café an der Huaihai-Straße ein Mann vom Nebentisch an. »Ich höre aus Ihrem Gespräch, Sie machen Zeitschriften. Da können wir ins Geschäft kommen.« Die vorgeschlagenen Businessmodelle ähnelten einander: Elpermann investiert Geld, liefert kostenlos Fotos und Texte aus dem Ausland und stellt seine internationalen Marken zur Verfügung – die chinesische Seite bringt die Genehmigung für die Zeitschrift ein, kontrolliert die Inhalte und kassiert den Großteil der Erlöse. Immer wieder gingen ausländische Unternehmen in China auf solche absurden Deals ein, berauscht vom »Zukunftsmarkt mit mehr als einer Milliarde Menschen« und erpresst von kleinen Funktionären, denen das chinesische System fürstliche Vollmachten verlieh. So war es in China zum Beispiel selbst für die Staatsverlage schwierig, die Lizenz für eine neue Zeitschrift zu bekommen, was dieses Behördenpapier bereits zu einem hohen Vermögenswert machte.

Größtes Risiko für ausländische Verlage war, dass die Zeitschrift dem chinesischen Verlag gehörte, da der ausländische Partner de jure nur »beratend« tätig war. In mehreren Fällen führten Chinesen die Zeitschrift allein weiter, nachdem sie in zwei oder drei Jahren das Know-how gelernt hatten und das Blatt anfing, Gewinn zu bringen. Deshalb forderten ausländische Verlage von Chinas Führung Rechtssicherheit, durch Gesetz geschützte Verlags-Joint-Ventures, also ausländisch-chinesische Gemeinschaftsunternehmen. Nein, sie forderten diese nicht, sie baten untertänig darum. Auch ich pilgerte nach Peking, beschenkte Spitzenbeamte aus der Presse- und Verlagsverwaltung mit wertvollen Holzschnitzereien aus der Ming-Dynastie, die ich gekauft hatte, beraten vom ausführenden Chefredakteur aus dem Partnerverlag, »kein Buddha, das sind Parteifunktionäre, religiöse Gegenstände dürfen die nicht annehmen, lieber diesen alten Mann mit Bart, der ewiges Leben verkörpert«.

Der Parteichef der Presse- und Verlagsverwaltung von Shanghai lud mich zu »einem wichtigen Essen« ein, stellte mir die Assistentin des »Leiters des Informationsbüros der Stadt Shanghai« vor. Der sei ein »kommender Mann« mit »großem Einfluss«, könne Elpermann bestimmt zu dem Joint Venture verhelfen. Es sei nur noch eine kleine Hürde zu überwinden: Der Mann müsse nach Deutschland eingeladen werden zu Elpermann, Visum, Kost und Logis inklusive. Dies sei dringlich, da der wichtige Herr zuvor Japan und Korea bereise, danach die USA, dazwischen seien noch drei Tage zu füllen. Elpermann äußerte sich wohlwollend, reagierte aber auf die Wünsche des Bonzen nicht in dem Tempo, das er von seinen Speichelleckern gewohnt war. Nervös rief die Assistentin mehrmals am Tag bei mir im Büro und auf dem Handy an, der Parteichef der Shanghaier Presse- und Verlagsverwaltung störte mich sogar um elf Uhr nachts zu Hause. Elpermann spendierte dem korrupten Beamten schließlich den deutschen Teil seiner Weltreise. Nach dem Vergnügungstrip war von ihm nichts mehr zu hören – und auch nicht von der aufdringlichen Assistentin, die ihn bei der Reise begleitete.

Was mich als ehemaligen Kommunisten besonders empörte: Während die Kader in Saus und Braus lebten, sangen chinesische Fernsehsendungen das Lied vom »Sozialismus mit chinesischen Besonderheiten« und von der Partei, die für die Arbeiter sorgt. Popstars im Blaumann und mit Schutzhelm trugen solche Songs sogar in Bergwerken unter Tage vor. Das war makaber. Mehr als 6000 Arbeiter starben in China jährlich bei Grubenunglücken – das 30-Fache der Todesrate in Südafrika und das 100-Fache der USA.

Die korrupten Kader von Shanghai fühlten sich auch deshalb wohl, weil sie von internationalen Claqueuren bejubelt wurden, unter denen die Deutschen am lautesten klatschten. Wenn auf den monatlichen Treffen der Deutschen Industrie- und Handelskammer KP-Bonzen sprachen, buckelte der nervöse deutsche Vorsitzende mehr als ein chinesischer Lakai und würgte kritische Fragen ab.

Beim anschließenden Büfett fühlte ich mich in einer verkehrten Welt. Ich, der ehemalige Kommunist, schien als Einziger die Verhältnisse kritisch zu sehen. Die deutschen Kapitalisten um mich herum priesen die Kommunistische Partei Chinas. Sie maulten über deutsche Politiker, die, selten genug, Menschenrechtsverletzungen in China ansprachen. »Die fallen unserem Geschäft hier in den Rücken!«

Erst nach dem dritten Bier erzählten die Manager von ihren Problemen, wie sie in China Geld verloren und von Funktionären übers Ohr gehauen wurden. Im nüchternen Zustand hielten sie sich an ein Schweigegelübde. Sie wussten: Bei offenen Worten bauen ihnen die Behörden chinesische Mauern in den Weg. Und die deutschen Zentralen verweigern Investitionen, wenn sie begreifen, wie riskant das Geschäft in der Volksrepublik ist. Auch ich hielt mich jetzt an dieses Schweigegelübde, um in China voranzukommen.

# Das wilde Leben der Enkel Maos

In den 20er und 30er Jahren des vorigen Jahrhunderts galt Shanghai als Sündenbabel des Ostens. Ein englischer Missionar klagte damals: »Wenn Gott Shanghai überleben lässt, muss er sich bei Sodom und Gomorrha entschuldigen.« Aldous Huxley, der Autor der *Schönen neuen Welt*, hatte »in keiner Stadt je einen solchen Eindruck von einem dicken Morast üppig verflochtenen Lebens« wie hier. Jetzt erobert sich Shanghai diesen Ruf zurück.

Ich dachte weiter an Cindy, obwohl sie gesagt hatte, wir sollten uns nicht mehr treffen. Zugleich streckte das Laster immer wieder seinen Arm nach mir aus – etwa wenn ich die Kneipenstraße Hengshan Lu besuchte und einen Absacker trank in Lily's Pub, das in einem in China erschienen Stadtführer empfohlen wird als »*a place where the girls are friendly and the drinks are cheap – or is it the other way around? Remember to leave that wedding ring at home*«. Ich schielte zu den grell geschminkten Huren, sie flirteten wild mit Männern an der Bar. Eine besorgte es ihrem Freier unter dem Tisch mit der Hand.

Als ich abends vom Essen mit einem Anwalt im Hilton Hotel zu Fuß nach Hause ging, zog ich an den schummrigen Bars in der Julu-Straße vorbei. Vor einer standen zwei langbeinige Chinesinnen, beide sehr schön, die eine in einem hautengen schwarzen Lederanzug, die andere in einem roten Minikleid. Sie blickten mich gierig an, riefen »Hallo«. Ich grüßte zurück, ging aber weiter. Lieber wollte ich eine ernsthafte Beziehung mit Cindy anstreben. Aber irgendwie reute es mich auch ein wenig. Ich hätte die beiden in eine der Kneipen einladen und sie anschließend haben können, zusammen.

Gern spazierte ich nachts durch Shanghai. Die Stadt hatte mit 17 Millionen Einwohnern mehr als die Hauptstadt Peking mit 14 Millionen, die Fläche entsprach jedoch nicht viel mehr als einem Drittel Pekings und die Leute lebten dicht gedrängt. Viele wichtige Orte im Zentrum lagen nahe beieinander und waren zu Fuß zu erreichen. Ich liebte die feuchte Luft und die schicken Shanghainesen auf den Straßen. Das war für mich meine neue Heimat. Shanghai verwandelte sich vor meinen Augen von einer Stadt der Dritten Welt in eine moderne Metropole.

Bei einem solchen Spaziergang in der Nacht traf ich auf ein Mädchen mit bis an den Po reichenden hellbraun gefärbten Haaren, das auf dem Gehweg herumstand. Als ich an ihr vorbeigezogen war, drehte ich mich noch einmal um – auch sie drehte sich um. Wir grüßten einander. Das hübsche, frech dreinblickende Mädchen nannte sich San San. Nach einer Minute waren wir uns einig, gemeinsam in die Disco Maya zu gehen, was nahelag, denn wir standen direkt davor.

In der Halle aus Granit plätscherte ein kleiner Wasserfall. Säulen mit Mosaikmuster erhoben sich über Glastischen und schwarzen Polsterbänken. San San und ich besetzten eine solche Sitzgruppe, die Platz für vier bis sechs Personen bot. Wir tanzten zu ein paar Techno-Stücken, wobei San San ihre langen Haare wild hin und her warf, was im rhythmischen Flackern der Scheinwerfer noch wilder aussah. Als wir uns wieder auf dem schwarzen Polster ausstreckten, tauschten wir Zungenküsse, als sei das völlig selbstverständlich.

San San sagte, ihre Freundin komme gleich, ob ich nicht einen ausländischen Freund einladen könne? Mir fiel niemand ein, mit dem ich ein solches Abenteuer teilen wollte. Sie behauptete, sie arbeite als Sekretärin, konnte aber keine glaubwürdigen Details erzählen.

Ich gab San San meine Handy-Nummer, sie rief seither oft an und fragte: »*Ni xiang wo ma?*«, »sehnst du dich nach mir?« Wenn wir uns trafen, knutschten wir, schliefen aber nie miteinander. Dazu müsste ich sie heiraten, forderte sie und behauptete, sie habe noch nie mit einem Mann geschlafen, was ich kaum glauben konnte angesichts ihrer offensiven Art. Wenn schon nicht heiraten, sollte ich wenigstens sonst etwas Gutes für sie tun, ihr eine Wohnung mieten oder ein Auto kaufen.

Heidi Elpermann, die Gattin des Unternehmens-Patriarchen, engagierte sich auch persönlich für ein Joint Venture, ein Gemeinschaftsunternehmen mit einem chinesischen Verlag, das sie im »Doppelpack«, wie sie sagte, mit dem Musizierwettbewerb in der Verbotenen Stadt zu erlangen suchte. Aus diesem Anlass lud sie chinesische Verlagsmanager gemeinsam mit dem sie begleitenden Elpermann-Tross zu einem Essen ins luxuriöse Pekinger Restaurant *Xin Li Zhi Wan*, wörtlich »Neue Litschipflaumen-Meeresbucht«, an einem Seitenweg der Prachtstraße Jianguomen Dajie. Kellnerinnen des Restaurants in eleganter Uniform holten die Gäste am Parkplatz ab. Ich fand gut aussehende Frauen in Uniformen geil, Stewardessen, Soldatinnen in Israel, Cheerleader bei Sportwettkämpfen in den USA. Für die knapp zwanzig Gäste war ein Nebenraum reserviert, wie in China üblich bei Geschäftsessen. In einfacheren Restaurants fehlen diesen Räumen oft die Fenster, dafür hängen kitschige Bilder an der Wand. In der »Neuen Litschipflaumen-Meeresbucht« in Peking, 250 Kilometer vom Meer entfernt, öffnete eine Wand aus Glas den Blick auf einen Springbrunnen. Der glänzend helle Parkettboden und die zwei Sofas schafften im Nebenraum Heimatmosphäre. Ein Fernseher mit Riesenbildschirm und eine Karaoke-Anlage versprachen einen sangesfreudigen Abend. Die beiden Rundtische waren gedeckt mit weißen Schalen, Tellern und goldenen Stäbchen. Bambussprossen, Erdnüsse und andere Vorspeisen warteten auf der Drehscheibe in der Mitte des Tisches, auf die in China alle Speisen gestellt werden, jeder bedient sich von dort mit Stäbchen, es gibt keine Menüs für Einzelpersonen.

Heidi Elpermann hatte das Essen für 20 Uhr angesetzt, spät in China, wo manche schon vor 18 Uhr zu Abend essen. Um 20 Uhr waren die chinesischen Gäste da und auch Heidi Elpermanns Tross – aber nicht Heidi Elpermann selbst.

Sie kam um 20.30 Uhr, in einem weißen Kostüm, in China trägt man Weiß zu Beerdigungen. Die Chinesen fassten sich demonstrativ an den Magen. Sie freuten sich, dass es jetzt mit dem Essen losging. Aber von wegen. Heidi Elpermann klopfte mit dem goldenen Stäbchen auf ein Weinglas – jetzt ging ihre Rede los.

Sie begann am Ende des Zweiten Weltkriegs. »Fritz Elpermann kam aus der Gefangenschaft zurück, stellte sich in seinem Soldatenmantel vor die Belegschaft und sagte: Jetzt müssen wir die Ärmel hochkrempeln und zupacken.« Einige Jahre später organisierte er ein denkwürdiges Spiel für die Belegschaft, Stille Post. Beim Betriebsfest saßen alle Mitarbeiter im Kreis, Elpermann war damals noch klein, einer flüsterte ein Wort ins Ohr seines Nachbarn, der flüsterte es dem Nächsten weiter … und am Ende lachten alle darüber, was der Letzte verstanden hatte. Heidi, damals eine kleine Sekretärin, saß neben Fritz Elpermann, und sein Mund berührte ihr Ohr viele Male. »Von diesem Tag an gingen wir Hand in Hand durchs Leben«, jauchzte Heidi Elpermann vor dem hochkarätigen Pekinger Publikum.

Sie flocht einige Lebensweisheiten und Managementlehren ein, im Hause Elpermann gefürchtet als »Elpermann-Philosophie«. »Sie müssen wissen, Vertrauen ist eine Leihgabe. Damit Sie verstehen, was ich meine«, Heidi Elpermann legte mir, der ich neben ihr saß, die Hand auf die Schulter, ich zuckte zusammen. »Nehmen wir als Beispiel den Herrn Geiges: Jetzt genießt er unser Vertrauen. Aber wenn er unser Vertrauen missbraucht, können wir es ihm auch wieder entziehen.« Unauffällig blickten die Gäste einander in die

Augen, was will sie damit sagen? Das fragte ich mich auch. Die Magen knurrten, es war mittlerweile 21 Uhr. Geduldig und militärisch stramm standen die beiden dem Raum zugeteilten Kellnerinnen in eleganter weinroter Uniformjacke an der Tür.

Heidi Elpermann sprach Deutsch, eine Dolmetscherin übersetzte ins Chinesische. Heidi Elpermann sprach frei, ohne Redemanuskript oder Notizen. Die Themen wechselten und mit ihnen die Länder und Kontinente, aus denen sie berichtete, »die Scheidungsrate, schrecklich, ich habe mich kürzlich darüber mit einem der berühmtesten Professoren des Landes unterhalten«, die Dolmetscherin übersetzte, »die Scheidungsrate in China« – »nein«, korrigierte ein Sprachkundiger, »sie meinte die Scheidungsrate in Japan«. Heidi Elpermann kam »vom Hölzchen aufs Stöckchen«, wie sie selbst sagen würde, sie redete, wie eine einfache Telgter Sekretärin eben redet, in unvollständigen Sätzen und mit falschen Betonungen. Zwischendurch klingelte ihr Handy, sie nahm es ab, verstand aber nicht, was gesagt wurde, und gab es an ihren Assistenten weiter, einen 50-jährigen Herrn. Es war mittlerweile 21.30 Uhr.

Heidi Elpermann kam zu ihrem Lieblingsthema, den Begegnungen mit anderen Monarchinnen, sie, die Königin von Telgte, mit der Queen von Großbritannien, der Kaiserin von Japan. »Lady Di, was ich an der so mochte, die sah mir immer in die Augen, wenn sie mit mir sprach. Zum Abschied umarmte sie mich herzlich.« Als sie bei den Windsors im Schloss übernachtete, missfiel: »Die haben keine Türen, und immer stand ein Butler vor dem Zimmer, das war mir unangenehm. Aber die Queen Mum, die konnte saufen wie ein Loch.«

Um 22.30 Uhr beendete die Königin von Telgte ihre Ansprache – den ersten Teil zumindest. Denn nun schlug die Stunde der Speichellecker. »Frau Elpermann, jetzt sage' Sie doch 'mol, warum Elpermann Elpermann heißt«, ermunterte sie ein mitgereister Elpermann-Rentner schwäbischer Herkunft zu einem Rückblick in die 200-jährige Firmengeschichte.

Auch der CEO von Elpermann in Korea war dabei. Geredet

wurde Deutsch und Chinesisch, er sprach Koreanisch und Englisch. Doch er meldete sich und schleimte auf Englisch: »Ich habe kein Wort verstanden. Aber, verehrte Frau Elpermann, ich habe den Spirit ihrer Rede gespürt, und der hat mich mitgerissen. Ich sah meinen Großvater vor mir auferstehen, eine koreanische Unternehmerpersönlichkeit. Könnten Sie zu uns nach Seoul kommen und die gleiche Rede noch einmal halten?«

Um 23.10 Uhr servierten die Kellnerinnen in eleganter weinroter Uniformjacke die Spezialitäten des Hauses, Haifischflossen und Seeohr.

Wenn ich abends von der Firma nach Hause fuhr, fiel mein Blick jedes Mal auf ein pompöses Bürogebäude an der Huaihai-Straße, der vornehmen Einkaufsallee. Zumindest sah das hell erleuchtete Hochhaus von außen wie ein Bürogebäude aus. Irritierend war nur, dass die Arbeitszeiten in diesem Haus denen bei Elpermann Weltmedien AG & Co. KG genau entgegengesetzt zu sein schienen. Wenn wir Feierabend machten, ging es dort erst los. Dutzende Schönheiten drängten sich am Eingang, uniformiert: Schwarzes Minikostüm schien die Arbeitskleidung zu sein. Mich trieb die Neugier.

Ich vermutete, dass es sich um einen der vielen Karaoke-Salons der Stadt handelte. Bei dem in China extrem populären Karaoke plärren Leute, die singen können oder auch nicht, in das Mikrofon einer schlecht ausgesteuerten Lautsprecheranlage. Der Originalschlager kommt aus einer um DVD erweiterten Jukebox, wobei die Tonspur mit der Stimme des professionellen Sängers fehlt. Hier setzt der Amateur ein, der den in den Video-Clip eingeblendeten Text abträllert.

In China gibt es zwei Arten von Karaoke: Solche mit und solche ohne »*xiaojie*«, wörtlich »kleine Schwestern«. In die ohne gehen Familien, Freunde und Arbeitskollegen beiderlei Geschlechts zusammen. In denen mit kleinen Schwestern vergnügen sich nur Männer, allein und in Gruppen. Bei diesem Etablissement schien es sich um eines mit kleinen Schwestern zu handeln.

Auf einer Rolltreppe fuhr ich nach oben. An der Wand hingen Reklametafeln von Chanel und Christian Dior. Im ersten Obergeschoss stieß ich auf eine Edelkneipe, Designermöbel, Kerzen auf dem Tisch, ein Jazzmusiker am Klavier. Als ich im zweiten Obergeschoss ankam, empfing mich eine Rezeptionistin in schwarzem Hosenanzug. Sie verbeugte sich. Über dem kurzen schwarzen Haar trug sie einen Kopfhörer und daran montiert ein winziges Mikrofon. Darüber rief sie den Manager, einen muskulösen Herrn, etwa 30, in dunklem, zugeknöpftem Anzug, mit dunkler Krawatte über weißem Hemd. »Ein Raum kostet 1200 Yuan pro Stunde, *xiaojie,* kleine Schwester, und eine Schale Obst inklusive«, sagte er (umgerechnet etwa 120 Euro). Er drehte sich zur Seite und führte seine rechte Hand mehrmals schnell auf seine Brust zu, als würde er ein Auto in eine Parklücke winken. Auf dieses Zeichen hin kamen etwa zwanzig Models um die Ecke.

Ich hatte nun die Freude und die Qual der Wahl gleichermaßen, denn die kleinen Schwestern standen direkt vor mir, alle suchten Augenkontakt, forderten meine schnelle Entscheidung. Ich wählte Zhang Dong.

Zhang Dong sang zum Aufwärmen ein Lied, einen aktuellen Hit der Hongkonger Sängerin Kelly Chen. Diese hat den Pop-Song in Mandarin getextet und nicht in dem kantonesischen Dialekt, der in Hongkong gesprochen wird. Zhang Dong sang schön, doch nach dem einen Lied blieb das Mikrofon unbenutzt. Zhang Dong küsste mich und massierte meinen Penis, allerdings bei geschlossener Hose. »Wir müssen vorsichtig sein«, sagte sie. »Letzte Woche gab es hier eine Razzia.« Es war kurz vor dem 1. Oktober, Chinas Nationalfeiertag, an dem sich die Ausrufung der Volksrepublik China durch Mao Zedong jährte. Vor solchen Jubiläen durchkämmten chinesische Polizisten Bordelle, Spielhöllen und Drogencafés. An revolutionären Buß- und Bettagen verordneten die KP-Führer ein sauberes China.

»Wenn du mit mir schlafen willst, müssen wir in ein Hotel gehen«, erläuterte Zhang Dong das Procedere. Doch dazu war ich schon zu sehr Unternehmer geworden: Umgerechnet 120 Euro für den Singsang mit Zhang Dong inklusive obligatorischer Früchteplatte, 50 Euro für die Getränke, mein chinesisches Tsingdao-Bier und vor allem das Mixgetränk »Sex on the beach«, das sich Zhang Dong bestellt hatte; hinzu kämen 100 Euro Auslösesumme, wenn Zhang Dong den Karaoke-Klub vor Dienstschluss um 3 Uhr morgens verlässt, und dann noch etwa 80 Euro für ein Hotelzimmer – da stimmte das Preis-Leistungs-Verhältnis nicht. Da ging ich lieber das nächste Mal zum Friseur, dachte ich mir, dem gängigsten Ort für Prostitution in China.

Immer wieder kam ich in gewöhnlichen Wohnvierteln an solchen Friseursalons vorbei, die in China erst am späten Vormittag aufmachen, aber dann bis nach Mitternacht geöffnet haben. Am Eingang rotiert eine grell beleuchtete Plastiksäule, mit Streifen oder Karrees, meist in Schwarz-Weiß oder Weiß-Rot. Die Tür ist ein Schaufenster, hinter dem die Masseusen sitzen. Sie winkten mir zu, sprangen manchmal auch auf die Straße, um mich am Handgelenk zu packen. Sie riefen: »*Jinlai, jinlai!*«, »komm rein, komm rein!« In den französischen Alleen von Shanghai, bei Dienstreisen nach Peking in den Hutongs, den alten Gassen zwischen den einfachen, einstöckigen Häusern, an den Stränden der Insel Hainan – überall riefen sie mir zu: »*Jinlai, jinlai!*«, »komm rein, komm rein!«

In vielen Straßen reihte sich ein Friseurgeschäft nach dem anderen. Die schicken Salons, vor allem an den großen Boulevards, bieten nur Haarschnitt und gewöhnliche Massage. In manchen schmuddeligen Läden in den Seitengassen hingegen sind Lockenwickler und Rasierer Fassade, wer einen Haarschnitt verlangt, wird ausgelacht und auf den »speziellen Service« verwiesen. Die meisten Friseurinnen bieten alles: schneiden, waschen, fönen, ficken.

Heidi Elpermann wurde vom chinesischen Propaganda-Minister empfangen. Er sagte, er wolle ihre Idee für einen Musizierwettbewerb in der Verbotenen Stadt wohlwollend prüfen. Was viel mehr überraschte: Er versprach ihr ein Verlags-Joint-Venture, das, worum sich Elpermann und andere internationale Medienunternehmen seit Jahren vergeblich bemüht hatten. Mit nervöser Stimme sagte Heidi Elpermann am nächsten Morgen beim Frühstück im Hotel zu mir: »Jetzt sind Sie gefordert!« Der Propaganda-Minister habe ihr nur eine Bedingung genannt: Elpermann dürfe sich den chinesischen Partnerverlag für das Joint Venture nicht selbst aussuchen, sondern müsse den nehmen, den der Minister ihm zuweist – die Verlagsgruppe Commercial Books in Peking.

In den folgenden Wochen traf ich mich mehrmals mit Vertretern dieser Verlagsgruppe. Der Direktor war ein Neffe des Propaganda-Ministers, deshalb wurde ihm das Projekt zugeschanzt. Als Geschenk überreichte mir der Direktor ein Buch über die Verlagsgeschichte. Ein Gruppenfoto darin zeigte alle Verlagsmitarbeiter, hunderte Köpfe dicht aneinandergedrängt, ich erinnerte mich an den Moskauer Progress-Verlag, aber die hier wirkten auf den ersten Blick sehr alt. »Es ist eine gute Tradition bei Gruppenfotos in unserem Verlag, dass wir die über 80-jährigen Mitarbeiter in die erste Reihe stellen«, erklärte der Neffe des Ministers. Jedem Jahr der Verlagsgeschichte widmete das Buch genau eine Seite. Es las sich streckenweise wie eine Sammlung von Nachrufen, denn viele Jahre verzeichneten außer dem Tod verdienter Mitarbeiter keine weiteren Ereignisse. In den Jahren 1966 bis 1976, während der »Großen Proletarischen Kulturrevolution«, schlossen die Roten Garden den Verlag wie fast alle Kulturstätten im Land. Das Buch erwähnte das nicht ausdrücklich, enthielt für die Jahre aber zehn leere Seiten. In dieser Zeit schien nicht einmal jemand gestorben zu sein.

»Wissen Sie, was Elpermanns größtes Problem in China ist?«, fragte der Verlagsdirektor. Ich war gespannt. »Der Name«, gab sich der Funktionär selbst die Antwort. »Wir haben ausfindig gemacht: Elpermann hat in verschiedenen Ländern Buchklubs gegründet, um seine Gebrauchsanweiser-Bücher zu verbreiten. Buchklub heißt in Chinesisch *shuyouhui*. Das klingt fast wie *heishehui*, Mafia, oder wie *falungong*, die staatsfeindliche Sekte.«

Für mich klang das nach Geisterbeschwörung, wie die Angst

der DKP-Schiedskommission vor dem dreieckigen, zerrissenen Parteibuch damals. »Wenn ich Ihre Sprache richtig verstehe, heißt jede Vereinigung *hui*, egal ob positiv oder negativ belegt«, antwortete ich höflich.

»Ja, aber wir denken über die Folgen nach«, entgegnete der Funktionär. »Ein Buchklub sammelt Adressen, Telefonnummern – das darf in unserem Land nur die Kommunistische Partei.«

»Aber ein Buchklub kümmert sich doch nicht um Politik!«

»Heute nicht. Aber wer weiß, was morgen mit den Adressen und Telefonnummern passiert?«

Wehret den Anfängen! Ich erinnerte mich an das Verbot des »Teddy-Klubs« an der Jugendhochschule Wilhelm Pieck. Die Parteifunktionäre fürchten Konkurrenz, wenn Menschen sich vereinen, und sei es auch nur fürs Geschäft oder wie damals zum Spiel.

Das Joint Venture mit Elpermann Weltmedien stellten sich die Verlagsfunktionäre so vor: Sie selbst kontrollieren die Redaktion, »das dürfen nach unserem Gesetz nur Vertreter des chinesischen Staats«. Elpermann »kümmert sich um Anzeigenverkauf und Vertrieb, da haben Sie ja internationales Know-how«. Sie überhörten meinen Einwand, dass sich schlecht gemachte Zeitschriften auch vom besten Anzeigen- und Vertriebsteam nicht verkaufen lassen. Die Verlagsgruppe Commercial Books war auf Schulbücher spezialisiert, entgegen dem anders klingenden Namen. Sie gab nur eine Zeitschrift heraus, *Dongfang Yuekan*, wörtlich »Osten-Monatszeitschrift«, die vor allem Polaroidporträts von Geschäftsführern enthielt. »Das Propaganda-Ministerium erwartet, dass Sie zehn Millionen US-Dollar investieren«, erklärte der Neffe des Ministers. »Das entspricht einem Anteil von 49 Prozent am Joint Venture. Wir bringen kein Geld ein, sondern den Zeitschriftentitel ›Osten-Monatszeitschrift‹, das entspricht einem Anteil von 51 Prozent.«

»Sie glauben, eine Wirtschaftsprüfung bei der ›Osten-Monatszeitschrift‹ würde einen Wert von mehr als zehn Millionen US-Dollar ergeben?«, fragte ich rhetorisch.

»Eine Wirtschaftsprüfung ist nicht notwendig«, antwortete der

Neffe des Ministers mit feierlicher Stimme. »Die ›Osten-Monatszeitschrift‹ ist ein in China von alters her bekannter Titel. Sie hat früher eine Auflage von zwei Millionen gehabt.«

»Wann war das?«

»1932. Später wurde die Zeitschrift eingestellt, wegen Bürgerkrieg, Antijapanischem Befreiungskrieg und Revolution. 1999 haben wir die Zeitschrift wieder gestartet.« Mit einer verkauften Auflage von 5000 Exemplaren, die seither weiter gesunken ist.

Die Verlagsgruppe Commercial Books trug erst seit Kurzem den international klingenden Namen. Vorher hatte sie *Dongfang Hong* geheißen – »der Osten ist rot«.

Bald sollte sich herausstellen, dass die Genehmigung für das Joint Venture nicht ganz so bedingungslos war. Vertreter des Propaganda-Ministeriums luden mich zu mehreren Essen ein und erklärten mir den »Wunsch von ganz oben«, Elpermann möge im Ausland »die erste autorisierte Biografie von Jiang Zemin« veröffentlichen, der zu dieser Zeit Staats- und Parteichef war. Sie wanden die Worte, die Biografie sei autorisiert und wiederum auch nicht, denn es widerspreche der chinesischen Tradition, dass ein Staatsführer zu Lebzeiten eine Biografie über sich veröffentlichen lasse, das könne von den Gegnern Jiang Zemins genutzt werden. Aber im vertrauensvollsten Vertrauen versicherten sie: Jiang Zemin würde die Veröffentlichung des Buchs honorieren und könne als Dank auch Heidi Elpermann zu einem Gespräch empfangen. Geschrieben hatte die Biografie ein Amerikaner, der in China Geschäfte machte. Jiang Zemin war an die Spitze der chinesischen KP gelangt, als die Volksbewegung 1989 blutig niedergeschlagen und sein Vorgänger Zhao Ziyang unter Hausarrest gestellt worden war. In der Biografie wurde Jiang Zemin als gütiger und weltoffener Mann dargestellt, der mit seinen Enkeln Englisch spricht.

Heidi Elpermann wies einen ihrer Verlage an, das freundliche Buch über den Diktator zu veröffentlichen, und gab sogar in einem persönlichen Brief an Jiang Zemin ihre Zusage. Wichtiger noch als die Genehmigung des Joint Ventures war ihr die Aussicht auf ein Treffen mit dem Partei- und Staatschef. Sie hätte ihn gern in die Reihe der mit ihr befreundeten Mächtigen und Majestäten aufgenommen, für den nächsten Vortrag. Auch pflegte Elpermann die Tradition, aus Gefälligkeit Bücher zu veröffentlichen, für die sich nur wenige Leser interessieren – etwa die Bücher von Heidi Elpermann selbst.

Am Ende scheiterte das Joint Venture an den absurden Forderungen der chinesischen Seite. Das Buch mit Lobeshymnen über den Parteichef verlegte Elpermann trotzdem.

Erfolgreicher verliefen meine Gespräche mit einem anderen potenziellen Partner, dem Shanghaier Militärverlag. Aufgrund seiner Nähe zur mächtigen Volksbefreiungsarmee besaß dieser Verlag mehr Möglichkeiten und Mittel als andere Verlage. Dabei kümmerte sich der Verlag wenig um seinen Parteiauftrag, Bücher über das Militär herauszugeben. Die energische 64-jährige Verlagschefin Chen Wei interpretierte diese Vorgabe schöpferisch: »In unserer Armee dienen auch Soldatinnen« – mit Frauenzeitschriften war mehr Geld zu verdienen. Mit den Zeitschriften »Schminktipps« und »Kochen leicht gemacht« erzielte der Verlag hohe Auflagen und erreichte gewaltige Anzeigenumsätze.

Noch nicht so gut lief eine Reisezeitschrift, der Militärverlag bewegte sich neu in diesem Segment. Doch der Markt versprach Zukunft. Immer mehr Chinesen verdienten genug Geld, um zu reisen, arbeiteten freischaffend oder in kapitalistischen Privatbetrieben, die ihren Mitarbeitern Urlaub gewährten. Der Nachholbedarf war enorm. Nicht nur, weil die Löhne früher nicht reichten für Bedürfnisse, die über Essen, Kleidung und Wohnung hinausgingen, sondern auch, weil es in den sozialistischen Staatsbetrieben Chinas keinen Urlaub gab, nur die nach Gesetz vorgeschriebenen Feiertage.

Ich schlug Frau Chen vor, die Zeitschrift unter der internationalen Elpermann-Marke *Globetrotter* neu zu starten. Ich selbst würde den Verlag managen, der natürlich nach außen als Consulting-Joint-Venture auftreten musste. Die Redaktion könne, soweit von mir für gut befunden, übernommen werden. Ich hatte die Redakteurinnen schon kennengelernt, ausschließlich Frauen arbeiteten bei der Zeitschrift, ein junges, engagiertes Team, dem nur eine gute Anleitung fehlte. Elpermann veröffentlichte eine solche Zeitschrift in mehreren Ländern, wir konnten also auf internationale Fotos und Texte zurückgreifen, bei einer Reisezeitschrift besonders wichtig. Vor allem aber wollte ich die Erfahrungen des Militärverlags in China mit dem Know-how von Elpermann weltweit verbinden und langfristig viele Zeitschriften gemeinsam herausgeben.

Frau Chen begeisterte sich für meine Idee, ebenso ihr junger Vertrauter Zhang Zhijian. Er begleitete sie stets und fasste ihre Gedanken auf PowerPoint zusammen.

Nach vielen Telefongesprächen und E-Mails begeisterte sich auch Vorstand Global Kaul. Der Deal war perfekt, als der Militärverlag zustimmte, Elpermann an dem für das Projekt zu gründenden »Publishing Consulting Joint Venture« mit fünfzig Prozent zu beteiligen und, anders als sonst im Land üblich, die anderen fünfzig Prozent selbst einzubezahlen.

Am längsten kämpfte ich mit den Bedenkenträgern in der Rechts- und Finanzabteilung von Elpermann, die nicht einsehen wollten, warum in China kein deutsches Recht gilt. Nachdem die Vertragsentwürfe ein Dutzend Mal geändert und in Chinesisch und Englisch hin und her übersetzt und die Anwälte dabei reich geworden waren, starteten das Joint Venture und die Zeitschrift *Globetrotter* nach einem Jahr, für Elpermann ein Rekordtempo.

Nach dem Erfolg fühlen sich viele als Väter. »Vorstand Global Kaul hat in China die Zeitschrift *Globetrotter* gegründet«, hieß es in einer Presseerklärung von Elpermann.

Der Start von *Globetrotter* war ein großer Erfolg auf einem schwierigen Zeitschriftenmarkt. In China erschienen 9000 Blätter und Hefte, nur in den USA und England gab es mehr. In China lasen jedoch weitaus weniger Menschen Zeitschriften als in den entwickelten Ländern, lediglich Wohlhabende in den großen Städten hatten Geld und Muße dafür. An den Kiosken lag das Heft von Elpermann ganz vorn, wohl wegen seiner attraktiven Cover-Fotos, die aus den internationalen Ausgaben übernommen wurden.

Wir mieteten eine Showbühne vor dem Parkson-Kaufhaus in der Huaihai-Straße und ließen Models tanzen, genau dort, wo Shanghais Schöne und Reiche spazierten und shoppten. Sie schmückten sich gern mit einer schicken Zeitschrift, standen am Aktionstisch Schlange für ein Abo, das sie gleich in bar für ein Jahr im Voraus bezahlten. In Peking und in den reichen, südlichen Küstenstädten Guangzhou (Kanton) und Shenzhen organisierten wir ähnliche Aktionen. Auch die Anzeigenkunden waren interessiert, denn sie kannten *Globetrotter* als Weltmarke. Ich leitete jetzt ein Team von 25 Mitarbeitern, das sich mit der Zeitschrift identifizierte und bis spät nachts arbeitete. Die Shanghaier Redaktion erstellte 70 Prozent des Inhalts, 30 Prozent wurden aus den internationalen Ausgaben übersetzt. Redaktion und Marketing unterstanden mir, alle zogen an einem Strang – kein Vergleich zu dem Hickhack mit dem alten Partner Arbeiterverlag bei *City Lady*.

Ich entschied mich, auch *City Lady* in die neue Firma zu holen. Das war nicht einfach. Elpermann hatte den englischen Namen der Zeitschrift, der in China meist mit auf dem Cover steht, als Marke registriert, ebenso das Logo. Der chinesische Titel aber gehörte dem Arbeiterverlag. Außerdem muss das Propaganda-Ministerium jede neue Zeitschrift genehmigen und ihr eine Nummer geben. Dieser bürokratische Prozess dauert zwei bis drei Jahre. Gemeinsam mit dem neuen chinesischen Partner Militärverlag griffen wir zu einem in China typischen Ausweg. Wir nahmen eine bestehende Zeitschriftennummer des Militärverlags für die neue *City Lady*. Auf dem Cover musste auch der offizielle Name der Zeitschrift erscheinen, den das Propaganda-Ministerium mit der Nummer vergeben hatte. In diesem Fall hieß das Blatt *Kleinkaliberwaffen*. Das passte nicht ganz zum englischen Titel *City Lady*, wir druckten die Schriftzeichen für *Kleinkaliberwaffen* deshalb klein.

Was mich mehr bewegte als die bürokratischen Hürden und die Tricks, sie zu überspringen, war, wie wir *City Lady* zu einer attraktiven Frauenzeitschrift machen konnten und sie gegen Dutzende andere Zeitschriften, die sich bereits an ein weibliches Publikum richteten, durchsetzen konnten. Ich dachte an Cindy, die bei der bereits erfolgreichen *Elle* arbeitete.

Wir trafen uns im schicken Restaurant Jade Garden. Cindy kannte den Markt perfekt und half mir mit zahlreichen Ideen. Ich bedauerte es, sie so lang nicht gesehen zu haben. Wir gratulierten uns zu unseren beruflichen Erfolgen, scherzten und flirteten. Sie schien vergessen zu haben, dass sie bei unserer letzten Begegnung gesagt hatte: »Wir können uns wohl nicht mehr treffen!«

Ihr Mann sei gerade auf einer Dienstreise, erwähnte sie.

»Vielleicht kann ich dir heute Abend meine Wohnung im Dritten Jahrtausend zeigen«, startete ich einen neuen Versuch.

»Nein, auf keinen Fall!«

»Nicht, was du denkst. Es ist einfach eine tolle Wohnung mit großartigem Ausblick …«

»Ich komme nicht mit!«

»Du redest, als hättest du Angst, ich könnte dich vergewaltigen.«

»Meine Ehe ist mir wichtig. Mein Mann soll nicht erfahren, dass ich andere Männer in ihren Wohnungen besuche.«

»Glaubst du, er schickt dir einen Detektiv hinterher? Wenn er so eifersüchtig ist, solltest du dich lieber gleich von ihm trennen.«

»Er ist nett und tolerant und beauftragt bestimmt keine Detektive.«

»Na, was soll dann passieren? Er ist doch gerade auf einer Dienstreise.«

»Aber die Rezeptionsdamen in deinem Apartment-Hochhaus würden mich erkennen.«

»Woher kennen die dich?«

»Mein Mann ist der Marketingleiter des Dritten Jahrtausend.«

Nun verstand ich Cindys Vorsicht. Da meine Wohnung auf dem

Weg zu ihrer lag, entschieden wir, dass sie mich mit dem Taxi zu Hause absetzt. Wieder hielten wir Händchen, wieder verdüsterte sie ihr Gesicht dabei und blickte mich nicht an. Kaum war ich aus dem Taxi gestiegen, bedauerte ich diesen Schritt auch schon.

In einer SMS fragte ich, ob ich nachkommen könne.

*»Du weißt, was passieren wird«*, antwortete sie.

*»Traust du mir nicht oder misstraust du dir selbst?«*, fragte ich zurück.

*»Beides. Ich kenne meinen Körper.«*

Das machte mich erst recht heiß. Im Taxi war sie so abweisend gewesen, da überraschte mich, dass sie Lust auf Sex hatte. Nun schrieb ich:

*»Lass uns das Leben genießen und Spaß haben heute Nacht.«*

*»Wir sollten die Selbstkontrolle nicht verlieren«*, entgegnete sie. Das sollte ihre letzte SMS für einige Zeit sein. Ich gab es innerlich auf. Wenn sie ihrem Ehemann treu sein wollte, würde ich das akzeptieren.

In meinen revolutionären Jahren hatte ich alle sozialistischen Länder besucht – bis auf eines: Nordkorea. Während weltweit Mauern fielen, blieb Nordkorea abgeschottet. Nun lebte ich vergleichsweise nah – zudem gab es in China Reisebüros, die Touren in das Nachbarland organisierten. Die Teilnehmerzahl war begrenzt und an strenge Voraussetzungen geknüpft. Bei der nordkoreanischen Botschaft musste ein Lebenslauf mit Firmenstempel eingereicht werden. Ein Diplomat rief bei der Firma an und fragte nach, ob die Angaben stimmten. Nicht einreisen durften Amerikaner, Südkoreaner und Journalisten. Da ich Letzteres im Moment nicht war, sah ich eine Chance. Und tatsächlich – ich wurde »reingelassen« in das Land, das sich offiziell Koreanische Demokratische Volksrepublik (KDVR) nennt.

Die zehnköpfige Reisegruppe bestand überwiegend aus abenteuerlustigen Engländern. Wir gehörten zu den insgesamt 2000 westlichen Touristen, die Nordkorea pro Jahr besuchten – weniger als den Kölner Dom an einem Tag. Südkoreanische Touristen durften ausschließlich ein Naturschutzgebiet an der Grenze betreten, wo die Brüder und Schwestern als Devisenbringer willkommen waren. In Nordkorea herrschte ein bizarrer Personenkult um den verstorbenen ehemaligen Führer des Landes und seinen Sohn und Nachfolger. Eine Woche lang besichtigten wir Denkmäler und Wandgemälde für den »*Great Leader*« Kim Il Sung und seinen Sohn, den »*Dear Leader*« Kim Jong Il. Die Führung war auf Englisch.

Ich hatte eine gewisse Vorstellung von den Verhältnissen in Nordkorea. Selbst bei *Elan* hatten wir über den Kult dort gewitzelt. Doch die Realität übertraf alle meine Erwartungen. So behaupteten die beiden Reiseführer allen Ernstes, der *Great Leader*, obwohl schon einige Jahre tot, sei weiterhin der Präsident des Landes. Das sei auch rechtens, denn nach der Verfassung sei er auf »ewig« Präsident, nicht nur auf Lebenszeit. Er habe seine Vollmachten an den *Dear Leader* übertragen, der dementsprechend auch nur Generalsekretär sei und nicht Präsident. Die Reiseführer sagten kaum einen Satz, in dem der »*Great Leader*« oder der »*Dear Leader*« nicht vorkam. Meist kamen beide vor. Als Kinder auf der Straße marschierten und ein Lied sangen, fragte ich, wovon es handelte. Der Reiseführer antwortete: »Sie singen das Lied vom großen Führer. Wir haben zwei Hymnen – das Lied vom großen Führer und das Lied vom verehrten Führer.« Ob Staudamm oder Denkmal für den Sieg gegen die Japaner – wir sahen nichts, was nicht mit persönlicher »*on-spot guidance*« (so ein viel gebrauchtes Wort) des *Great Leader* oder des *Dear Leader* oder beider zusammen gebaut worden war.

Auf den Straßen sah es aus wie in der Sowjetunion der 30er oder dem China der 60er Jahre, ich fühlte mich an alte Fotos und Filme erinnert. Die meisten Leute trugen uniformähnliche Kleidung, ausnahmslos jeder Erwachsene hatte ein Abzeichen mit dem Porträt des *Great Leader* angesteckt. Selbst in der Hauptstadt Pjöngjang fuhren kaum Autos, außerhalb gar keine, nicht einmal Busse oder gar Fahrräder. Die Leute waren zu Fuß unterwegs.

UNO-Mitarbeiter im Hotel erzählten mir, in den letzten Jahren seien zwei Millionen Menschen den Hungertod gestorben (von 20 Millionen Einwohnern). Ich selbst sah vom Hunger nichts, wir wurden zu ausgesuchten Stellen gefahren, immer mit drei Aufpassern. Die Leute auf der Straße hatten sichtbar Angst, wagten nicht einmal, uns anzuschauen, geschweige denn mit uns zu reden. Auf eigene Faust durften wir nirgendwo hin. Am Eingang des Hotels standen Wachen, die niemanden einließen – und ohne Aufpasser auch niemanden hinausließen.

Wie alle Besucher mussten wir Blumen niederlegen an der dreiundzwanzig Meter hohen bronzenen Kim-Il-Sung-Statue und uns vor ihr verbeugen. Aus Lautsprechern dröhnte, nicht überraschend, der *Song of the Great Leader*. Ein weiterer Höhepunkt der Reise war der Besuch des Museums der Völkerfreundschaft. Zwei riesige Paläste, jeder so groß wie drei Museen in New York oder Hamburg zusammengenommen. In dem einen wurden die Geschenke von Führern aus aller Welt für den *Great Leader* ausgestellt, im anderen die Geschenke von Führern aus aller Welt für den *Dear Leader*. Besonders großzügig waren die Sowjetunion und China, ihre Gaben füllten jeweils ein ganzes Stockwerk. Der syrische Präsident Assad spendierte einen Schreibtisch aus Elfenbein, die Sandinisten aus Nicaragua ein ausgestopftes Krokodil, das Wein einschenkt. Durch Geiz fiel der DKP-Vorsitzende Herbert Mies auf, auch sein Mitbringsel war unter Glas ausgestellt, eine lumpige Thälmann-Medaille.

Natürlich besuchte unsere Reisegruppe die Hütte, in der der *Great Leader* angeblich geboren wurde. Ein Glücksfall. Dieses Gebäude blieb in Pjöngjang als einziges aus vorrevolutionärer Zeit erhalten, ansonsten war die Stadt einheitlich mit Bauklötzen im sowjetischen Stil der 60er Jahre zubetoniert. In Erwartung des Schicksals hatten die Vorfahren des Führers die Hütte zudem auf dem besten Aussichtshügel der Hauptstadt errichtet. Über die Geburt des *Dear Leader* wurde ebenso Wundersames berichtet. Laut einer Legende, die auf zahlreichen Wandgemälden festgehalten war, wurde er »auf der Spitze des höchsten Bergs Koreas geboren«. Das hing wahrscheinlich auch mit der »genialen militärischen Strategie« des *Great Leader* zusammen, von der eine Museumsführerin berichtete: Man steige auf Berge und beschieße den Feind von oben. Mit diesem Trick besiegte der *Great Leader* erst die Japaner und dann die Amerikaner. Sie erwähnte nicht, dass im ersten Krieg die Sowjetarmee mitkämpfte und im zweiten eine Million Chinesen auf Seiten des Nordens fiel.

»Im Alter von zwölf Jahren verließ der *Great Leader* sein Elternhaus, um sein Land zu befreien.« Auch diese Begebenheit war auf zahlreichen Gemälden dargestellt. Sein Sohn stand ihm nicht nach. Im Kriegsmuseum zeigte eine junge Offizierin ein Flugzeug, auf dem der zehnjährige *Dear Leader* den Piloten »*on-spot guidance*« gegeben haben soll, was prompt zum Sieg über die Amerikaner führte. Jetzt litt der einstige Spitzenpilot allerdings unter Flugangst, weshalb er weite Strecken bis nach Moskau mit dem Zug zurücklegte.

Die KDVR führte eine neue Zeitrechnung ein, beginnend mit der Geburt des *Great Leader* 1912. Ich besuchte Korea vier Monate vor Beginn des Jahres 90 der modernen Zeitrechnung. Trotz der Hungersnot verbrachten Studenten und Arbeiter die Hälfte der Zeit damit, auf der Straße die bevorstehenden Massenaufmärsche zu proben, bei denen sich Tausende mit Papieren in verschiedenen Farben zu stadiongroßen wechselnden Bildern formierten.

Auch dieses Land musste sich den komplizierten Erfordernissen des internationalen Klassenkampfes anpassen und Devisen verdienen. Im Keller des einzigen Hotels für ausländische Touristen gab es ein besonderes Etablissement mit Management aus Macau und Personal aus der Volksrepublik China. Ein Kasino und eine Disco mit Karaoke und angeschlossenem Bordell, »Sauna mit Lady«, laut Preisliste 120 US-Dollar – mitten im stalinistisch prüden Korea. Ihre Kunden seien gewöhnlich chinesische Geschäftsleute, Mitarbeiter internationaler Hilfsorganisationen und Diplomaten, erzählten die fünf Prostituierten, Gastarbeiterinnen aus der chinesischen Grenzstadt Dandong, die hier für drei Monate jobbten. Koreanern war der Zutritt verboten. Auch die Huren, alle um die 20 Jahre alt, durften das Hotel nur als organisierte Gruppe mit Aufpassern verlassen.

Zurück in Shanghai, wusste ich nicht, warum ich den Versuchungen der zahlreichen Friseurläden länger widerstehen sollte. In einer Seitengasse, die vom *Renmin Guangchang*, dem »Volksplatz« wegführte, dem Park mit Springbrunnen und klassischer Musik vor dem Gebäude der Shanghaier Stadtregierung, winkte mir hinter dem Fenster eine junge Frau zu. Sie trug Leggins und ein weit ausgeschnittenes T-Shirt, das ihre Figur betonte. Ihr Haar war blond gefärbt. Ich verlangte eine Massage. Sie führte mich die Treppe hoch in einen dunklen Raum mit zwei Pritschen, die durch ein Brett voneinander getrennt waren. Lachend fragte sie, *»zuo biede?«*, etwas anderes machen?

Sie bat mich, nicht laut zu stöhnen, da man in dem Tabakladen darunter alles hören könnte. Auch der Mann hinter dem Brett, der gerade von ihrer Kollegin abgefertigt wurde, beherrschte sich. Er röchelte vorsichtig. Sie lutschte meinen Schwanz. Um Zeit zu gewinnen, ließ sie von mir los, ich revanchierte mich an ihrem Busen. Als der Nachbar hinter dem Brett gegangen war und ich es kaum noch erwarten konnte, setzte sie sich auf mich und führte meinen Schwanz in ihre Scheide.

Als wir wild drauflos vögelten, klingelte ihr Handy. Chinesen telefonieren während Sitzungen, bei Vorführungen im Kino, und, wie ich jetzt lernte, auch beim Sex. »Mach weiter, mach weiter, mir gefällt das«, schrie sie und griff gleichzeitig nach dem Mobiltelefon. Während sie auf mir ritt, telefonierte sie mit einer Freundin. Sie sitze zu Hause und schaue fern. »Was hätte ich sonst sagen sollen«, grinste sie später, »dass mich gerade ein Deutscher fickt?«

Nach dem Verkehr wischte sie sich mit einem Stück Toilettenpapier über die Scham, mit einem anderen strich sie über meinen Penis. Ich gab ihr 600 Yuan, etwa 60 Euro, das Dreifache von dem, was sie sonst dafür bekam, so viel wie ihre Eltern, die in der Provinz Sichuan lebten, beide Ingenieure, im Monat zusammen verdienten. Ich erinnerte mich, welche Energie ich früher dafür aufgewandt hatte, die Verwerflichkeit der Prostitution nachzuweisen. Für Christen wütete hier der Teufel und für strenggläubige Kommunisten wurde ein Verbrechen der Ausbeutung begangen. Aber für sie und mich war es eine Win-win-Situation, wie wir das bei Elpermann nannten.

Vor dem chinesischen Neujahr Ende Januar lud der Shanghaier Militärverlag, unser neuer Partner, zu einem Sportfest. Auch die Mitarbeiter unseres Joint Ventures nahmen daran teil. In einer angemieteten Turnhalle war ein Präsidiumstisch aufgebaut, an dem die Honoratioren saßen, ein General, Kommandeur der örtlichen Armeedivision, die Chefin und andere Direktoren des Militärverlags und ich als CEO des Joint Ventures hinter einem Schild mit meinem chinesischen Namen Jia Jiesi.

Das Fest begann mit einem Appell, die Mitarbeiter und einfachen Manager stellten sich in Reih und Glied auf, geordnet nach Abteilungen, wobei das Joint Venture wie eine Abteilung des Militärverlags eingestuft wurde. Die Gesichter richteten sich auf uns am Präsidiumstisch. Alle Mitarbeiter trugen weiße Trainingsanzüge mit blauen Streifen, die vorher ausgegeben worden waren. Der Sozialismus hatte sich seine Vorliebe für einheitliche Kleidung bewahrt, ich erinnerte mich an die Anoraks beim Fackelzug in der DDR. Aber der weiße Trainingsanzug sah deutlich besser aus, und besonders stand er einer jungen Frau, die mit drei Kolleginnen direkt vor dem Präsidiumstisch die rote Fahne der Volksrepublik in der Waagrechten an den Zipfeln hielt und straff spannte. Aus dem Lautsprecher erklang die Nationalhymne, die Sportler ballten ihre Hand zur Faust, auch die Fahnenträgerinnen erhoben ihre freie Hand.

*Steht auf! Steht auf! Steht auf!*
*Millionen von Herzen vereint in einem Geist,*
*Trotzt dem Gewehrfeuer der Feinde, Marsch voran!*

Das glich ähnlichen Zeremonien an der Jugendhochschule Wilhelm Pieck. Die Fahnenträgerin sah wirklich klasse aus. Ich kannte sie bereits, sie hieß Lu Bing, arbeitete in der Vertriebsfirma des Militärverlags. Zeitschriftenvertrieb funktionierte in China anders als in entwickelten Ländern. Bis vor Kurzem hatte die Post ein Monopol dafür gehabt, jetzt legten kleine private Grossisten in Hinterhöfen Zeitschriftenlager an, aus denen sich die Kioskbesitzer bedienten. Abgerechnet wurde Monate später, bis dahin blieben die realen Vertriebszahlen unbekannt, die Grossisten waren nicht über Rechner mit den Verlagen verbunden. Vertriebsmanagement bedeutete deshalb vor allem, gute Beziehungen zu den lokalen Grossisten zu pflegen. Die attraktive Lu Bing betreute die Provinz Guangdong (Kanton), die mit der Hauptstadt Guangzhou und der Wirtschaftssonderzone Shenzhen, an Hongkong angrenzend, zu den reichsten Flecken Chinas zählte. Unsere Elpermann-Zeitschriften waren dort an den Kiosken zu schwach vertreten, wie ich von eigenen Besuchen und von Anzeigenkunden wusste.

Die energische alte Verlagschefin Chen Wei eröffnete das Sportfest mit einer Rede, in der sie die Erfolge des Verlags aufzählte, die gute Entwicklung im Joint Venture mit Elpermann eingeschlossen. Ihre durchdringende, schrille Stimme glich dem Stakkato von Propagandistinnen während der Kulturrevolution. Tatsächlich war Chen Wei, zu Beginn der Kulturrevolution Ende 20, eine der Anführerinnen der Rotgardisten in Shanghai. Im »Kampf gegen die reaktionäre Kultur« plünderten diese Wohnungen und Tempel, zertrümmerten Buddha-Statuen, verbrannten Bücher, zerstachen Gemälde und zerschlugen Klaviere. Chen Wei leitete Tribunale gegen alte Professoren und Funktionäre, die sie als »stinkende Intellektuelle« entlarvte, als »Verräter, die den kapitalistischen Weg gehen«. Sie befahl ihren fanatisierten Anhängern, den »Rinderteufeln« und »Schlangengeistern« Holzbretter mit Löchern über den Kopf zu stülpen und ihnen »Schandmützen«, hohe Papierzylinder, aufzusetzen. So trieben sie ihre Opfer durch die Stadt und machten sie zum öffentlichen Gespött. Chen Wei zwang die Gedemütigten, sich vor ihr hinzuknien, trat dann ins Gesicht und beaufsichtigte sie, wenn sie Kot aus Latrinen schaufelten.

Beim Sportfest wurden Bestarbeiter ausgezeichnet. Zu Marschmusik traten sie vor das Präsidium, die Honoratioren, darunter ich, überreichten ihnen einen roten Briefumschlag mit 1000 Yuan, umgerechnet 100 Euro. Auch die schöne Lu Bing gehörte zu den Bestarbeitern, sie bekam ihren roten Umschlag vom General.

Als Staffelläufe, Weitspringen und Seilziehen begannen und die meisten Honoratioren nach Hause gingen, suchte ich Lu Bing, um ihr zu ihrer Auszeichnung zu gratulieren. Wir unterhielten uns über den Vertrieb der Elpermann-Zeitschriften in der Guangdong-Provinz. Die Vertriebsfirma des Militärverlags setzte sich für die Joint-Venture-Zeitschriften nicht genauso stark ein wie für die hundert Prozent eigenen Zeitschriften, gab Lu Bing zu. Ob sie Lust habe, direkt für das Joint Venture zu arbeiten, fragte ich. »Natürlich«, sagte Lu Bing lächelnd. Der Name Elpermann genoss hohes Ansehen in China, viel höheres als ein Staatsverlag. Und Lu Bing hoffte auf mehr Geld. Wir tauschten unsere Visitenkarten und beschlossen, uns bald zum Essen zu treffen.

In Shanghai begann ein Zeitschriftenkrieg. Der Militärverlag gab gemeinsam mit Elpermann *City Lady* (groß gedruckt)/*Kleinkaliberwaffen* (klein gedruckt) heraus. Unser ehemaliger Partner Arbeiterverlag fühlte sich weiter im Recht, das Elpermann-Logo *City Lady* zu benutzen, und erklärte: »Internationale Marken sind in China nicht geschützt.« Die Zeitschrift *City Lady* erschien nun zweifach. Ich schaltete einen Markenanwalt ein. Die Redaktion des Arbeiterverlags konnte selbst keine interessanten Fotos und Texte produzieren und klaute sich die Inhalte mittlerweile aus dem Internet. Der Direktor des Arbeiterverlags denunzierte Elpermann und den Militärverlag in Briefen ans Propaganda-Ministerium: *Kleinkaliberwaffen* erscheint illegal als *City Lady* …

Ein FedEx-Paket eröffnete eine andere Front. Heidi Elpermann schickte mir zwei gerahmte Porträtfotos, jedes so groß wie die

Mona Lisa im Louvre. Das eine zeigte Unternehmens-Patriarch Fritz Elpermann, das andere seine Frau Heidi selbst. »In unseren Betrieben wird die Familie jetzt wieder höher gehalten als in den vergangenen Jahren«, schrieb Heidi Elpermann dazu in einer Handschrift, die der eines Schulmädchens glich. »Dazu gehört es, den Eingang zu den Arbeitsräumen stilvoll zu schmücken. Wenn ich mit diesem kleinen Geschenk zur Verschönerung Ihrer Shanghaier Räumlichkeiten beitragen kann, dann bereitet dies mir selbst auch eine große Freude.«

Fritz und Heidi, *Great Leader* und *Dear Leader* auch hier. Anders als andere Elpermann-CEOs hängte ich die beiden Porträts nicht auf.

Lu Bing traf ich im Vergnügungszentrum *Xintiandi*, wörtlich »Neue Himmel und Erde« oder frei übersetzt »Neues Universum«, dem absoluten In-Platz. 1921 tagten hier Mao Zedong und andere Kämpfer beim ersten Kongress der Kommunistischen Partei Chinas, woran ein kleines Museum erinnerte. Inzwischen beherrschten modernste Restaurants, Bars, Boutiquen, Galerien und Luxus-Apartments das Gelände. Chinesische Kellnerinnen servierten im Dirndl. In einem Klub mit edlem Design gab es grün beleuchtete Fischteiche. *Xintiandi* war während der vorletzten Jahrhundertwende das Herz der französischen Konzession gewesen. In einer Zeit der Wirren suchten Vertriebene aus anderen Teilen Chinas hier Zuflucht. Über Jahrzehnte verfallen, war diese kleine Stadt innerhalb der großen Stadt jetzt restauriert worden, mit noch größerem Glanz als das Original, wobei historische Backsteine und Dachziegel verwendet wurden. Typisch für *Xintiandi* waren die *Shikumen*-Häuser, wörtlich »Steintor«-Häuser, eine spezielle Bauweise im alten Shanghai, die östliche und westliche Bauweise verband. An enge Gassen angrenzend, führte das prächtige holzgeschnitzte Tor unter einem Steinbogen in einen geschlossenen Hof, der einen Hort der Geborgenheit bildete während der Kriege. Im neuen Universum aus Himmel und Erde waren moderne Bauten hinzugekommen wie ein 25 000-Quadratmeter-Glasbau mit Shops und Kinos. Dies war der richtige Platz, um Lu Bing in gute Laune zu bringen. Die 26-jährige Vertriebsmanagerin trug einen lila Faltenrock und kniehohe schwarze Stiefel.

Gemeinsam zogen wir durch Restaurants und Kneipen, die so schillerten, wie sie hießen: »La Maison«, »Che«, »Luna« …

Lu Bing sagte, sie habe bislang zwei feste Freunde gehabt, beide aus Hongkong. Ich erzählte von einem Dokumentarfilm über Hongkong, den ich vor dem Anschluss der Stadt an China fürs Fernsehen gedreht hatte. Dabei hatten wir auch eine Millionärsfamilie interviewt, die täglich die Rolls-Royce wechselte, damit sie farblich zur Kleidung passten. Lu Bing fand die Geschichte nicht absurd, sondern fühlte sich in ihrem eigenen Modebewusstsein bestätigt. »Ich mache das mit den Handys genauso, habe fünf verschiedene und hänge mir immer das um den Hals, das in der Farbe gerade passt.«

Als ich Lu Bing im Taxi nach Hause brachte, hielten wir Händchen. Ihren Wechsel in unser Joint Venture hatten wir während des Abendessens vereinbart.

Beim nächsten Treffen, über SMS abgemacht, knutschten wir. Am darauf folgenden Nachmittag erreichte mich ihre SMS: *»Ich sitze bei Starbucks und warte auf dich.«* Wir tranken einen Cappuccino. Ohne viel Worte darum zu machen, gingen wir dann in meine Wohnung, die nicht weit entfernt lag.

Ich umarmte sie, streichelte ihren Rücken. Wir küssten einander erst vorsichtig, dann heftiger. Als ich versuchte, sie auszuziehen, sagte sie: »Nicht nötig.«

»Warum nicht?«, fragte ich.

»Ich weiß nicht«, antwortete sie.

Wir küssten uns weiter. Ich griff ihr unter die Bluse, sie wehrte mich wieder ab. Eine halbe Stunde später lagen wir im Bett. Sie spielte beim Sex die aktivere Rolle und erlebte drei Orgasmen an diesem Abend.

Am nächsten Tag schrieb mir Lu Bing eine E-Mail: »*Liebling, ich will dich heute Nacht treffen. Du gehst mir nicht aus dem Kopf. Am liebsten würde ich mit dir zusammenleben. Ich vermisse deine schönen Augen, deine Zärtlichkeit, deine Küsse und deine Liebe. Ich kann dich immer noch riechen. Was für ein wunderbares Aftershave. Du hast dich in meinen Kopf geschlichen. Kannst du meine Gedanken lesen? Ich küsse dich!*«

Lu Bing zog bald bei mir ein. Sie erzählte auch ihren Eltern, die in der Provinz Shandong lebten, davon. Unverheiratet zusammenwohnen, einige Jahre zuvor in China noch unmöglich, wurde nun in den großen Städten zunehmend akzeptiert. Allerdings rief das Verhältnis eines Chefs, zumal Ausländers, mit einer Mitarbeiterin Missgunst hervor. In unserer Firma, in der Lu Bing bald anfangen sollte, hielten wir die Beziehung geheim.

Chinesen kommen gewöhnlich nicht direkt zur Sache, aber dieser Telefonanruf von Chen Wei, der alten Chefin des Militärverlags, war ziemlich direkt. Sie grüßte mich nicht mit »*ni hao*«, hallo, und fragte auch nicht »*chifanle meiyou*«, haben Sie gegessen, eine in China verbreitete Höflichkeitsformel wie »*how are you*« im Englischen oder »maximale Kampferfolge« an der Jugendhochschule Wilhelm Pieck. Die Verlagschefin sagte nur: »Es ist aus.« Das Propaganda-Ministerium habe die Lizenz für die Zeitschrift *Kleinkaliberwaffen*, die unter dem Titel *City Lady* erschien, entzogen, also die Zeitschrift verboten. Es seien anonyme Briefe bei der Parteiführung eingegangen, die die Kooperation denunzierten.

Wir trafen uns sofort im Sitzungsraum des Militärverlags. Wie immer brachte die Sekretärin einen Plastikbecher mit grünem Tee, wie immer fiel es mir schwer, ihn zu trinken, da die Teeblätter oben schwammen. Die Verlagschefin sprach von »*Zhao yige banfa*«, wir werden »einen Ausweg suchen«. Das ließ mich hoffen, denn so hieß die Zauberformel in China. Ein Nein in Deutschland oder den USA bedeutete Nein. In China fand sich immer eine Hintertür. Und die alte Zhao hatte schon mehrmals eine geöffnet, seit wir kooperierten. Nun empfahl sie: »Laden Sie den stellvertretenden Propaganda-Minister Li Jianbin ein, am besten ins 21. Jahrhundert – Ihre *guanxi,* Beziehungen, zu ihm sind jetzt wichtig.«

Das »21. Jahrhundert« war das Luxushotel im höchsten Gebäude der Erde. Mit 102 Stockwerken schlug das »21. Jahrhundert« das 101-stöckige »Taipei 101« in Taiwan und das 88-stöckige Grand Hyatt in Shanghai. Im Joint Venture mit der deutschen Firma Lego hatte das »21. Jahrhundert« einen Bausatz entwickelt, mit dem das Hotel kurzfristig aufgestockt werden konnte, falls woanders ein höherer Wolkenkratzer projektiert wurde. »Wir sind der erste Tower auf Erden«, hieß es auf der Website des Hotels, »der für immer der höchste Tower auf Erden bleiben wird.«

Ich wartete am goldverzierten Eingang auf den stellvertretenden Propaganda-Minister. Mit Peking-Ente- und Reiswein-Gelagen, mit Armani-Anzügen als Geschenk hatte ich in den letzten Jahren *guanxi* zu ihm aufgebaut, Beziehungen. Ohne eine gute Beziehung zu ihm konnte Elpermann in China nicht arbeiten. Jedes Medien-Projekt war auf die Gnade des Propaganda-Ministeriums angewiesen. *Guanxi,* Beziehungen, haben in China eine größere Bedeutung, als die Übersetzung des Wortes vermuten lässt. Im Westen helfen Beziehungen. In China stechen Beziehungen Gesetze aus. Nicht das geschriebene Wort entscheidet, sondern das von Mächtigen gesprochene.

Die gebräuchliche Übersetzung »Propaganda-Ministerium« verschleierte die Wahrheit. Das Schriftzeichen *bu* bedeutete wie alle chinesischen Schriftzeichen je nach Zusammenhang etwas Verschiedenes, konnte ein Ministerium sein, eine Abteilung, eine Kommandostelle der Armee, ein Redaktionsteam oder auch die Zweigstelle eines Lebensmittelladens. Li Jianbin war der stellvertretende Chef des *xuanchuan bu,* der Propaganda-Abteilung des Zentralkomitees der Kommunistischen Partei Chinas. Hier galt der Grundsatz Wladimir Iljitsch Lenins von der führenden Rolle der Partei, den ich schon an der Jugendhochschule Wilhelm Pieck studiert hatte. In China war er weiterhin in der Verfassung verankert. Deshalb stand die Propaganda-Abteilung der Partei über den Ministerien, über allen Buchverlagen, Zeitungen, Zeitschriften und Fernsehen. Keine Publikation durfte ohne ihre Zustimmung erscheinen. Sie erließ verbindliche Richtlinien, worüber wie und worüber gar nicht berichtet wird. Dafür gab es blumige Umschreibungen, etwa »die drei Nichtansprechbaren«. Als nichtansprechbar galten das Massaker auf dem Platz des Himmlischen Friedens von 1989, politische Reformen und die Forderung nach Redefreiheit. Es gab auch Nichtabbildbares, zum Beispiel die amerikanische Freiheitsstatue, weil sie ein Symbol der demokratischen Proteste 1989 war.

Die Diktatur der Partei passte nicht in die Märchenlandschaft, die chinesische Offizielle für ausländische Geschäftsleute malten. Deshalb wurde die Propaganda-Abteilung der Partei mit Propaganda-Ministerium übersetzt. »Ministerium« klang zivilisierter in den Ohren einfältiger Ausländer.

Der stellvertretende Propaganda-Minister Li Jianbin wurde in einer schwarzen Mercedes-S 320 CDI-Limousine vorgefahren, auf die ein Blaulicht montiert war, das allerdings rot blinkte. Ich streckte ihm die rechte Hand entgegen, Li Jianbin schüttelte sie mit beiden Händen, um seine Freundschaft zu einem alten Vertrauten auszudrücken. Er lachte über das ganze Gesicht, schaute aber zur Seite, um Augenkontakt zu vermeiden. Dies war üblich bei Chinesen mittleren oder höheren Alters. Der dicke Li Jianbin sah mit seiner runden Brille wie eine Eule aus. »Willkommen, Herr Minister«, grüßte ich ihn. Es ist unhöflich in China, Vize-Minister oder Vize-Direktoren mit dem Vize oder gar ohne Titel anzusprechen – genauso, wie es unhöflich ist, das Vize wegzulassen, wenn der vorgesetzte Minister oder Direktor nebendran steht. »Entschuldigen Sie die Verspätung«, entgegnete der stellvertretende Propaganda-Minister höflich. »Aus Peking kam noch ein wichtiger Anruf.«

Mit dem Vize-Minister und dessen fünf Kofferträgern und Assistenten schritt ich durch das goldene Tor des »21. Jahrhunderts«.

Die Portiers rissen die Türen auf, in denen ein Drache eingraviert war. Nach der traditionellen Mythologie verstanden sich die Chinesen als Nachfahren der Drachen. Alle chinesischen Kaiser nutzten dieses Symbol, auch die roten. Ich erinnerte mich flüchtig an die Zeiten, in denen ich »rot« und »Kaiser« als einen Gegensatz betrachtet hatte.

Eine Pagin in goldenem Astronauten-Anzug drückte auf einen goldenen Knopf, um die goldene Lifttür zu öffnen, sie begrüßte uns auf Englisch. Es war alles wie immer im »21. Jahrhundert«. Auch das Essen mit dem Vize-Minister lief ab wie immer. Als Geste der Höflichkeit legten wir uns mit den Stäbchen gegenseitig Hummer und Abalone auf den Teller. Wir bestellten Bordeaux, Li Jianbin wollte ein Mann von Welt sein, tranken ihn aber nach chinesischer Sitte. Wir prosteten uns zu, *»gan bei«,* wörtlich »das Glas trocknen«, leerten also das Glas auf ex. Wie in China geboten, streckten wir dann das leere Glas mit dem Rand nach unten über den Tisch, um zu beweisen, dass kein Tropfen mehr enthalten war. Nach dem dritten Glas klopfte mir der Vize-Minister auf die Schulter und rief: *»Women dou shi lao pengyou le«,* »wir sind alle alte Freunde«. Er fragte mich nach meinen Reisen in China und erzählte von seinen zahlreichen Besuchen im Ausland. Wir vereinbarten, dass sein nächster Besuch ihn in zwei Wochen auf die Reeperbahn führen würde, »zur Förderung des Kulturaustauschs«, Elpermann übernähme Flugtickets, Hotel und Spesen. »Dort gibt es auch Negerinnen, habe ich gehört«, merkte der KP-Funktionär an. »Wir sind heute ganz weltoffen.«

Ich ekelte mich. Ich war Kommunist gewesen, weil ich für eine bessere Welt kämpfen wollte. Hier war das Parteibuch ein Freibrief zur persönlichen Bereicherung. Doch ich wollte jetzt nicht debattieren. Nur Li Jianbin konnte das Verbot von *City Lady* aufheben. Wie oft bei solchen Treffen mit hohen Offiziellen in China wurde das Problem nicht direkt angesprochen. Der Vize-Minister deutete aber an, man müsse allen Beteiligten Gesicht geben. Was immer das heißen mochte.

Jeden Morgen holte mich mein Chauffeur Xiao Pan, der »kleine Pan«, zur Arbeit ab und brachte mich abends wieder nach Hause, egal, wie spät es wurde. Das ist bei einheimischen und ausländischen Managern in China selbstverständlich. Taxis, mit Fahrpreisen, billiger als die U-Bahn in Deutschland, gelten hier als Transportmittel des einfachen Mittelstands. Für nächtliche Abenteuer zog ich der Anonymität wegen das Taxi vor. Doch wenn ich dienstlich unterwegs war, war ich es mit Pan. Fuhren wir an der Pforte des »Dritten Jahrtausends« vorbei, salutierten die uniformierten Wachen. Zu Hause wurden meine neue Freundin Lu Bing und ich von Xiao Sun bedient, der »kleinen Sun«, unserer *baomu*, dem Dienstmädchen. Wie die meisten *baomu* in China kam sie aus einem kleinen Dorf und ernährte als Wanderarbeiterin die Familie ihrer Eltern.

Ich genoss diesen Service. Manchmal erinnerte ich mich aber an meine Reden gegen die Ausbeutung des Menschen durch den Menschen. So fand ich es übertrieben, dass die kleine Sun in der Küche auf dem Boden schlief, obwohl wir in der Wohnung ein freies Bett hatten. »Sie ist ein Dienstmädchen, keine Prinzessin«, giftete Lu Bing. Nach ihren konfuzianischen Vorstellungen durfte die Hierarchie von Vorgesetzten und Untergebenen nicht durcheinandergebracht werden.

Wenn Sun das Essen reichte und ich mich bedankte, wies mich Lu Bing zurecht: »Man bedankt sich nicht beim Personal. Wenn du freundlich zu denen bist, respektieren die dich nicht.«

»Aber sie ist doch auch ein Mensch!«

»Sie ist ein Dienstmädchen und wird dafür bezahlt.«

Die kleine Sun erhielt umgerechnet 70 Euro im Monat und war täglich 24 Stunden verfügbar. Blickte sie einmal kurz aus dem Fenster, schrie Lu Bing sie an: »Stehe hier nicht rum, arbeite!« Nur um beschäftigt zu sein, wischte die kleine Sun immer wieder den Boden, obwohl den schon die Putzkolonne des »Dritten Jahrtausends« geputzt hatte.

Im Zeitschriftenkrieg von Shanghai gewannen wir die nächste Schlacht. Der Arbeiterverlag nahm auf Druck der Anwälte das Logo *City Lady* von seiner Frauenzeitschrift. Doch unsere *City Lady*, die wahre, blieb verboten. Trotzdem produzierten wir die nächste Ausgabe. Nach meinem Essen mit dem stellvertretenden Propaganda-Minister hoffte ich auf seine positive Entscheidung, zumal auch sein von uns bezahlter Besuch auf der Reeperbahn positiv verlaufen war, wie die Kollegen aus Deutschland berichteten.

Prüfer des Propaganda-Ministeriums kamen in unsere Redaktion, maßen mit Lineal die Logos von *City Lady* und des offiziellen Titels *Kleinkaliberwaffen* auf dem Cover-Entwurf für die nächste Ausgabe und stellten fest: *City Lady* steht auf dem Cover doppelt so groß wie *Kleinkaliberwaffen.* Sie erteilten als Auflage: Das muss umgekehrt werden, *Kleinkaliberwaffen* in Zukunft doppelt so groß, *City Lady* halbiert. Das war also die Lösung, die der stellvertretende Propaganda-Minister angedeutet hatte. Alle wahrten ihr Gesicht. Es blieb untersagt, *City Lady* größer zu schreiben als *Kleinkaliberwaffen*, das Propaganda-Ministerium musste sein Verbot also nicht aufheben.

Aber wie erkannte eine Leserin am Kiosk, dass eine Zeitschrift mit dem Titel *Kleinkaliberwaffen* ihre *City Lady* war? Die chinesische Lösung: Wir setzten von nun an die Schriftzeichen für *Kleinkaliberwaffen* groß auf das Cover, aber in fast derselben Farbe wie der Hintergrund, so dass sie kaum zu sehen waren. Für das Logo *City Lady* wählten wir jeden Monat eine knallige Farbe, die sich stark vom Cover-Foto abhob.

Bei all meiner Liebe zu den chinesischen Mitarbeitern und der Achtung vor ihrem Fleiß: Mich nervten die ständigen Intrigen unter den Chinesen. Fast täglich kam jemand in mein Büro, beschwerte sich über andere Kollegen. Auch hier spielen die *guanxi*, »Beziehungen«, eine Rolle. Viele Chinesen trauen nur ihren »eigenen« Leuten, versuchen andere aus der Firma zu drängen und durch eigene Freunde zu ersetzen, unabhängig von deren Qualifikation. Von Elpermann Weltmedien in Telgte wusste ich allerdings: Auch in Deutschland werden Leute aufgrund von Beziehungen befördert, degradiert oder entlassen.

Zu den Querelen in Shanghai trug ebenso bei, dass die Firma in den letzten Monaten schnell gewachsen war. Ich ließ einen zweitägigen Ausflug organisieren, damit sich die Kollegen besser kennenlernen. Zwei Busse brachten uns raus aus Shanghai, wir fuhren anderthalb Stunden, zu einem Erholungsheim mit Restaurants, Disco, Hallenbad und Kegelbahn.

Im Schwimmbad kraulte ich um die Wette mit einer jungen Redakteurin der Zeitschrift *Globetrotter*, Wang Xu. Sie war erst seit Kurzem dabei und mir noch nicht aufgefallen. Im Wasser unterhielten wir uns länger. Das Joint Venture gefalle ihr gut, das sei etwas ganz anderes als der Staatsbetrieb, in dem sie vorher gearbeitet hatte. Sie piepste wie ein Schulmädchen und blickte wie eine hungrige Tigerin. Der knappe Bikini betonte ihre langen Beine und ihren schönen, schlanken Körper. Scheinbar unschuldig forschte sie aus, ob ich verheiratet war: »Lebt Ihre Familie auch hier in China?« Natürlich erwähnte ich nicht, dass ich mit Lu Bing zusammenlebte. Sie selbst habe keinen Freund, behauptete sie ebenso unschuldig: »Ich konzentriere mich voll auf die Arbeit.« Als wir das Schwimmbad verließen, fand sie geschickt Gelegenheiten, mich zu berühren, »Halt, Vorsicht, ein Auto«, »schauen Sie da, die Leute aus der Vertriebsabteilung spielen Fußball«.

Ich kam in mein Zimmer, das Telefon klingelte. Lu Bing war dran, die als neue Vertriebsmitarbeiterin natürlich ebenfalls mitgefahren war. Wir waren uns einig, dass wir uns nicht auf unseren Zimmern besuchen konnten, überall schwirrten Kollegen umher. So machten wir es am Telefon.

»Ich esse jetzt deine Brüste, sie sind so schön, keine der Kolleginnen hat solche Brüste.«

»Oh ja, ich spüre dich. Beiß zu, beiß fester zu!«

»Du bist so sexy! Ich brauche dich!«

»Ich brauche dich auch! Sag, dass du mich liebst!«

Ich schmatzte Küsse ins Telefon, sie schmatzte zurück.

Wir stöhnten in einem fort, bis wir das Telefongespräch beendeten, um mit den anderen Kollegen zu Abend zu essen.

Vorstand Global Kaul ließ sich auf der Website von Elpermann als »Vater von *City Lady* und *Globetrotter* in China« feiern. Dabei hatte er das Land nicht einmal besucht, seit die Zeitschriften hier produziert wurden. *City Lady* hatte er starten lassen, ohne den Markt zu kennen. Als ich *Globetrotter* einführte, analysierte ich das Umfeld, prüfte eine Nullnummer in Fokusgruppen, die ich gemeinsam mit einem Marktforschungs-Institut organisierte. In Peking, Shanghai und Guangzhou diskutierten Leser aus der Zielgruppe die Nullnummer, sie wurden von den Redakteuren und mir dabei beobachtet. Wir saßen hinter einer getönten Scheibe, die nur in eine Richtung einsichtig war, damit keiner kritische Meinungen zurückhielt. Dieses Verfahren war international üblich. Als ich *City Lady* neu startete, passte ich diese Zeitschrift auf die gleiche Weise an die Bedürfnisse der Leserinnen an.

Nach der erfolgreichen Einführung dieser beiden Zeitschriften untersuchte ich mit den Marktforschern die Chancen für ein weiteres Magazin: *Auto*. Alle Chinesen träumten vom Auto. Und immer mehr konnten sich auch eins leisten. Auf den Automärkten von Shanghai und Peking drängten sich am Wochenende die Familien. VW verkaufte in China bereits mehr Autos als in Deutschland. Rasend schnell entwickelte sich Bedarf nach einem Blatt, das beim Autokauf beriet. Und so startete ich, nach der üblichen langwierigen Genehmigungsprozedur durch den Vorstand in Telgte, die Zeitschrift *Auto*. In *Elan* hatte ich das Auto als »Umweltschwein« und »Mörder« angegriffen und getitelt: »Das Auto der Zukunft ist ein Fahrrad.« Wenn ich in Shanghai und während Dienstreisen in Peking im Stau stand, sagte mir mein gesunder Menschenverstand weiterhin: Das ist Wahnsinn, die haben schon jetzt keinen Platz für Autos, sie sollen lieber erst einmal U-Bahnen bauen. Die gab es in den meisten chinesischen Städten nicht, und wenn es sie gab, wie in Peking, dann verkehrten sie nur im Zentrum. In China waren Taxifahrten billiger als die Haltung eines Autos, ein Privatwagen war ein reines Statussymbol. 16 der 20 schmutzigsten Städte der Erde lagen nach Angaben der Weltbank in China. Wenn eine Milliarde Chinesen Auto fahren, dann erstickt die Menschheit, dachte ich. Doch ich wurde jetzt nicht daran gemessen, was ich für die Menschheit tat, sondern am Umsatz von Elpermann in China.

In Schauräumen von Volkswagen warben wir für die Zeitschrift *Auto*. VW eröffnete 1985 als erster ausländischer Autohersteller eine Fabrik in China. Eine Zeit lang waren mehr als die Hälfte aller Autos in China Volkswagen, mit der Öffnung für andere internationale Konzerne sank der Anteil, blieb aber weiterhin beträchtlich. Volkswagen pflegte beste Beziehungen zu den chinesischen Diktatoren. Partys von VW für Anzeigenkunden starteten mit dem Abspielen der Nationalhymne und von Videos, in denen die Parteiführer winkten. Die Manager fühlten sich der Tradition des Unternehmens verpflichtet. Schließlich war das Volkswagenwerk in der Nazizeit entstanden, der Volkswagen hieß ursprünglich Kraft-durch-Freude-Wagen.

Mit der freien Presse tat sich das Unternehmen eher schwer. Ein Redakteur von *Auto* hatte in einem Interview nach dem Zweitürer Gol gefragt, mit dem VW in China in den Sektor der Billigautos eindringen wollte, aber gescheitert war. Wegen seiner abgespeckten Ausstattung verspotteten die Chinesen den Wagen als »nacktes Auto«. Die vorsichtige Frage danach führte zum Abbruch des Interviews.

Einige Tage nach dem Betriebsausflug, verließ ich abends um zehn Uhr das Büro. Ich rief meine Schwimmpartnerin Wang Xu, die attraktive Redakteurin von *Globetrotter*, auf ihrem Handy an. Es dauerte lang, bis sie abnahm, ich wollte es schon aufgeben, da hörte ich ihre Stimme, sie rang um Atem. Sie vögelte gerade mit ihrem Freund, aber davon ahnte ich in diesem Moment nichts. Sie freue sich über meinen Anruf, sagte sie. Ich fragte, wann ich sie treffen könnte, sie sagte, sie komme morgen in mein Büro.

Zwei Tage später gingen wir zusammen ins Peking-Enten-Restaurant in der Huaihai-Straße. Dort gestand sie, einen Freund zu haben. Seit fünf Jahren sei sie mit ihm liiert, er sei ihr zweiter Freund, seit drei Jahren wohnten sie zusammen. Er und auch ihre Eltern drängten auf Hochzeit und Kind, sie habe es da nicht so eilig. Wir tauchten wie üblich Haut und Fleisch der Ente in würzige Soße, rollten sie zusammen mit Frühlingszwiebeln in die dünnen Teigfladen und aßen sie von Hand.

Wang Xus Freund, Redakteur bei einem anderen Verlag, war heute auf Dienstreise. Ich brachte sie nach Hause, wir gingen Hand in Hand. Sie ließ mich sogar mit hinauf zu sich. Als ich anfing sie zu umarmen und zu küssen, schob sie mich schnell aus der Wohnung. Doch sie lachte dabei und küsste mich an der Tür zum Abschied auf den Mund. Am nächsten Morgen schickte sie mir per E-Mail ein Foto, darauf rekelte sie sich im Bikini am Strand von Qingdao, der ehemaligen deutschen Kolonie.

Beim zweiten Treffen, in einer Kneipe, spielten wir das Huhn-, Wurm-, Tiger- und Knüppelspiel, das mit dem Fingerknobeln in Deutschland vergleichbar ist. Bei »eins« und »zwei« blieb die Hand geschlossen, bei »drei« stellte jeder mit der Hand ein Huhn, einen Wurm, einen Tiger oder einen Knüppel dar. Es galt: Huhn frisst Wurm, Tiger frisst Huhn, Knüppel erschlägt Tiger, Wurm bohrt Knüppel an, ansonsten bestand ein Patt. Bald lagen wir ineinander verwickelt und knutschten. Wir tranken zusammen eine Flasche Rotwein, ich brachte sie mit dem Taxi nach Hause. Ich fuhr mit meinen Händen unter ihr Hemd, öffnete den Büstenhalter, streichelte ihre Brust. Als der Taxifahrer kritisch in den Rückspiegel schaute, nahm ich die Hand nach unten, tastete mich unter Wang Xus Rock und schlüpfte mit der Hand unter ihren Slip. Ihre Möse war feucht.

Wir fuhren zu ihr nach Hause, wobei ich sie nur bis zur Tür begleiten wollte, denn ihr Freund war inzwischen zurück. Da sie ihr Handy abgestellt hatte, war der Freund besorgt und wartete am Eingang des Wohnblocks. Ich sah ihn noch rechtzeitig, als wir aus dem Taxi ausstiegen, so dass ich Wang Xu nicht küsste zum Abschied. Trotzdem ging der Freund beleidigt davon, Wang Xu rannte ihm hinterher. Es renkte sich dann wieder ein zwischen den beiden, sie konnte ihn davon überzeugen, dass sie rein freundschaftliche Gefühle mit dem Chef verbänden.

Das dritte Mal trafen wir uns bei Pizza Hut. Wir wussten, ohne es auszusprechen, dass wir nach dem Essen miteinander schlafen wollten. Ich konnte ihr nicht sagen, dass ich mit ihrer Kollegin Lu Bing zusammenwohnte, deshalb behauptete ich, meine Wohnung im »Dritten Jahrtausend« sei »nicht bequem« wegen der aufmerksamen Rezeptionsdamen. So einigten wir uns auf ein Hotel.

Wang Xu besaß eine Karte, die zu einem starken Discount beim Zimmerpreis führte, sie war ja Redakteurin einer Reisezeitschrift. Deshalb ging sie vor, arrangierte das Zimmer. Es wäre uns beiden peinlich gewesen, gemeinsam einzuchecken und die beiden offensichtlich nicht zusammengehörenden Ausweise in einem Shanghaier Hotel vorzuzeigen, eingetragener Wohnsitz in beiden Shanghai. Ich kaufte in einer Drogerie Kondome. Per SMS schickte sie mir die Zimmernummer.

Ich klopfte, sie öffnete, wir fielen übereinander her. Stehend umfasste ich ihre Pobacken, sie sprang an mir hoch, umschlang mich mit den Füßen. Der Sex mit mir erregte sie viel mehr als der Sex mit ihrem Freund, sagte sie später. Mir war klar: Es war schwer zu trennen, was ich selbst dazu beitrug und was meine berufliche Stellung. Ich führte jetzt mehr als 80 Mitarbeiter, da sahen die Leute mich anders als früher. Und dass die Leute mich anders sahen, veränderte mich selbst.

Auf der Heimfahrt stellte ich mein Handy wieder an: San San hatte zweimal angerufen, Lu Bing fünfmal, sie hatte außerdem drei SMS geschickt, sie sehne sich nach mir und suche mich. Das alles überraschte mich nicht, wohl aber eine vierte SMS: *»Bin gerade auf Geschäftsreise in Peking. Treffen wir uns zum Essen, wenn ich zurück bin?«* Sie kam von Cindy.

Nach dem schwierigen Start ging es mit Elpermann in China nun voran. Ich hatte ein kleines, aber effektives Managementteam aufgebaut, mit Zhang Zhijian vom Partnerverlag als meinem Stellvertreter, den drei Chefredakteurinnen und drei erfahrenen chinesischen Managerinnen für die Bereiche Anzeigen, Vertrieb und Finanzen. Die Anzeigenumsätze vervielfachten sich, auch dank der für China ungewöhnlichen professionellen Unterlagen für die Kunden, die mein Team ausgearbeitet und gestaltet hatte. Die Auflage wuchs stetig. Buchhaltung und Berichtswesen folgten internationalen Standards, was in China nicht einfach durchzusetzen war. Ich dachte, ich würde meinen Chefs in Telgte alles recht machen. Manchmal erschien es mir fast des Guten zu viel. So etwa, als in der Firma eine Gewerkschaftsleitung gebildet wurde und mein chinesischer Stellvertreter Zhang festlegte: »Wir nehmen deine Sekretärin, meine Sekretärin und das Mädchen von der Rezeption. Die sind schüchtern und loyal, werden uns keine Scherereien machen.« In der Bundesrepublik war ich aktiver Gewerkschafter gewesen. Aber hier waren freie Gewerkschaften verboten.

Vorstand Global Kaul, mein unmittelbarer Vorgesetzter, kümmerte sich um die ganze Welt und hatte den Überblick verloren. Ich berichtete ihm regelmäßig per E-Mail, bekam aber selten eine Antwort. Wenn ich anrief, war Kaul gerade auf Reisen. Kaul selbst meldete sich alle drei Monate telefonisch. Dabei fragte er nie nach Erfolgen oder Problemen in China, sondern hielt einen Monolog, diktierte. Er, der China nicht besuchte, glaubte, alles besser zu wissen, schweifte mit langem Atem über seine Erfahrungen in anderen Ländern, die er eins zu eins auf China übertrug. Ständig versprach er Hilfe, gab aber nie welche. Bei jedem Telefongespräch hatte er vergessen, was beim vorherigen besprochen worden war. Bei den Telefongesprächen fühlte ich zunehmend eine grummelige Stimmung, die nicht zu der positiven Entwicklung in unserem chinesischen Unternehmen passte. Zwar hatten wir die Vorgaben unseres ersten Budgets knapp verfehlt. Dies hing aber auch damit zusammen, dass dieses ohne Erfahrung auf dem chinesischen

Markt erstellt worden war und unrealistische Ziele vorgab, zum Beispiel eine Steigerung der Anzeigenumsätze um 4000 Prozent. »Geholfen« bei der Erstellung dieses Budgets hatte Georg Becker, der mich als *Director Business and Strategy* von Telgte aus unterstützen sollte. Er fasste auch die China-Informationen für Vorstand Kaul zusammen. Filterte Becker in böser Absicht? Hörte Kaul auf Becker, weil er auf solche Cowboy-Typen stand, die ständig herumprotzten, wie viele Leute sie schon herausgeschmissen hätten?

Dieser Verdacht erhärtete sich, als Kaul mich eines Tages mit drohender Stimme anrief. »Sie dürfen vor den Chinesen keinen Kotau machen«, sagte er, das Wort hatte er im Elpermann-Lexikon gefunden. »Sie lassen sich von denen auf der Nase rumtanzen! Eins müssen Sie sich mal merken: Chinesen sind Halsabschneider! Das habe ich erst wieder in einem Roman gelesen. Und wie sollen die Zeitschriften managen, das haben die doch nie gelernt.«

»Sie kennen diese Leute noch nicht, die arbeiten seit Jahren –«

»Das müssen die bei uns von der Pieke auf lernen.« Kaul ließ mich selten einen Satz zu Ende führen, er war gar nicht daran interessiert, zu erfahren, was Sache war.

»Wir kommen ja demnächst vorbei zu einem Training.«

»Da müssen Sie erst einmal die richtigen Leute aussuchen. Bei Ihnen arbeiten doch überwiegend kleine Mädchen! Als ich damals in Frankreich den Vertrieb aufbaute, habe ich gestandene Männer gehabt, mit denen sind wir dann erst einmal einen saufen gegangen. Da lag damals auch vieles im Argen, ich habe das von null auf entwickelt. Doch mit Ihren kleinen Mädchen erreichen Sie gar nichts.«

»Aber –«, ich wollte Kaul erklären, zum wiederholten Mal, dass in Chinas privaten Unternehmen und Joint Ventures die Mitarbeiter viel jünger waren als in Europa. Wer die 40 überschritt, hatte noch die Kulturrevolution miterlebt, in der Bildungseinrichtungen geschlossen und Schüler und Studenten aufs Land zwangsverschickt wurden, in dieser Generation waren viele unzureichend ausgebildet, psychisch zerrüttet und verängstigt. Und, wie ich auch in Russland erlebt hatte: Frauen arbeiten engagierter, Männer sind oft fauler und korrupter. Kaul ließ mich nicht ausreden, er nannte sich zwar »Vorstand Global«, doch offen für die Welt, für andere Kulturen war er nicht.

Der einzige Mann unter meinen Managern passte Kaul auch nicht, der 32-jährige Zhang Zhijian vom Partnerverlag, mein Stellvertreter. Kaul hatte Zhang noch nie getroffen, hörte aber, Zhang habe vorn eine Glatze und hinten schulterlanges Haar. »Ein Chinese, der so aussieht, ist sowieso nicht ganz dicht«, spottete Kaul.

»Wir machen das jetzt so«, diktierte Kaul. »Wir schicken Ihnen den Becker, der unterstützt Sie als Stellvertreter, kümmert sich um Anzeigen, Vertrieb und Finanzen.«

»Aber der spricht doch kein Wort Chinesisch –«

»Das spielt keine Rolle. Da müssen Sie halt chinesische Mitarbeiter suchen, die Englisch sprechen. Becker ist ein erfahrener Verlagsprofi.« Auch das war fraglich, Becker hatte noch nie in seinem Leben ein Geschäft verantwortet, bislang als Unternehmensberater gearbeitet und in der Zentrale in Telgte.

»Und was passiert mit meinem chinesischen Stellvertreter und unseren Managerinnen für Anzeigen, Vertrieb und Finanzen?«

»Die werden Becker untergeordnet.«

»Damit degradieren wir sie, ich weiß nicht, ob die das mitmachen!«

»Dann nehmen wir andere. Sie müssen aufhören, die Chinesen so weich zu behandeln. Als Chef sollen Sie von Ihren Mitarbeitern nicht geliebt werden. Als Chef müssen Sie von Ihren Mitarbeitern respektiert werden.«

Wie Mao während der Kulturrevolution in China stellte Kaul bei Elpermann China alles auf den Kopf.

Cindy und ich trafen uns, wie per SMS vereinbart, im Restaurant Jade Garden, das wir jetzt *lao difang* nannten, »alter Ort«, weil wir uns dort schon getroffen hatten. Beim Abendessen klagte ich über die Entscheidung Kauls. Wir hatten uns lang nicht gesehen, so hatte ich einiges zu erzählen. Über den Start von *Auto*, das wieder aufgehobene Verbot von *City Lady* …

»Habe ich alles schon gehört«, unterbrach Cindy meinen Redeschwall.

»Klar, die Verlagswelt in China ist klein. Wundert mich nicht, dass ihr bei *Elle* darüber redet, zumal euch die Konkurrenz durch *City Lady* sicher Angst macht. Aber, was du nicht ahnst: Li Jianbin, der stellvertretende Propaganda-Minister, hat persönlich seine Hand im Spiel gehabt. Ich war mit ihm essen.«

Ich war mir sicher, damit Cindy beeindrucken zu können. Alle Mitarbeiter chinesischer Medien wussten von Li Jianbin, doch kaum jemand hatte ihn je getroffen. Gerade wollte ich über den Reeperbahn-Besuch des Ministers plaudern, da fiel mir Cindy erneut ins Wort: »So wichtig nehmen wir bei *Elle* die *City Lady* auch nicht. Nein, ich habe aus erster Hand von alldem erfahren. Auch über dein Essen mit Li Jianbin.«

Das verblüffte mich. Ich hielt solche Treffen für streng geheim. »Wer hat dir davon erzählt?«

»Mein Vater!«

»Dein Vater?«

»Li Jianbin ist mein Vater.«

Sie grinste. Ich hielt das für einen Scherz. Klar, Cindys eigentlicher Name war Li Yan, die Familiennamen werden in China vorgestellt, und Chinesinnen behalten nach der Hochzeit ihren Geburtsnamen. Doch Li hießen in China viele.

Es war aber kein Scherz.

»Ich bin eine Kommunistin der dritten Generation«, sagte Cindy. Diesen Ausdruck kannte ich noch nicht. Ich wusste von den verschiedenen Generationen bei den chinesischen Filmregisseuren. Der bekannte Zhang Yimou, der die Schauspielerinnen Gong Li und Zhang Ziyi entdeckt hatte, zählte beispielsweise zur fünften Generation. Doch was meinte Cindy mit den verschiedenen Generationen von Kommunisten? Zumal sie mir früher erzählt hatte, sie halte nichts vom Kommunismus und sei nur aus Familientradition in die Partei eingetreten.

»Mein Großvater glaubte an die Ideale der Revolution«, erklärte sie. »Meinem Vater geht es, wie allen in seiner Generation, nur um die Macht. Er ist ein Feigling, will Zeitungen und Zeitschriften nicht mehr Freiheiten geben, weil er Angst hat, seinen Posten zu verlieren.«

»Und ihr, die dritte Generation?«

»Wir wollen Spaß haben!« Sex spiele dabei eine wichtige Rolle. Sie habe nichts ausgelassen.

Ich horchte auf. »Du meinst vor oder während der Ehe?«

»Nun, nach der Hochzeit ist es auch noch passiert, gelegentlich«, antwortete sie, mit etwas verschämtem Blick. Ihre Ehe sei von Freunden vermittelt worden. Es sei an der Zeit gewesen zu heiraten. Ihr Mann sei eine gute Partie – und sehr lieb.

Nach der letzten Schale Reis und dem letzten Glas Rotwein der chinesischen Marke »Große Mauer« wollte ich ihr die Räume unserer Firma zeigen. Sie ging gern mit, schließlich wurde das Bürogebäude nicht von der Immobiliengesellschaft verwaltet, in der ihr Mann das Marketing verantwortete.

Ich knipste fünf Lichter an und führte sie durch die Räume, zeigte, wo welche Zeitschrift erstellt wurde. Niemand arbeitete mehr, es war bereits nach 22 Uhr. In meinem Büro angekommen, umarmte ich sie.

»Muss das sein«, fragte sie, entzog sich aber nicht. »Es ist schon spät, ich sollte nach Hause fahren.«

»Nur drei Minuten, o.k.?«

Wir küssten uns, pressten uns aneinander. Ich fuhr mit der Hand unter ihre Bluse. »Die drei Minuten sind schon lang vorbei«, sagte sie. Sie drehte sich zum Fenster, ich klammerte mich von hinten an sie, liebkoste ihren Hals und ihre Ohren, öffnete ihren Hosenknopf und fuhr mit meiner Hand unter ihren Slip. Sie war feucht wie Moos nach einem Sommerregen. Ich massierte ihre Klitoris. Ihr erregtes Gesicht spiegelte sich im Fenster.

Als ich meinen Gürtel öffnete, sagte sie entschieden: »Die drei Minuten sind schon lang vorbei, und ich gehe jetzt.« Sie rannte zum Lift, ich folgte ihr. Sie sagte auf Englisch: »Du küsst wunderbar.« Als die Lifttür zuging, rief sie noch, auf Chinesisch: »Ich habe befürchtet, dass das eines Tages passieren wird.«

Meine Gefühle waren gemischt. Zum einen jauchzte ich, weil ich nicht geglaubt hatte, dass ich an diesem Abend so weit kommen würde, dass ich je so weit kommen würde. Obwohl weniger passiert war als sonst, fühlte ich, dass es mit ihr mehr war als mit allen anderen.

Andererseits ließ das Ende alles offen. Ich schickte ihr eine SMS: *»Bitte sag mir Bescheid, wenn du Zeit hast, ob es dir gefallen hat oder nicht. Es ist wichtig für mich.«* An diesem Abend bekam ich keine Antwort mehr.

Nachdem Vorstand Global Kaul die Veränderungen im Management angeordnet hatte, sprach ich mit den betroffenen Mitarbeitern, erklärte ihnen die Entscheidung aus Telgte. Zhang Zhijian verlor seinen Posten als mein Stellvertreter und wurde als Manager für die Zeitschrift *Globetrotter* eingesetzt. Die Leiterinnen von Anzeigen, Vertrieb und Finanzen behielten zwar formell ihren Job, berichteten aber in Zukunft an Becker und waren damit eine Stufe tiefer angesiedelt. In chinesischer Unterwürfigkeit wehrten sie sich nicht offen gegen die Entscheidung. Dennoch verbitterte dies die chinesischen Manager tiefer als einen westlichen Manager in vergleichbarer Situation. Besonders aufgebracht war Zhang Zhijian, der Ranghöchste von ihnen, wenn er es auch nicht zeigte. Durch die Degradierung verlor er *mianzi*, »Gesicht«, vor den Kollegen, aber auch vor Familie und Freunden. Das Gesicht zu verlieren ist das Schlimmste, was einem Chinesen passieren kann. Auch westliche Menschen verlieren nicht gern ihr Gesicht, werden nicht gern öffentlich herabgewürdigt. Doch solange sie mit sich selbst im Reinen sind, können sie mit einer solchen Situation umgehen. Selten ein Chinese. Chinesen sehen alle ihre beruflichen und privaten Beziehungen unter dem Aspekt des Erringens, Gebens und Verlierens von Gesicht. Wenn ein Chinese sein Gesicht verliert, rächt er sich an dem Verursacher, früher oder später.

Verärgert waren nicht nur Zhang Zhijian und die anderen betroffenen Manager. Verärgert war auch Chen Wei, die alte Chefin des Militärverlags, gleichzeitig Vorstandsvorsitzende des Joint Ventures. Sie war mehr als verärgert, sie war zornig, böse, *shengqi*, wie es im Chinesischen heißt, was viel tiefer sticht als der Ärger eines Europäers oder Amerikaners. *Shengqi* hat ebenfalls zu tun mit *mianzi*, »Gesicht«. Ich gab der alten Frau Chen kein Gesicht, weil ich, wie von Kaul angeordnet, das Management veränderte, ohne Frau Chens Entscheidung abzuwarten. Und sie verlor Gesicht, weil der degradierte Zhang Zhijian in persönlichen Beziehungen zu ihr stand. Er hatte ihrer Tochter einmal eine Stelle verschafft – nun rief er bei Frau Chen an und beschwerte sich.

Es gab noch einen weiteren Grund, von dem ich damals noch nichts wusste, warum Verlagschefin Chen ihren Schützling in der Spitzenposition behalten wollte. Sie stand kurz vor der Pension, die Rente eines Staatsfunktionärs war niedrig. Vom Joint Venture versprach sie sich lukrative Nebenverdienste, die ihren Kindern ein Auslandsstudium finanzieren sollten.

Am nächsten Morgen piepte mein Handy mit der verzweifelt erwarteten Antwort von Cindy auf meine Frage, ob sie die Zärtlichkeiten mit mir genossen habe. Die SMS lautete: *»Ja.«*

Übermut ergriff mich. Auch fand ich, ich hätte viel zu schnell gehandelt und sie dadurch vertrieben. So schrieb ich umgehend zurück: *»Ich möchte dich glücklich machen und deinen schönen Körper überall küssen.«*

Sie antwortete nicht. Den ganzen Tag nicht. Ich machte mir Vorwürfe wegen meiner schnellen und unüberlegten Reaktion.

Ich wusste, sie flog am nächsten Tag mit ihrem Mann in einen Kurzurlaub nach Hongkong. Per SMS wünschte ich ihr eine gute Reise. Auch darauf antwortete sie nicht.

Am nächsten Morgen schickte ich ihr eine Mail:

*»Falls du deine Mails auch in Hongkong checkst, es tut mir leid, sollte ich dich verletzt haben. Ich bin unruhig, weil du meine letzten Mails nicht beantwortet hast. Du bist klug und talentiert, was immer auch passiert, ich würde gern mit dir zusammenarbeiten und dir ein guter Freund sein.«*

Mails dieser Art schrieb ich in den nächsten Wochen noch einige, mit ganz unverfänglichen Fragen nach ihrer Arbeit oder danach, ob die Mailadresse, an die ich diese Nachricht geschickt hatte, noch stimmte. Cindy antwortete nicht.

Schließlich schickte ich ihr eine SMS: *»Es macht mich wahnsinnig, dass du nicht auf meine Mails und Nachrichten reagierst.«*

Wenige Wochen nach Kauls Anruf traf Georg Becker ein. Für ihn war es ein wichtiger Karriereschritt vom Kaffeekocher in Telgte zum stellvertretenden Geschäftsführer oder, wie er es nannte, »Chief Operating Officer« in China. Damit jeder wusste, mit wem er es zu tun hatte, stellte er als Erstes seinen Outlook Express so ein, dass »Chief Operating Officer China« automatisch unter jeder seiner E-Mails stand.

Georg Becker stand für den Nachwuchs bei Elpermann, nicht verwirrt durch 1968 und durch die Friedensbewegung, ohne Zweifel an der Welt und an sich selbst. Bei einem Essen zum Empfang von Becker fragten die chinesischen Manager nach seinem Geburtstag: Er war im März 1970 geboren, nach dem chinesischen Kalender im Jahr des Hunds. Ich schmunzelte innerlich: Schon wieder ein Hund. Bereits in Telgte war mir aufgefallen, dass auch er zu heftigem Nicken neigte, wenn Vorstand Kaul etwas sagte. Für mich war Georg Becker ein deutscher Schäferhund, denn er genierte sich nicht, in der Business Class der Lufthansa lautstark Nazisprüche zu lallen. Becker war ein Zwerg, was seinen Ehrgeiz antrieb.

Und wie ein Hund schnüffelte Becker durch das Büro von Elpermann in China und beanstandete, was, wie er meinte, seinem Herrchen Kaul missfallen könnte. Der rote Teppichboden, von den

*City Lady*-Kolleginnen ausgesucht, weil das oft die Farbe ihres Logos war – »Herr Kaul mag keine grellen Farben, den Teppichboden reißen wir raus und ersetzen ihn durch etwas Zurückhaltendes«; Fotos von Freund oder Familie auf den Schreibtischen – »die müssen weg, Herr Kaul ist gegen Privatfotos im Büro«; separate Büros der Manager – »da reißen wir die Wände ein, Herr Kaul duldet nur Glaswände«.

Gerade einen Tag in China, hatte Becker feste Meinungen: »Der Militäreinsatz 1989 war berechtigt – ein solches Land lässt sich nur mit straffer Hand regieren.« – »Chinesen muss man schlecht behandeln, die wollen das. Ich kenne mich da aus, während meines Studiums hatte ich mal eine Freundin aus Taiwan.«

Die Völker hörten die Signale schon längst nicht mehr, aber Cindy reagierte endlich auf meine SMS. Wir trafen uns zum *huoguo*, »Feuertopf«, im Feuertopf-Restaurant in der Shanxi-Straße, das 24 Stunden geöffnet hat und wo morgens um drei Uhr die Friseurinnen und die *xiaojie*, die »kleinen Schwestern« aus den Karaoke-Salons, einkehren. In der Mitte des Esstisches befindet sich ein Gasherd, darauf kocht Wasser, mit viel Paprikaschoten, Speiseöl, Huhn und anderen Zutaten durchsetzt, der Topf ist meist geteilt in eine scharfe und eine weniger scharfe Hälfte. Wie bei einem Fondue warfen wir Fleischstückchen, Blattgemüse und Pilze in das dampfende Wasser, ließen sie vor unseren Augen kochen und pickten sie mit den Stäbchen wieder heraus.

Wir genossen das Essen und unterhielten uns. Aber es war nicht lustig. »Wir müssen uns zurückhalten«, betonte Cindy immer wieder auf Englisch.

Wenn ich sonntags auf der Huaihai-Straße spazierte, dachte ich darüber nach, ob ich Cindy nicht in unserer Firma einstellen sollte. Persönliche Dinge spielten dabei keine Rolle, redete ich mir ein. Es ging ausschließlich um die Qualität der Zeitschrift *City Lady*, zu der Cindy als Moderedakteurin einiges beisteuern konnte. Wir hatten niemanden, der in diesem Bereich so erfahren war wie sie.

Nein, sagte ich mir dann, fachlich ist sie dafür bestens geeignet, aber angesichts unserer schwierigen Beziehung wird das nicht klappen.

Doch, es geht, entgegnete ich mir selbst, ich schlafe mit Lu Bing und mit Wang Xu, die beide bei mir arbeiten, unsere Arbeit stört das nicht, und sie ahnen nicht einmal voneinander, obwohl ich mit Lu Bing zusammenwohne. Hier entdeckte ich eine Stärke der chinesischen Kultur, da die Leute ihr Gesicht wahren wollen, reden sie nicht mit anderen über ihre privaten Angelegenheiten.

Nein, widerlegte ich mich schließlich, Cindy und mein Verhältnis zu ihr ist viel komplizierter als die anderen Affären. Auf keinen Fall sollte ich mit ihr zusammenarbeiten.

Es war einer dieser seltenen Nachmittage, an dem im sonst feuchten Shanghai das Sonnenlicht, von keiner Wolke getrübt, in mein Büro fiel. Auf meinem Monitor war kaum etwas zu erkennen. Mir wäre in diesem Augenblick lieber gewesen, es wäre gar nichts zu erkennen. Ein Klingeln kündigte eine neue Mail von Becker an. Mit einem roten Ausrufezeichen für »*High Priority*«. Natürlich, der Hund hielt all seine Kacke für wichtig. »*Subject*« diesmal: »*Umstellung der Computer in unseren Geschäftsräumen – wichtig!*«. Noch einmal »wichtig«, noch einmal Ausrufezeichen – dieser Pedant! Was er schrieb, war, wie meist, unbedeutend: »*Ich möchte anregen*« – spare dir die Schleimerei, dachte ich – »*die Computer unserer chinesischen Mitarbeiter umzustellen, so dass die Geschäftsführung ohne auffällige Verrenkungen Einblick nehmen kann, was dort getrieben wird.*« Warum nur die der chinesischen Mitarbeiter? Was ist mit deinem? Was heißt hier Geschäftsführung? Der CEO bin ich, und du bist ein von der Zentrale entsandter deutscher Schäferhund, ein kläffender Wachhund, von oben hier reingedrückt. »*Es kann nicht ausgeschlossen werden*«, schrieb Becker weiter, »*dass chinesische Mitarbeiter ihre von uns bezahlte Arbeitszeit ausnutzen, um privaten Umtrieben nachzugehen (e-mail an Lover, Computerspiele etc.).*«

Ich musste als Chef über die Arbeitsdisziplin wachen. Doch die chinesischen Kollegen arbeiteten für ein Zehntel des deutschen Gehalts, schufteten oft bis neun oder zehn Uhr abends, ohne ihre Überstunden bezahlt zu bekommen. Wenn sie dann mal in Zeiten, in denen weniger Druck herrschte, eine private E-Mail schrieben oder sich mit Bekannten über Instant Messenger austauschten – na und?

Es waren fast alles Mitarbeiterinnen. Auch darüber stritt ich mich oft mit Becker. Einer von seinen Standardsprüchen lautete: »Ich liebe die Frauen – aber nicht in der Firma. Die werden doch alle nur schwanger.« Diesen Spruch brachte Becker gern im Hard Rock Café, wo er die Lacher auf seiner Seite hatte. Besucher waren überwiegend ausländische Männer, wie Becker der Landessprache unkundig. Sie ereiferten sich dann gemeinsam darüber, wie hinterhältig die Chinesen seien. Und außerdem schmutzig. Unterbrochen wurden sie nur gelegentlich von einigen chinesischen Damen mit Beinlänge weit über Landesdurchschnitt, hochhackigen Stiefeln und kurzen Röcken, die ein paar englische Brocken gelernt hatten: »Go hotel?« – »How much you pay?«

Becker drohte in seiner E-Mail: »*Wie du weißt, werden wir in diesem Jahr noch wichtigen Besuch aus Deutschland bekommen. Wir können die Entscheidung über das Verrücken der Computer auch bis dahin verschieben und mit dem Vorstand diskutieren. Ich fürchte aber, das wird dir nicht so angenehm sein. Zumal ich dann gezwungen wäre, mich im Detail zu den Zuständen hier zu äußern.*« Freundlich verbindend schloss er ab: »*Mir ist bewusst, wie viel Arbeit du im Moment hast. Falls du jemanden suchst, der nach der Umstellung regelmäßig die Computer der chinesischen Mitarbeiter inspiziert, so erkläre ich mich gern dazu bereit.*«

Ich klickte auf »*Delete*« und versenkte die Mail im elektronischen Müll. Vorausblickend auf etwas, das so sicher kam wie der Gesang der »Internationale« zum Abschluss der kommunistischen Parteitage in meiner Jugend: Beckers E-Mail morgen, mit dem Hinweis »*Resent*« (wahrscheinlich dann mit drei Ausrufezeichen) und der Frage, warum er noch keine Antwort erhalten habe.

Beim nächsten Abendessen im Jade Garden schenkte ich Cindy ein Parfum von Givenchy. »Ich weiß nicht, ob ich das annehmen kann«, sagte sie lachend und stellte das Geschenkpaket zunächst einmal unter den Tisch.

Wir unterhielten uns über Expertenmeinungen, wonach es nirgendwo auf der Welt heute so viele One-Night-Stands gebe wie in China. Früher haben Beziehungen in China mit der Ehe begonnen, meist vermittelt von Eltern oder Arbeitskollegen, mit viel Glück haben sich die beiden nach der Hochzeit ineinander verliebt, und der Sex sei für viele nur ein Beiwerk gewesen. Heute sei es umgekehrt, erst komme der Sex, dann vielleicht die Liebe, dann eventuell eine Ehe. Und jeder betrüge jeden.

»Ich erzähle dir lieber nicht zu viel über meinen Körper, mein Verhältnis zu Männern und die Beziehung zu meinem Ehemann, sonst nutzt du das noch aus«, meinte Cindy, wobei es mehr kokettierend als abweisend klang.

Ermutigt und um sie herauszufordern erzählte ich ihr von meinen gegenwärtigen Affären.

Sie fand das völlig o.k. Die Monogamie widerspreche der Natur des Menschen. Sie bewundere die offene Beziehung von Jean-Paul Sartre und Simone de Beauvoir, fand das aber nicht einfach zu leben: »Das Körperliche ist der leichtere Teil, Liebe und Ehe sind der komplizierte.«

Wir entdeckten an diesem Abend unsere Seelenverwandtschaft. Arbeit, Politik, Beziehungen, Sex, wir konnten uns über alles unterhalten. Es war ein wundervoller Abend. Bis ich sie fragte, ob sie nicht als Moderedakteurin bei *City Lady* anfangen wolle. Ich hatte mir zwar vorgenommen, ihr das nicht anzubieten, aber die zweite Flasche Bordeaux musste mich ins Wanken gebracht haben, und die gute Stimmung hatte das ihre getan.

Sie sagte spontan zu. Das überraschte mich, denn ich hielt ihre Stelle bei *Elle* für besser. Doch dort sei zu viel von Paris vorgegeben. Bei *City Lady* erhoffte sie sich, mehr eigene Gedanken einbringen zu können.

Als wir den Essenstisch verließen, entschloss sie sich auch, das Geschenk anzunehmen. Im Taxi griff ich nach ihrer Hand. Sie zog sie ruckartig zurück. »Du bist mein zukünftiger Chef, und unsere gemeinsame Arbeit ist mir wichtig«, fauchte sie. »Kein Händchenhalten und kein Küssen mehr!«

Ich hielt mich für den größten Idioten auf Erden.

Wenn eine chinesische Chefredakteurin umgerechnet 800 Euro im Monat verdiente, forderte Becker: »Die verdient zu viel, mit der müssen wir über eine Gehaltssenkung verhandeln.«

»Unsere Chefredakteurinnen bekommen jetzt schon weniger als der Toilettenmann in Deutschland«, entgegnete ich dann. »Und wie soll man ein vertraglich vereinbartes Gehalt kürzen?«

»Ganz einfach, wir sagen der, du schluckst das niedrigere Gehalt oder wir feuern dich wegen Unfähigkeit.«

Becker war hart gegen alle, nur nicht gegen sich selbst. Zwei Tage nach dem Disput über das Gehalt schickte er mir eine E-Mail, wonach der Mietzuschuss von 1000 Euro, den die Firma ihm jeden Monat bezahlte, nicht ausreiche: *»Ich habe bei Kollegen von anderen Firmen nachgefragt – nach Liste steht mir mehr zu.«* Um was für eine Liste es sich dabei handelte, konnte er nicht beantworten.

Cindy forderte kein übertrieben hohes Gehalt, hatte aber viele Fragen, wie selbstständig sie in Zukunft arbeiten könne und ob sie Einfluss auf das Konzept der Zeitschrift habe. Es nahm mich für sie ein, dass sie dies in den Vordergrund stellte. Wie gewohnt, unterhielten wir uns darüber bei viel Rotwein und Essen der verschiedenen Küchen Chinas.

»Und natürlich bleibt meine Bedingung: Keine Liebelei«, betonte sie.

»Um dir die Wahrheit zu sagen –«, ich stockte, »ich liebe dich, wie ich noch nie jemanden geliebt habe. Darum möchte ich einfach, dass du glücklich bist. Was auch immer das für dich bedeuten mag: Ob du dich von deinem Mann trennst und mit mir zusammenkommst, ob wir eine geheime Affäre haben oder ob, wie es wohl aussieht, nichts läuft außer gemeinsamer Arbeit – was auch immer du willst, werde ich akzeptieren.« Dies zu sagen hatte ich nicht geplant und auch noch nie darüber nachgedacht. Es rutschte mir einfach heraus.

»Kannst du das noch einmal sagen?«

»Dass ich alles akzeptiere?«

»Ich meine den ersten Teil.«

»Ich liebe dich!«

Dann sprachen wir über die Arbeit.

Als wir aufstanden, um nach Hause zu gehen, sagte sie auf Chinesisch: »Jia Jiesi, bitte umarme mich!« Wir hatten in einem winzigen Restaurant gespeist, das im traditionellen chinesischen Stil eingerichtet war und in dem es außer uns keine weiteren Gäste gab. Wir vereinigten uns in Zungenküssen, streichelten uns am ganzen Körper und setzten dies im Taxi fort. »Ich könnte sterben dafür«, sagte sie auf Englisch, war aber gegen die Idee, ein Hotel aufzusuchen. Ich brachte sie bis zu ihrem Haus. Kurz bevor wir ankamen, unterbrach sie das Knutschen, um eine SMS zu schicken. Ich dachte, sie kündige dem Ehemann ihre Ankunft an. Doch die SMS war an mich gerichtet: *»Würdest du mich ausziehen, wenn wir allein im Auto wären?«*

Der deutsche Schäferhund Georg Becker hatte in seinem Leben noch nie eine Anzeige verkauft und wusste auch über den europäischen Zeitschriftenvertrieb nicht viel. Den Anzeigenverkäufern sagte er jedoch, »ihr habt keine Ahnung vom Anzeigenverkauf«, den Vertriebsleuten, »ihr habt keine Ahnung vom Vertrieb«.

Er sprach kein Chinesisch, bemühte sich auch nicht, es zu lernen. »Zum Sprachenlernen bin ich zu alt«, meinte der 32-Jährige. Selbst alltägliche Dinge wie *xiexie*, danke, sprach er so falsch aus, dass ihn niemand verstand, es klang bei ihm wie *shushu*, Onkel. Da er auf den Sitzungen nur Bruchstücke der schlechten englischen Übersetzungen verstand, begriff er vieles nicht, zumal er die Kultur nicht kannte. In China paart sich Höflichkeit mit Feingefühl für Rangordnung. Junge, untergeordnete Mitarbeiter werden oft mit *xiao*, »klein«, und ihrem Familiennamen angeredet, eine Sekretärin Yu Heping etwa mit Xiao Yu. Leitende Manager mit ihrem Familiennamen und dem *zong* aus *zongjingli*, »General Manager«, also etwa Zhang Zhijian von unserem Partnerverlag als Zhang Zong. Becker verstand das in der Übersetzung als »General Zhang« und meinte nach einer Sitzung entgeistert: »Der wird als General Zhang angesprochen – und so etwas bei Elpermann. Das muss ich Herrn Kaul melden.«

Was die chinesischen Kollegen am meisten beleidigte: Becker versuchte nicht einmal, sich ihre Namen zu merken. Ein Kollege Wang, mit dem er täglich zusammenarbeitete, wurde zu Wong, Yao Jinmei mal zu Zhao Rinmi, mal zu Shao Minlei. Als aber eine chinesische Kollegin einmal versehentlich »Bekker« schrieb statt »Becker«, protestierte er sofort in einer E-Mail an mich, mit allen Managern und Vorstand Global Kaul in Kopie.

Fast täglich schickte er E-Mails an »*Dear all*«, in denen er seine Wut über dieses und jenes ausdrückte. Die Anzeigenverkäufer, die ihm unterstellt waren, hatten kaum noch Zeit, sich mit Kunden zu treffen. Denn er führte komplizierte bürokratische Formulare ein, die sie ausfüllen mussten, um über jeden Arbeitsschritt zu berichten, auch über Telefongespräche mit Kunden.

Außerhalb der Arbeit kam Becker nur schwer damit klar, dass in China nicht alles so war wie in Deutschland. Das begann bei Banalitäten. In China bestellt man zuerst das Essen, dann werden die Getränke gebracht, sie werden nicht als Aperitif vor der Essensbestellung gereicht wie im Westen. Hatte Becker sein Bier bestellt und die Kellnerinnen spurten nicht sofort, scheuchte er sie weg, mangels Sprachkenntnissen mit wilden Handbewegungen.

Nach dem Essen reißen sich in China alle um die Ehre, den anderen einzuladen, die Zeche gemeinsam zu bezahlen ist verpönt. Deshalb erzählten sich die chinesischen Kollegen, halb kichernd, halb empört, folgende Geschichte: Becker ging mit dem chinesischen Manager eines wichtigen Automobilkonzerns in ein Restaurant, seit Monaten versuchte *Auto*, diese marktführende Firma als Anzeigenkunden zu gewinnen, bisher schaltete sie vor allem Werbung im Fernsehen. Als die Rechnung kam, sagte Becker: »Sie haben mehr gegessen als ich – trotzdem zahle ich gern die Hälfte.«

Cindy fing bei Elpermann an und stürzte sich in die Arbeit. Ich sah sie kaum. Nach einigen Wochen ergab es sich, dass wir zusammen nach Peking flogen, zu dem Event eines Kosmetikkonzerns. Sie schrieb darüber einen Bericht für unsere *City Lady*.

Auf dem Flug sprachen wir über Sex an ungewöhnlichen Orten. Ich konnte ein Tempelgelände und die Toilette des Pekinger World Trade Centers beisteuern. Darauf legte Cindy die gerade von der Stewardess verteilte Decke über uns beide. Wir hielten uns an den Händen. Ich strich über ihre Finger, als wollte ich sie ausreißen. Das erregte sie. Ich griff unter ihre Bluse, tastete mich zu den Brüsten und streichelte sie.

Cindy flüsterte mir ins Ohr: »Ich bin ganz nass.« Ich hörte, wie sie den Reißverschluss ihrer Hose öffnete. Sie flüsterte: »Wie hieß das bei Clinton? *Zippergate?*« Sofort griff ich zwischen ihre Beine, massierte ihre Klitoris. Als sie zu stöhnen begann, küsste ich sie. Das fiel den Passagieren auf den Nebensitzen auch auf, war aber der einzige Weg, den Schall zu dämpfen. »Du bist Mr. Finger, ein Genie«, hauchte sie mir ins Ohr. »So hat es mir noch keiner besorgt.«

»So wie du hat auch noch keine reagiert. Du bist wunderbar!«

Sie kam in 11 000 Metern Höhe, krallte sich an mir fest. Dann sprachen wir über ihr Sexleben und unser Verhältnis. Sie sagte: »Ich sterbe für Sex, doch ich habe ihn selten. Bei uns zu Hause läuft fast nichts.«

»Woran liegt das?«

»Darüber möchte ich nicht reden. Es ist aber nicht nur seine Schuld.«

»Und wie willst du das lösen?«

»So, wie jetzt gerade. Ich suche den Sex außerhalb der Ehe.«

»Hast du einen Liebhaber?«

»Es sind mehrere.«

»Wie viele?«

»Kommt darauf an, wie man zählt. Regelmäßige Partner vier oder fünf.«

»Da musst du ja einiges zu tun haben.«

»Leider nicht. Im Schnitt habe ich nur etwa dreißig Mal im Jahr Sex, den mit meinem Ehemann eingeschlossen.«

»Warum hast du mich dann bisher abgewiesen? Du weißt, dass ich es will. Und du magst mich doch auch. Oder?«

»Alle anderen Partner wohnen in anderen Städten und sind verheiratet. Wir leben aber beide in Shanghai, und du interessierst dich zu stark für mich. Ich fürchte Verwicklungen. Auf keinen Fall möchte ich meine Ehe gefährden.«

»Aber wenn da nichts läuft?«

»Eine Ehe ist nicht nur Sex. Meine Eltern und viele unserer gemeinsamen Freunde würden es nicht akzeptieren, wenn ich mich von meinem Mann scheiden lasse. Außerdem liebe ich ihn.«

Nach diesem Flug erlebten wir vergleichsweise konventionellen Sex in Cindys Hotelzimmer. Ungewöhnlich waren eher die Gespräche dabei.

»Drei Dinge möchte ich klarstellen«, sagte sie und setzte sich aufs Bett. »Erstens: Ich will meinem Ehemann treu sein. Zweitens: Ich will keine Affäre mit meinem Chef. Drittens: Du ziehst mich sexuell nicht besonders an, auch deshalb habe ich dich abgewiesen.«

Dann trieben wir es weiter, stundenlang. Sie bestand aber darauf, dass ich in meinem Zimmer schlafe und dusche: »Sonst ist es zu eheähnlich.«

Am nächsten Vormittag besuchte ich einen Bekannten von der Presse- und Verlagsverwaltung, sie organisierte ein Fotoshooting für die Doppelseiten in *City Lady* zur Frühjahrsmode. Der Nachmittag war frei, der Event begann erst um 18 Uhr. Ich fragte sie, ob wir noch etwas gemeinsam unternehmen wollten. Sie antwortete:

»*Wo hai you shi*«, »ich habe noch etwas zu tun«, was die in China übliche Pauschalentschuldigung für alles ist. Kein Chinese würde fragen: »was?«, denn dadurch könnte der andere das Gesicht verlieren. Da ich kein Chinese bin, fragte ich.

»Ich besuche einen Fotografen, den, der auch die Frühjahrsmode fotografiert.«

»Ist er einer der fünf?«

Schweigen. »Ich stehe nackt vor dir da.« Womit die Frage positiv beantwortet war.

»Kein Problem, das ist Teil unseres offenen und ehrlichen Verhältnisses. Ich akzeptiere es.« Ich merkte an diesem Nachmittag, dass ich das wirklich konnte. Aber nur deshalb, weil sie es mir, mehr oder weniger klar, gesagt hatte.

Sie bedankte sich für mein Verständnis, indem sie anderthalb Stunden vor dem Termin an meinem Zimmer anklopfte, um mit mir zu schlafen. Sie roch noch nach Schweiß vom Sex mit dem anderen.

Bei der Party stand sie immer dicht bei einem der Chefs des Unternehmens, blickte ihm für europäische Verhältnisse auffällig in die Augen und für chinesische Verhältnisse unanständig, ließ ständig ihre Hand auf seinen Arm gleiten und prostete ihm zu. Als ich mich dazustellte und behauptete, der Kosmetikkonzern erreiche mit *City Lady* ein viel breiteres Spektrum von Frauen als mit *Elle* oder *Cosmopolitan*, sprach sie weiter, nur den Kosmetiktypen anblickend, als würde ich nicht existieren. Ich betrank mich, indem ich alle angebotenen Bier- und Weinsorten und den Champagner durcheinander trank.

Was dann passierte, daran kann ich mich nicht mehr erinnern. Ich weiß nur noch, dass ich morgens um vier Uhr in Cindys Zimmer aufwachte und sie auf mir ritt.

»Gib's mir, gib's mir«, schrie sie. »Ich habe eine Stunde gebraucht, um dich aufzuwecken.«

Plötzlich musste ich an unser von mir geplantes erstes Treffen in Hangzhou denken, zu dem sie nicht gekommen war. Und an die

Legende, die die Chinesen über den Westsee dort erzählten. War Cindy die weiße Schlange? Warnte der Mönch zu Recht, sie treibe es mit Männern im Schlaf und stürze diese ins Unglück?

Nein, unglücklich fühlte ich mich nicht in diesem Moment, wieder vereint mit Cindy. Cindy hatte innerhalb der letzten 24 Stunden mit dem Fotografen das Gleiche gemacht und mit dem einen Manager zumindest geflirtet. Aber verhielten wir Männer uns nicht auch so? Sie verkörperte für mich die neue, unabhängige Frau, die wir immer propagiert hatten.

Wir vögelten bis anderthalb Stunden vor unserem Rückflug um 11.40 Uhr.

Auf dem Weg zum Flughafen fragte ich sie, ob sich unser Verhältnis von ihrem zu den vier, fünf anderen Partnern unterschied. Das sei schwer zu beantworten, sagte sie, jedes habe seine Spezifik, das sei gerade das Wunderbare daran, die wolle sie aber in ihrem Herzen behalten. Bei allen Partnern spiele sowohl Gefühl als auch Körper eine Rolle. Und niemand solle ihren Ehemann ersetzen.

Dann erzählte sie mir, was in der Nacht passiert war. Ich sei völlig betrunken gewesen, sie wollte mich auf mein Zimmer bringen. Ich hätte darauf bestanden, in ihres zu kommen, obwohl sie das nicht wollte. Ich hätte gesagt, ich wollte nur reden. Das hätte ich auch getan, ihr vorgeworfen, ihr Verhalten auf der Party sei unmöglich gewesen, selbst unter gewöhnlichen Kollegen inakzeptabel. Dann sei ich eingeschlafen. Mitten in der Nacht habe sie Lust auf Sex bekommen und mich geweckt.

Großunternehmen wie Elpermann legten Wert auf »Integration« und »Synergie«, auf »Innovation« und »Globalisierung«. »Elpermann China kann mehr als nur chinesische Zeitschriften verlegen«, tönte Georg Becker in einer E-Mail an Vorstand Kaul. »Mit den günstigen Produktionsbedingungen hier können wir zum Zulieferer werden für Elpermann weltweit.« Als »Brand Extension« boten viele Zeitschriften ganze »Produktreihen« an, Bücher, CDs, Spielsachen und Schlüsselanhänger, zum Verkauf und als Werbegeschenke für Abonnenten. Nirgendwo ließ sich so etwas günstiger und besser herstellen als in China. Zum Beispiel trugen zwei Drittel des Spielzeugs weltweit das Etikett »Made in China«. Mit dem Vorschlag, auch hier aktiv zu werden, profilierte sich Becker als mitdenkender Manager.

Becker und ich flogen nach Shenzhen, in die aus Dörfern entstandene Wolkenkratzermetropole und Wirtschaftssonderzone an der Grenze zu Hongkong. Wir besichtigten Fabriken, die Werbegeschenke für Elpermann produzieren konnten. Alle sahen gleich aus: Riesige, schmucklose Betonhallen mit schwachem Neonlicht, in denen Hunderte Frauen Teddybären die Augen anklebten, Fernbedienungen von Automodellen zusammenlöteten, Bauklötze sägten, Verpackungskartons falteten, Plastikteile ausstanzten und Barbie-Kleider nähten. Die Handarbeit der Bauerntöchter, Wanderarbeiterinnen aus anderen Teilen Chinas, kostete die Unternehmen weniger als der Kauf von Maschinen. Offiziell sollten die Arbeiterinnen 700 Yuan im Monat verdienen, umgerechnet 70 Euro, doch bezahlt bekamen sie nur 300 Yuan. Dafür schufteten sie elf Stunden am Tag, sechs Tage die Woche, und sie konnten jederzeit entlassen werden. Sie lebten in Schlafsälen der Fabrik. Viele erkrankten an den giftigen Dämpfen der Kleber und litten unter dem Gestank, den das Schmelzen von Plastik verbreitet.

In mir rumorte es. Das war nun also der »Sozialismus mit chinesischen Besonderheiten«, wie ihn die chinesische Führung nannte. Kader bereicherten sich und beuteten die Arbeiter hemmungslos aus. Der Kapitalismus, den ich in der Bundesrepublik bekämpft hatte, schien im Vergleich ein Paradies zu sein. Und jetzt sollte ich selbst als Elpermann-Manager auch noch von diesen Zuständen profitieren?

Ich wollte mich dem widersetzen. Doch ich zögerte. Gegen Becker und unseren gemeinsamen Chef Kaul hatte ich keine Chance, wenn sie eine Gewinnchance witterten. Und den Arbeiterinnen war nicht geholfen, wenn wir das Geschäft ablehnten. Sie zogen aus ihren Dörfern nach Shenzhen, weil sie hier mehr verdienten als zu Hause.

»Wir können in China keine deutschen Löhne bezahlen«, sagte ich schließlich zu Becker. »Aber wir müssen dafür sorgen, dass die Arbeiterinnen ihren vertraglich vereinbarten Lohn bekommen und ein freies Wochenende.«

»Du redest wie deutsche Gewerkschafter und andere Leute, die zu faul sind zum Arbeiten«, schimpfte Becker.

»Aber eine gewisse Menschlichkeit -«

»Bist du Geschäftsführer oder Gefühlsduseler?«

Becker erfand jetzt auch schon Wörter. Bei einem zweiten Besuch unterzeichnete er dann den Vertrag mit der Fabrik, nach einem Entschluss Kauls, dem auch ich mich beugte.

In der chinesischen Neujahrsnacht sah ich mit meiner Mitarbeiterin, Mitbewohnerin und Freundin Lu Bing die Show des zentralen Fernsehens, wie die meisten der 1,3 Milliarden Chinesen. Eine mit drei Orden geschmückte Sängerin in Armeeuniform sang »*Wo ai ni, Zhongguo*«. »*Wo ai ni*« heißt »Ich liebe dich«, »*Zhongguo*« »China«. Sie sah aus wie die Mona Lisa auf den Heldengemälden des sozialistischen Realismus. Dann trällerte sie den chinesischen Schlager: »Ewig sorgt sich die Kommunistische Partei um den einfachen Menschen«, den *laobaixing*.

Das Verhältnis zu Lu Bing war bisher nicht belastet dadurch, dass Cindy in unsere Firma eingetreten war – und noch mehr in mein Leben. Lu Bing kannte Cindy nur als Kollegin. Ich hätte mich von Lu Bing getrennt, wenn Cindy mit mir zusammengezogen wäre. Da Cindy sich aber nicht von ihrem Mann scheiden lassen und ihre anderen Sexpartner nicht aufgeben wollte, sah ich auch keinen Grund, auf Lu Bing zu verzichten oder sie zu betrüben. An das Leben mit ihr hatte ich mich gewöhnt. Der Sex mit ihr war nicht so aufregend wie der mit Cindy, dafür aber regelmäßiger.

Als der Fernsehmoderator die letzten Sekunden bis zum Neujahr abzählte, tippte ich hektisch in mein Handy, schließlich wollte ich exakt um Mitternacht eine Gruß-SMS an Cindy absenden.

»An wen schreibst du jetzt noch eine SMS?«, moserte Lu Bing. Und verschuldete damit genau die Verzögerung, die dazu führte, dass ich sie erst fünf Sekunden nach Beginn des neuen Jahrs küssen konnte. Als ehrlicher Mensch sagte ich ihr, ich habe an Cindy geschrieben. Und löste damit Ärger und einen Anfangsverdacht aus.

Cindy war mit ihrem Ehemann bei dessen Eltern in der Guangdong-Provinz. Nach zwei Minuten kam ihre Antwort.

Der Austausch zwischen Cindy und mir in dieser Feiertagswoche könnte ein eigenes Buch füllen.

Es war nicht gut für unser Dreiecksverhältnis, dass ich mich duschte, als eine SMS von Cindy ankam und mein Handy einsam im Flur lag. Lu Bing nahm es und las die Nachricht. Sie lautete: *»Vermisst du mein Stöhnen? Meine Schreie? Mein …«* Von nun an stritten Lu Bing und ich uns den Rest der Feiertage. Sie speicherte Cindys Nummer in ihrem Handy, als Namen tippte sie einen Fluch ein. Sie drohte, die Rivalin anzurufen und zur Rede zu stellen. Ich hoffte, Lu Bing würde nicht anrufen, denn dann hätte sie sich selbst als meine Geliebte outen müssen. Zwar wusste Cindy von ihr. Aber davon wusste wiederum Lu Bing nichts.

Mich beunruhigte, dass Cindy gegen Ende der Feiertage weniger SMS schickte. Ich war süchtig nach ihren Nachrichten wie nach einer Droge.

Auch an den Tagen danach knisterte es zwischen uns beiden, wenn Cindy neben mir am Schreibtisch tänzelte, ihre Story-Ideen vorstellte und Fotos dazu zeigte. Dann warf sie sich mir gegenüber in den Stuhl für Gäste, riss einen der gelben Notizzettel von meinem Block, schrieb etwas und reichte es mir. Darauf stand: *»Ich will dich jetzt.«*

Das war tagsüber im Büro nicht so einfach. Deshalb kam sie meist abends wieder, wenn die anderen gegangen waren. Als ich sie an den Archivschrank aus Stahl presste, meine Zunge ihr Ohr leckte und meine Hand ihre Klitoris streichelte und dann immer heftiger rieb, stöhnte sie: »Ich bin dein *Chinalover*!«

Du bist höchstens meine chinesische Geliebte, der *Chinalover*, der Liebhaber Chinas, bin doch ich, witzelte ich. Ich spielte damit auf ihren Vater an, den stellvertretenden Propaganda-Minister, der mich einen »wahren Freund Chinas« nannte.

Cindy lachte: »Du bist mein deutscher Lover.« Und schlug vor, auf dem Schreibtisch weiterzumachen. Sie schob Papiere mit Budget-Entwürfen und Excel-Tabellen sowie die Tastatur des Computers zur Seite, machte es sich bequem.

Cindy bezeichnete sich als *xiaozi*, als »Kleinbürgerin«. Mao hatte geschimpft: »Der Schwanz des Kleinbürgers ist noch nicht vollständig abgehackt.« Im neuen China gelten »Kleinbürger« als cool. »Das sind Leute, die die aktuellsten Filme sehen und in den schicksten Restaurants essen«, sagte Cindy. So hatte sich die Welt verändert: Ich, der Bürgerschreck aus dem Schwarzwald, der beim Trampen die Spießer verflucht hatte, vögelte eine verheiratete chinesische Kleinbürgerin auf dem Mahagoni-Schreibtisch, den ein westlicher Konzern gestellt hatte.

Wenn wir in Shanghai zusammen aßen, piepte oft mein Handy. Ich fürchtete, es sei eine SMS von Lu Bing, Wang Xu oder gar von Hund Becker. Sie kam aber von Cindy selbst, die mir gegenübersaß. SMS sind auch deshalb in China so populär, weil man sich in dieser Kultur vieles nicht direkt ins Gesicht sagt, um selbiges nicht zu verlieren. Die SMS lautete dann zum Beispiel: *»Wollen wir uns nach einem Platz zum Fliegen umschauen?«* Das spielte auf unsere gemeinsamen Erfahrungen in chinesischen Flugzeugen an, die wir in diesen Monaten vertieften. Meist entschieden wir uns an solchen Abenden doch für das Büro. Cindy war die Ehe heilig, sie hielt Hotelbesuche für »zu offiziell« und zeitaufwendig, schließlich wartete ihr Mann auf sie.

Gemeinsam ins Bett gingen wir deshalb nur auf Dienstreisen. Danach zog sie sich in ihr Zimmer zurück, um allein zu schlafen. Oft hörte ich, wie sie dies wieder verließ, um morgens um drei oder vier Uhr zurückzukommen. Mir schien, sie kannte in jeder Stadt jemanden. Ganze Nächte lag ich wach. Ich verzieh ihr aber, wenn sie mich, als ich sie am nächsten Morgen danach fragte, in den Arm boxte, mir lüstern in die Augen schaute und ohne Details sagte: »Das ist mein verdammtes Leben.«

Gelegentlich wies sie mich ab: »Ich liebe meinen Mann. Manchmal kann ich die Gefühle vom Körper trennen, aber nicht immer. Ich plane meine Affären nicht, sie ergeben sich.« Meistens hielt sie aber nicht der Gedanke an ihren Mann zurück, sondern der an meine Lebensgefährtin Lu Bing. Die suchte nach Spuren. Es waren nicht die üblichen Lippenstiftflecke oder fremdes Parfüm. Mal fand sie Samenreste auf dem Revers meines Anzugs. Mal roch sie an meiner Hand, die in Cindys Möse gewesen war – da half auch mehrfaches Händewaschen nicht.

Ich erzählte Cindy davon. Ihr Gesicht erstarrte, sie schwieg, als habe ich ihr die Nachricht von ihrem eigenen Tod überbracht.

»Was ist los, Cindy?«

»Ich bin so ein Mensch und habe das für mich selbst mittlerweile akzeptiert. Aber ich wollte nie, dass andere davon erfahren. Ich weiß nicht, ob ich unter diesen Umständen noch mit dir zusammen sein kann.«

Am gleichen Abend trieben wir es wieder auf meinem Schreibtisch. Trotzdem merkte ich abermals die Bedeutung von *mianzi*, »Gesicht«, für Chinesen. Gesicht, den Respekt der anderen zu erlangen, zu wahren und auf keinen Fall zu verlieren, das ist das wichtigste Gut im Leben eines Chinesen. Ein Gewissen wie im Christentum plagt hingegen kaum. Deshalb ist alles erlaubt, wenn es niemand sieht, und nur wenig, sobald es öffentlich wird. Nach dem Sex zwischen Kugelschreibern und Aktenordnern sprachen Cindy und ich über einen Swimming Pool in der Nähe unseres Bürogebäudes. Wir könnten mal gemeinsam dorthin gehen, schlug ich vor.

»Aber ich kann nicht schwimmen«, entgegnete sie.

»Ich kann es dir beibringen.«

»Das fände ich zu intim.«

Obwohl Elpermann schon einige Zeit erfolgreich mit dem Partner Militärverlag zusammenarbeitete, hatte Vorstand Global Kaul die Verlagschefin Chen noch nie gesehen. Elpermann organisierte Weltreisen für chinesische Funktionäre, die zu keinen Geschäften führten, vom Partnerverlag war jedoch noch niemand in die Zentrale eingeladen worden. Heidi Elpermann versprach dem Propaganda-Minister, 100 chinesische Verlagsleute ein Jahr in Deutschland auszubilden. Verlagschefin Chen meinte zu mir, dass ein Training für 20 ihrer Mitarbeiter eine Woche in Telgte reichen würde. Ich wusste: Hier mussten wir Frau Chen *mianzi*, »Gesicht«, geben, auch gegenüber ihren eigenen Mitarbeitern, die sie fragten: Was bringt uns die Kooperation mit Elpermann? Im Militärverlag regte sich Widerstand gegen diese Zusammenarbeit, in die der chinesische Verlag vergleichsweise viel Geld investierte.

Kaul polterte: »Ich habe diese Vergnügungsreisen der Chinesen satt!« Vor allem fürchtete er, wieder mit ihnen essen zu müssen und sich den Magen zu verderben. Aber nach einigen Monaten stellte er, für einen kurzen Moment, die Geschäftsnotwendigkeit über seine Privatwehwehchen und stimmte dem Training zu. Er fand noch ein paar Ausreden, um die Reise zu verschieben, aber schließlich stand der Termin fest. Das Training sollte direkt auf das diesjährige Management-Meeting von Elpermann folgen, für das Becker und ich ohnehin nach Deutschland mussten.

Wir flogen voraus, die Chinesen sollten drei Tage später folgen. Becker und ich stiegen in Paris um. Am Flughafen dort erwarteten Grenzpolizisten mit weißen Schutzmasken über Mund und Nase die Passagiere aus Shanghai. Seit einigen Monaten verbreitete sich in Asien die Lungenkrankheit SARS. In China wurde die Krankheit verschwiegen, um die historische Tagung des Volkskongresses, auf dem eine neue Führung ins Amt gelangte, nicht durch schlechte Nachrichten zu stören. Da sich die Bürger nicht schützten und selbst die Ärzte im Unklaren gelassen wurden, breitete sich die Seuche schnell aus. In Shanghai wurde zu diesem Zeitpunkt noch wenig über die Krankheit gesprochen, deshalb überraschten uns die bedrohlich aussehenden französischen Polizisten.

Wir flogen weiter nach Frankfurt. In einem der endlosen Gänge des Frankfurter Flughafens trafen wir per Zufall Vorstand Global Kaul, der das Wochenende in seiner Villa in Saint-Tropez verbracht hatte. Er reiste ebenfalls zum Management-Meeting, gemeinsam mit seiner Frau, deren Erscheinung an Camilla Parker Bowles erinnerte. Während Kaul seine Sorge über SARS nur in Worten ausdrückte, sprang seine Gattin erschreckt zurück, als sie uns sah, und weigerte sich, uns die Hand zu geben.

Das Management-Meeting stand dieses Jahr unter dem Motto: »*Creativity now!*« Es begann mit mehreren PowerPoint-Vorträgen über die Bedeutung der Kreativität in einem modernen Unternehmen. Elpermann, so hoben die Referenten hervor, habe diesen Faktor frühzeitig erkannt. Danach teilten sich die Manager in »*Creativity Workshops*« auf, zu »*hot issues*« wie »*Creativity and Synergie*«, »*Creativity and Innovation*« und »*Creativity and Integration*«. Kreativ agierten auch Hermann Kaul und die anderen Vorstände. Sie verkleideten sich für die abendliche Party als Blues Brothers, trugen schwarze Sonnenbrillen und sangen: »*I count on you, and you count on me.*«

Ich konnte allerdings nicht auf Vorstand Kaul zählen. Ihm fiel plötzlich ein, die für zwei Tage später geplante Anreise der Chinesen zum Training wieder abzusagen. »Mich hat gerade eine Controllerin angerufen, die meinte, sie möchte nicht ihre Gesundheit riskieren.« Der Vorstand warnte sonst: »Lassen Sie sich nicht von den Mitarbeitern auf der Nase rumtanzen!« Wahrscheinlich war es auch weniger eine Controllerin, sondern seine panische Ehefrau, die hier über das Geschäft entschied. Doch nicht Kaul, sondern ich war derjenige, der Verlagschefin Chen anrufen musste und ihr erklären, dass Chinesen derzeit in Telgte als Aussätzige gelten und der lang erwartete Besuch auf unbestimmte Zeit verschoben ist. Die alte Frau Chen verlor ein weiteres Mal ihr Gesicht.

Nach dem Management-Meeting blieb Becker in Deutschland,

»ich sterbe doch nicht für unsere Arbeit mit den Chinesen«. Er geiferte: »SARS, das ist, wie wenn AIDS durch Husten übertragen würde, nur mit dem Unterschied, dass man bei SARS sofort stirbt, bei AIDS erst Jahre später.«

Ich flog allein nach Shanghai zurück, obwohl Kaul mich ermunterte, in Telgte abzuwarten, wie sich die Seuche weiter entwickelte. Ich entgegnete: »Wie können wir von unseren chinesischen Mitarbeitern erwarten zu arbeiten, und selbst hier im Ausland sitzen?«

Mittlerweile informierten die Medien in China über das Ausmaß der Seuche, der Gesundheitsminister des Landes und der Bürgermeister von Peking wurden ihrer Ämter enthoben. Die Partei hatte durch ihr Nichtstun und Totschweigen die Ausbreitung von SARS überhaupt erst ermöglicht, jetzt bekämpfte sie die Krankheit mit stalinistischen Methoden. Für »schuldvolles Verbreiten von SARS«, was immer das sein sollte, verhängte sie die Todesstrafe. Wer innerhalb Chinas reiste, wurde in anderen Städten für zwei Wochen in Quarantäne gesteckt, auch wenn er kerngesund war. Die Regierung schloss Schulen und Unis, Bibliotheken und Internet-Cafés, Discos und Kinos.

Tausende erkrankten in China, 600 Menschen starben. Schuld war die Kommunistische Partei, denn ohne deren Zensurmaßnahmen beim Ausbruch der Krankheit hätten die meisten von ihnen gerettet werden können. Aber die Panik, die jetzt auch in China um sich griff, hielt ich für übertrieben. In China wie in anderen Ländern starben weitaus mehr Menschen an anderen Krankheiten, von gewöhnlicher Lungenentzündung bis zu AIDS. Ich trug keine Schutzmaske, hielt sie weder für nötig noch für nützlich, beschränkte mich auf Gummihandschuhe. Doch fast alle Chinesen liefen nur noch maskiert herum. In Bürogebäuden und Fahrstühlen stank es nach Desinfektionsmitteln. Die sonst so quirligen Restaurants und Bars blieben leer, die Leute verbrachten die Abende zu Hause. Die Kaufhäuser wirkten wie Geisterhäuser, maskierte Verkäuferinnen bewachten Kleider und Spielsachen, Kunden kamen keine. Das Riesenland stand still. Selbst in der Fußgängerzone auf der Nanjing-Straße ging kaum noch jemand, dort drängen sich sonst die Menschen, als sei gerade ein Fußballspiel zu Ende. Die Schutzmaske wurde zum Zeichen von SARS. Ich hatte lang genug fürs Fernsehen gearbeitet, um zu begreifen: Was man sieht und was weltweit gezeigt wird, das erschreckt viel mehr als gefährliche Krankheiten, die man nicht sieht.

Auch im Joint Venture war die Stimmung gedrückt. Alle sorgten sich um sich selbst und ihre Familien. Gerüchte verbreiteten sich im Eiltempo, im Gebäude sei bereits jemand gestorben, auch beim Partnerverlag – zum Glück stellten sie sich immer als falsch heraus. Viele Mitarbeiter fuhren mit dem Fahrrad zur Arbeit, weil sie nicht mit anderen Menschen in öffentlichen Verkehrsmitteln zusammenkommen wollten. Ich erlaubte ihnen, in dieser Zeit bezahlten oder unbezahlten Urlaub zu nehmen. Ich sorgte dafür, dass sich die Zeitschriften mit SARS beschäftigten, *City Lady* etwa startete eine Gesundheits- und Fitnesskampagne für Frauen. Doch Interviewpartner und Anzeigenkunden sagten Treffen ab, weil sie Angst hatten, sich anzustecken. Neue Anzeigen wurden nicht geschaltet, denn es kaufte sowieso niemand etwas.

Die Mitarbeiter honorierten, dass ich mit ihnen den Betrieb aufrechterhielt und nicht davonlief wie Becker und viele andere Ausländer.

Von meinen Geliebten verzweifelte Lu Bing am meisten in der SARS-Zeit, sie schrieb per SMS: *»Der Mensch ist so schwach. Bald werden wir alle sterben.«* Wang Xu reservierte keine Hotels mehr, dort wären wir jetzt aufgefallen, denn niemand reiste. Mit Cindy knutschte ich nach Feierabend in einer Kneipe in Büronähe, niemand störte uns dort in diesen Zeiten. Auf dem Weg zur Kneipe trug auch sie Schutzmaske.

Beim Sex mit Cindy, so aufregend er war, kam ich nicht immer zum Höhepunkt. Das lag zum Teil an den ungewöhnlichen Lokalitäten. Auch konzentrierte ich mich darauf, sie zu befriedigen, hatte großen Spaß dabei. Ich wollte immer, dass Frauen ihre eigene Lust einfordern. Und darin war Cindy stark.

SARS verschwand so plötzlich, wie es gekommen war. Hund Becker wartete sicherheitshalber noch einen Monat in Deutschland, dann kehrte auch er nach China zurück.

Nach einem weiteren Monat wollte sogar Vorstand Kaul eine Reise riskieren und kündigte seinen Besuch in Shanghai an, den ersten, seit Elpermann in China eine Firma besaß. Hund bereitete sich nervös auf die Ankunft seines Herrchens vor. Er durchstreifte die Shanghaier Antikläden, um ein passendes Geschenk für Kaul zu finden. Da er auch für den Vertrieb zuständig war, bestückte er die Kioske in der Umgebung des Bürogebäudes und den Zeitschriftenladen im Hotel von Kaul ausreichend mit Elpermann-Zeitschriften. Den Besitzern gab er ein Extrageld, damit sie die Zeitschriften ganz vorn auslegten. Es ging nicht um Sein, sondern um Schein. Georg Becker tat sich sonst so schwer mit der chinesischen Wirklichkeit – jetzt war er im Land der Potemkinschen Citys angekommen. In Shanghais Glitzerstadtteil Pudong, wo Wolkenkratzer auf Reisfeldern wuchsen, standen mehr als die Hälfte der Büroräume leer – doch wenn ausländischer Staatsbesuch kam, befahl die Partei, in allen Räumen das Licht anzuknipsen.

Auf der Beiratssitzung des Joint Ventures berichtete ich über die Entwicklung der Zeitschriften im vergangenen Jahr. Im Konferenzraum des Militärverlags saßen Vorstand Global Kaul und ich als Vertreter von Elpermann Weltmedien, Verlagschefin Chen und Zhang Zhijian für den Militärverlag. Becker war als Gast geladen, Frau Chens Sekretärin dolmetschte für Kaul und Becker.

»Trotz des zeitweiligen Verbots von *City Lady* steigerten wir die Auflage um 20 Prozent«, referierte ich. Verlagschefin Chen grummelte dazwischen: »Nicht zufriedenstellend.«

»Die Anzeigenumsätze wuchsen um 390 Prozent«, sagte ich. Verlagschefin Chen grummelte: »Nicht zufriedenstellend.«

Vorstand Global Kaul maulte lautstark, »die hat ein anderes Problem«, bat die Dolmetscherin aber, dies nicht zu übersetzen. Stattdessen ließ er der alten Frau Zhao freundlich mitteilen: »Ich möchte gern unter vier Augen mit Ihnen sprechen.« Die Sitzung wurde unterbrochen.

In ihrem Büro klagte Chen gegenüber Kaul, ich hätte ihren Schützling Zhang Zhijian in der Firma degradiert. Kaul, der dies angeordnet hatte, fehlte der Mut, dazu zu stehen – vielleicht hatte er auch vergessen, was er selbst vor einigen Wochen verlangt hatte.

Chen und Kaul kehrten zurück. Nun wollte Kaul mich unter vier Augen sprechen. »Ich bin sehr beeindruckt, wie Sie hier unsere Firma aufgebaut haben«, sagte er. »Sie haben *City Lady* fortgeführt und *Globetrotter* und *Auto* gegründet. Die Zeitschriften entwickeln sich gut.« Eine der Stärken Kauls bestand darin, dass er auf verschiedenen Klavieren spielen konnte. Nachdem er mich gerade noch in langsamen, klar akzentuierten Worten gelobt hatte, wechselte er jetzt zum Rhythmus eines Maschinengewehrs, statt seines charmanten Augenaufschlags starrte er mich nun an: »Erfolgreich Geschäfte machen wir nur mit starken Männern. Ihr Personal wird mir zu sehr von Frauen dominiert, möglicherweise noch mit amerikanischem MBA-Abschluss. Das sind alles Intellektuelle. Die schmeißen wir nächste Woche raus. Mit denen erreichen wir nichts bei den Anzeigenumsätzen, und schon gar nicht beim Vertrieb. Dazu brauchen wir Männer. Solche wie Georg Becker. Auch Herr Zhang Zhijian vom Partnerverlag ist sehr gut, habe ich von Frau Chen gehört.«

»S-s-sie wollen, d-dass ich unsere besten Managerinnen entlasse?«, stotterte ich. »Das mache ich nicht mit, die haben all das mit aufgebaut, was wir in den letzten Jahren erreicht haben.«

»Ich habe gerade mit Frau Chen gesprochen. Auch die Partner kritisieren Ihre Arbeit. Ich habe übrigens bei diesem Besuch in Shanghai einen sehr guten Eindruck von den Partnern bekommen. Die haben Sie gut ausgesucht.«

Das war neu, bisher hielt Kaul die chinesischen Partner für »Betrüger«, und ich musste sie bei Telefonkonferenzen immer wieder verteidigen.

»Lieber Herr Geiges, wir hätten Ihnen mehr helfen sollen. Das meine ich auch selbstkritisch.« Kaul verschärfte seinen Ton unvermittelt: »Sie wissen, ich bin keiner, der um den heißen Brei herumredet. Wir brauchen einen Management-Wechsel!« Kaul machte eine Pause, schaute mir in die Augen. Es dauerte einige Sekunden, bis ich begriff: Ich war entlassen!

# Blick zurück ohne Zorn

Am nächsten Morgen versammelte ich die 88 Mitarbeiter von Elpermann in China und informierte mit stockender Stimme über meine Entlassung. Die Kolleginnen und Kollegen waren schockiert. Vielen flossen die Tränen, manche schluchzten.

Leben ist für mich das Sammeln von interessanten Erfahrungen. Insofern danke ich der Kommunistischen Partei, *Knall* und Elpermann Weltmedien AG & Co. KG. Sie ließen mich das große Projekt des 20. Jahrhunderts, den Kommunismus, aus drei verschiedenen Perspektiven erleben, und das an spannenden Schauplätzen, in beiden Teilen Deutschlands, in Russland und vor allem in China. Besonders verdient gemacht hat sich Vorstand Global Hermann Kaul. Er hat mich gefeuert, ohne das hätte ich vielleicht nie die Distanz gefunden, dies alles aufzuschreiben.

Unternehmerisch gesehen war seine Entscheidung weniger schlau. Nach meinem Abgang ist die Auflage von *Auto* auf 5000 Exemplare gesunken, *City Lady* verkauft noch drei Anzeigenseiten im Monat.

Zahlreiche Mitarbeiter verließen das Unternehmen, das ist der Grund für den anschließenden Niedergang. Das Kalkül arroganter Vorstände, sie könnten über die Köpfe der Menschen hinweg entscheiden, ist nicht aufgegangen. Viele der ehemaligen Kollegen arbeiten jetzt bei *Cosmopolitan, Marie Claire* und anderen erfolgreichen Zeitschriften in China. So haben wir wenigstens etwas für die Journalistenausbildung getan.

Mein Dank gilt auch denen, die in diesem Buch nicht vorkommen, von denen ich aber umso mehr gelernt habe: Gerd Ruge, bei dem ich im Moskauer ARD-Studio arbeitete, Stefan Aust, für den ich viele Jahre bei *Spiegel TV* tätig war, dem ehemaligen RTL-Chefredakteur Dieter Lesche, zu dessen New Yorker Fernsehproduktionsfirma *Time Zone* ich gehörte, und jetzt meinen Chefredakteuren Thomas Osterkorn und Andreas Petzold beim *Stern*. Positives erzählt sich oft weniger witzig als Skurriles.

Und Affären erzählen sich aufregender als die beste Ehe. So habe ich auch meine jetzige Ehefrau und unsere beiden Töchter weggelassen sowie meine ehemalige Frau, ich liebe sie deshalb nicht weniger. Doch anders als bei anderen ließe sich ihre Identität nicht verschlüsseln.

Zu den persönlichen Dingen. Dies ist kein moralisches Buch. Ich beschreibe die Welt, wie sie ist, nicht so, wie sie vielleicht sein sollte. Auch aus meiner Erfahrung heraus: Wer verbissen für das Gute kämpft, erreicht oft das Gegenteil.

Cindy schrieb eine SMS: »*Lass uns die schöne Erinnerung bewahren. Ich betrachte diese Zeit als besonderes Experiment in meinem Leben. Niemals werde ich dich vergessen.*« Es war nicht ihre letzte.

# Dank

Herzlich bedanke ich mich bei:

Dem Kollegen Manuel J. Hartung und meinem Freund Bernd Hendricks, die das Manuskript kritisch gelesen und durch zahlreiche Anmerkungen bereichert haben (ohne dadurch für seine Schwächen verantwortlich zu sein).

Professor Ulrich Huse von der Hochschule der Medien in Stuttgart und Gunther Latsch vom *Spiegel*, die mich mit wertvollem Rat unterstützt haben.

Meiner Agentin Anja Keil von Keil & Keil Literatur-Agentur, die das Manuskript nicht nur erfolgreich an den Verlag gebracht hat, sondern auch ihre Erfahrung mit mir teilte, wie ein solches Buch beschaffen sein sollte, um ein breites Publikum zu interessieren.

Meiner Lektorin Palma Müller-Scherf bei Eichborn für die produktive, konstruktive und angenehme Kooperation bei der Bearbeitung des Texts und der Erstellung und Vermarktung des Buchs.